AS AVENTURAS DA VIRTUDE

NEWTON BIGNOTTO

As aventuras da virtude

As ideias republicanas na França do século XVIII

Copyright © 2010 by Newton Bignotto

Grafia atualizada segundo o Acordo Ortográfico da Língua Portuguesa de 1990, que entrou em vigor no Brasil em 2009.

Capa
Victor Burton

Imagens da capa
Prisão do governador da Bastilha, Jean-Baptiste Lallemand, 1790
Voltaire, Catherine Lusurier, 1762
Maximilien Robespierre, Anônimo, c. 1790
Danton, François Marie Charpentier, 1792
Les sans-culottes, Job, 1900
Louis XVI, Anônimo, c. 1770
Parede de fundo do Museu do Louvre
© Neville Mountford-Hoare/ Wildcard/ LatinStock

Preparação
Osvaldo Tagliavini Filho

Índice remissivo
Luciano Marchiori

Revisão
Carmen S. da Costa
Isabel Jorge Cury

Dados Internacionais de Catalogação na Publicação (CIP)
(Câmara Brasileira do Livro, SP, Brasil)

> Bignotto, Newton
> As aventuras da virtude : as ideias republicanas na França do século XVIII / Newton Bignotto. — São Paulo : Companhia das Letras, 2010.
>
> ISBN 978-85-359-1747-5
>
> 1. Filosofia política 2. Republicanismo - França - História 3. Virtude e política I. Título.

10-09241   CDD-320.944

Índices para catálogo sistemático:
1. Filosofia política : França : História   320.944
2. França : História : Filosofia política   320.944

[2010]
Todos os direitos desta edição reservados à
EDITORA SCHWARCZ LTDA.
Rua Bandeira Paulista, 702, cj. 32
04532-002 — São Paulo — SP
Telefone (11) 3707-3500
Fax (11) 3707-3501
www.companhiadasletras.com.br

Para Francisco

Sumário

Agradecimentos 9

Introdução 11

O léxico republicano: a contribuição do Iluminismo 25

Rousseau: virtude e política 86

A gramática republicana: o *Contrato social* 137

Republicanismo e revolução 212

Republicanismo, jacobinismo e Terror 292

Conclusão: Thermidor ou a República impossível 363

Cronologia 369

Bibliografia 373

Índice remissivo 383

Agradecimentos

A pesquisa que deu origem a este livro teve início entre 2004 e 2005, durante um período sabático no Centre de Recherches Politiques Raymond Aron da École de Hautes Études en Sciences Sociales, em Paris. Agradeço a Pierre Rosanvallon, que, na qualidade de diretor da instituição, recebeu-me de forma cordial e ajudou-me com indicações preciosas. À CAPES, por ter me concedido uma bolsa de estudos, devo a oportunidade de ter trabalhado em condições muito favoráveis. Ainda na França, as conversas com Ruy Fausto foram essenciais para a vinculação de minhas preocupações com temas mais amplos do pensamento político. Já no Brasil, meu trabalho contou com a colaboração e a crítica de muitos amigos e colegas que, de várias formas, me ajudaram a chegar ao fim do projeto. A Hugo Pereira do Amaral, meu professor e mestre inconteste, sou grato pelas muitas indicações e pela amizade. Esse trabalho se inspira em muitas de suas pesquisas e em suas aulas a que tive o privilégio de assistir na Universidade Federal de Minas Gerais. A Heloísa Starling sou devedor pelo estímulo contínuo, pelas sugestões e pela preciosa amizade. A Juarez Guimarães e

Leonardo Avritzer sou grato pelas observações e pelo convívio fecundo no Centro de Referência do Interesse Público da UFMG. A Adauto Novaes devo a inspiração contínua de um verdadeiro pensador de nosso tempo. As conversas e debates com ele são para mim fonte inesgotável de interrogações e um potente estímulo para prosseguir. A Sérgio Cardoso, Alberto de Barros e Helton Adverse devo os comentários sempre pertinentes nas várias ocasiões em que tive o prazer de debater partes desse trabalho com eles. Antônio Carlos dos Santos leu trechos do livro e contribuiu não apenas com observações críticas, mas também com sugestões bibliográficas valiosas. A ele sou grato por essa interlocução. E, por fim, agradeço a imensa generosidade de Janete, que me ajudou ao longo de todo o trabalho e soube aceitar com paciência inesgotável os muitos momentos de cansaço e ausência provocados pela preparação do manuscrito.

Introdução

Charlotte Corday gravou seu nome na história moderna ao apunhalar Marat no dia 13 de julho de 1793, enquanto ele a recebia em sua banheira, na qual procurava aliviar os sintomas de sua doença no quente verão parisiense daquele ano. A jovem de fala infantil, cabelos castanhos e olhar perdido havia chegado a Paris dois dias antes e pretendia matar o convencional na sala da Assembleia. Como ele não mais frequentava a Casa, ela se dirigiu até a residência dele, na rua dos Cordeliers. Durante o dia ela tentou falar-lhe, mas só foi recebida no começo da noite, depois de ter-lhe enviado uma carta na qual prometia fazer revelações importantes sobre um complô que ameaçava a França. Marat, que fizera da denúncia dos supostos inimigos do país uma de suas especialidades, não pôde resistir à tentação de ouvir o relato de alguém chegado de Caen, onde os deputados girondinos banidos pareciam tramar a invasão de Paris. Após uma curta conversa, Charlotte Corday, sem tremer, matou esse homem que ela considerava um monstro, uma ameaça para a França.

Essa cena foi descrita ao longo dos tempos como uma das mais memoráveis da Revolução Francesa e incendiou a imaginação de historiadores, poetas e pintores. David produziu um verdadeiro monumento fúnebre ao retratar o revolucionário morto com a carta da assassina na mão, a faca caída ao lado da pena — esta supostamente seu único instrumento de combate, por meio da qual ele havia antes sugerido profeticamente, após a festa da Federação, que talvez fosse necessário matar até 20 mil franceses para purificar o país. Seu estilo cortante e sua falta de limites faziam-no temido por seus adversários e até mesmo por seus amigos, como Danton, que aos poucos foi se afastando de seu antigo protegido. A morte de Marat significou, para os novos senhores da Revolução, uma prova de que a pátria corria perigo e que era preciso agir com uma determinação fora do comum para salvá-la. Em outras palavras, para os membros dos poderosos comitês que dominavam a Convenção, só o Terror passava a ser concebível como método de ação.

Se o assassinato de Marat reteve a atenção dos estudiosos, a mesma sorte coube aos relatos do último dia de Charlotte Corday. Conduzida pelas ruas de Paris, ela inflamou a imaginação de escritores, fascinados pela cena da bela jovem sendo levada indiferente para a morte e demonstrando uma serenidade desconcertante. Depois da execução, correu pelas ruas da cidade a notícia de que sua cabeça havia sido esbofeteada por um dos presentes, o que encheu de horror uma população que ainda não estava habituada aos excessos que seriam cometidos sob o Terror. Pouco se perguntou, no entanto, sobre as ideias de Charlotte. É certo que Montané, que presidiu seu julgamento, deu a impressão, para seus contemporâneos, de que desejara salvá-la, considerando-a louca. Nessa lógica, as declarações da jovem nada mais seriam do que o produto de uma mente perturbada. Já do lado dos que a acreditavam culpada, a tese de que ela agira por estímulo dos girondinos era tão forte que nem sequer julgavam necessário dar atenção a suas palavras.

Não temos como saber quais foram de fato as causas das

ações de Charlotte Corday, mas podemos ao menos prestar atenção ao que ela disse. Se não se trata de descobrir sua "verdade", podemos saber em que linguagem ela encontrava refúgio para se justificar. Feita prisioneira, ela foi julgada com a celeridade que marcou as ações do Tribunal Revolucionário. Nos poucos momentos durante os quais pôde falar, Charlotte não demonstrou medo e nem mesmo arrependimento. Instada pelo presidente do tribunal a dizer os nomes dos mandantes do crime e seus motivos, e de onde ela teria tirado a ideia de que Marat era um perigo para a França, ela declarou que os jornais a haviam instruído a respeito das ações que ele praticava e que, de qualquer forma, ela "era republicana bem antes da Revolução e não lhe faltou jamais energia". Montané, surpreso com a resposta da jovem, deixou de lado a questão da república para perguntar-lhe, bem ao modo das cortes do Antigo Regime, o que ela entendia por "energia". Charlotte Corday não se deixou intimidar. Para ela, a energia era uma qualidade republicana, uma qualidade daqueles que "colocam o interesse particular de lado e sabem se sacrificar por sua pátria".[1]*

O que levou uma jovem provinciana, que parecia aturdida pela Revolução e que lia apenas jornais como o *Perlet*, uma folha anódina e sem personalidade política, a se declarar republicana e a desafiar aqueles que a enviariam para a morte? Poderíamos conjeturar que ela desejava se aproximar da linguagem de seus juízes para captar-lhes a benevolência. Mas ela sabia desde o início que seu processo estava perdido, e que seria morta. Além do mais, na carta que endereçara "aos franceses" no dia anterior ao assassinato, e que foi apreendida com ela no momento de sua prisão, ela diz:

---

1 Charlotte Corday, "Le Procès de Charlotte Corday", em Gérard Walter (organização e comentários), *Actes du Tribunal révolutionnaire*, p. 57.

* As traduções das obras citadas são do autor, Newton Bignotto, salvo quando indicado diversamente. (N. E.)

"Eu ignoro se o céu nos reserva um governo republicano, mas ele só nos dará um *montagnard* como mestre se quiser uma vingança excessiva".[2] Charlotte não sabia o que pensar dos rumos da Revolução, mas ela se sabia republicana.

Como compreender o republicanismo dessa jovem, que parecia perdida no meio de seus sonhos, embora tenha espantado a todos os que a conheceram em seus últimos momentos pela serenidade com a qual enfrentou seu destino? Seu defensor, Chaveau-Lagarde,[3] nomeado pelo tribunal e mais preocupado em salvar a própria pele do que em defender a ré, declarou que o crime só podia ser o resultado do fanatismo político. Isso levava a supor que ela tinha um desígnio político real, que agia em nome de um projeto, que havia sido conduzida a praticar um ato extremo sob a inspiração de um grupo que pretendia tomar o poder. O universo mental de Charlotte Corday estava muito distante das lutas fratricidas que dividiam a França naquele tórrido verão. Talvez nem ela soubesse medir o alcance de seu gesto. Em suas falas, ela não cessa de dizer que tinha matado o monstro para que "a paz pudesse se estabelecer tão rápido quanto ela desejava".[4] A dimensão política de seu ato parecia lhe escapar. A Revolução a inquietava mais do que entusiasmava. Mas Charlotte Corday usava uma linguagem da qual ela estava plenamente consciente, e essa linguagem era republicana.

Nos dias de sua detenção ela escreveu duas cartas: uma para Barbaroux, um deputado que se encontrava em Caen, e outra para seu pai, desculpando-se, como uma boa filha, pelo que fizera. Na carta a Barbaroux ela se dá ao luxo de ser irônica com os parisienses que, segundo ela, são tão bons republicanos que "não concebem como uma mulher inútil, para a qual uma vida longa não

2 Idem, ibidem, p. 66.
3 Idem, ibidem, p. 64.
4 Idem, ibidem, p. 60.

serviria para nada, pode se sacrificar de sangue-frio para salvar todo o país".[5] O republicanismo dela está tingido pelo heroísmo e pelo desejo de servir a um bem superior, que ultrapassa até mesmo o desejo de viver. Seu discurso está cheio de referências à Antiguidade, mas também reflete uma fina visão do presente. Ela sabia que "uma imaginação viva e um coração sensível" — esse bem tão procurado pelos leitores de Rousseau — só poderiam tê-la levado ao extremo a que chegou. Pouco importava. Charlotte queria morrer como Brutus. Quantos não desejaram a mesma coisa naquele tempo marcado pelas leituras de Plutarco e pelas críticas devastadoras que Rousseau dirigira a seus contemporâneos? Se por um lado a jovem agiu em conformidade com valores do passado que haviam irrompido na cena política francesa do momento, por outro ela estava longe de desconhecer as dificuldades de agir, em sua época, como as grandes figuras do passado. Por isso, sabedora do que a aguardava, ela afirmou: "Para os modernos, existem poucos patriotas que sabem morrer por seu país; quase tudo é egoísmo. Que triste povo para formar uma república".[6] Charlotte Corday quis ser um dos poucos a agir conforme as virtudes republicanas dos antigos. Por isso marchou serena para a guilhotina, na certeza de que em breve estaria passeando pelos Campos Elíseos, ao lado das figuras que aprendera a admirar.

Havia na França do século XVIII uma linguagem republicana que já era falada muito antes das ameaças efetivas ao regime monárquico, e que encontrou nos anos decisivos da Revolução o terreno fértil para se desenvolver, ocupando por fim um lugar de destaque no cenário político. Não podemos saber se a jovem assassina de Marat era "republicana" antes de 1789, mas seu discurso

5 Idem, ibidem, p. 60.
6 Idem, ibidem, p. 61.

fazia todo o sentido, e não apenas para sua geração, mas para muitos que a precederam e para todos aqueles que sonhavam com um regime de liberdade e justiça no tumultuado ano de 1793. Compreender a formação da linguagem republicana no século XVIII e de que forma ela se transformou na língua dominante no curso da Revolução é o propósito principal deste livro. Para isso, teremos de abandonar o momento crucial de afirmação do Terror e retornar à primeira metade do século, quando da pena ágil e poderosa de autores como Montesquieu e Diderot começaram a jorrar textos que tratavam da relação do tempo presente com a Antiguidade, de uma forma desconhecida até então na França.

Na história do pensamento político francês é comum associar o republicanismo à Revolução de 1789, mais particularmente às mudanças constitucionais ocorridas a partir de 1791. Os estudos dedicados ao tema assinalam, entretanto, que a ruptura com a monarquia aparece frequentemente ligada a uma longa preparação de ideias, que teria sido levada a cabo pelos iluministas. O grande clássico de Claude Nicolet, *L'Idée républicaine en France* [A ideia republicana na França],[7] por exemplo, menciona em seu primeiro capítulo "as origens distantes" do pensamento republicano na filosofia das Luzes, e parte dos eventos revolucionários para acompanhar o desenvolvimento das ideias republicanas ao longo de todo o século XIX e até o início do século XX.

É consenso entre muitos especialistas do período que as propostas de ordenação institucional, nascidas do abandono do projeto de uma monarquia constitucional que dominara a primeira fase da Revolução, são o verdadeiro marco inaugural da república na França, e vão influenciar as lutas que caracterizaram o movimento republicano por mais de dois séculos. Mas na lógica de tais historiadores essa guinada foi preparada pela filosofia das Luzes,

7 Claude Nicolet, *L'Idée républicaine en France (1789-1924)*.

que teria destruído as bases sobre as quais a monarquia se mantivera durante séculos. Revolução, Iluminismo e Republicanismo formariam assim uma tríade inseparável para a compreensão dos acontecimentos que abalaram a França no final do século XVIII.

No caminho contrário, autores como Jean-Marie Goulemot dedicaram-se a mostrar que a correta compreensão do nascimento do republicanismo francês depende da desmontagem do que chama de um silogismo "que tenderia a provar a existência de um republicanismo das Luzes".[8] Para ele, a interpretação de movimentos como a Fronda — tida como um exemplo da luta entre os defensores da liberdade e os monarquistas — deriva de uma ilusão retrospectiva, tendente a encontrar as raízes do conflito que opôs republicanos e monarquistas a partir de 1791 em acontecimentos que, mesmo aos olhos de Voltaire, não possuíam essa significação. Se não há como negar a história dos muitos conflitos que conformaram a política francesa ao longo dos séculos XVII e XVIII, não há também razão suficiente, segundo o autor, para ligá-los aos projetos republicanos de sociedade que serão construídos e desenvolvidos a partir da última década do Oitocentos. Em resumo, o historiador conclui que o termo republicano, no século XVIII, não se reveste imediatamente de um significado político: "Nesse século, por um lado tão propenso à crítica, pode-se desistir de encontrar uma só família espiritual que reivindique a república, no sentido atual, como um ideal político".[9]

O que se passa então no plano das ideias para que a reivindicação dos laços entre Revolução e filosofia das Luzes tenha ocorrido a tantos escritores? Segundo Goulemot, para abordar corretamente essa questão, e para dar o justo valor às ideias que foram

---

8 Jean-Marie Goulemot, "Du Républicanisme et de l'idée républicaine au XVIIIème siècle", em F. Furet e M. Ozouf (orgs.), *Le Siècle de l'avènement républicain*, p. 25.
9 Idem, ibidem, p. 35.

desenvolvidas no transcorrer do século XVIII, é preciso lembrar que "o sonho político da idade clássica não é republicano". A ilusão de encontrar no passado uma explicação coerente para a irrupção de uma novidade radical no cenário político seduziu muitos historiadores, desejosos de se livrarem do incômodo problema de interpretar acontecimentos como a Revolução e o que ela teve de inesperado. Um caso típico, segundo Goulemot, é o que ocorre com a ideia de liberdade política. Os iluministas foram defensores ferrenhos da liberdade, mas isso não quer dizer que estivessem defendendo uma forma precisa de governo, muito menos a república. A principal conclusão do intérprete é que a ideia de república no século das Luzes "é mais cultural e moral do que política".[10]

O estudo de Goulemot é precioso porque nos ajuda a evitar as armadilhas desse lugar-comum da historiografia da Revolução, o qual pode transformar a análise da formação da matriz republicana francesa numa busca ingênua por suas raízes iluministas. Mas o saudável ceticismo do autor em relação ao papel da ideia republicana na preparação da Revolução não responde à pergunta que colocamos ao comentar o célebre caso de Charlotte Corday. Podemos, é claro, aceitar o republicanismo de 1791 como uma "divina surpresa", mas nesse caso teríamos que explicar como esse tipo de surpresa se prepara no terreno da linguagem e dos conceitos.

Uma hipótese alternativa àquela que nega qualquer pertinência à noção de uma forma de republicanismo político antes da Revolução é a tese clássica de Daniel Mornet. Em *Les Origines intellectuelles de la Révolution française* [As origens intelectuais da Revolução Francesa][11] o autor sustenta que os acontecimentos revolucionários guardam uma relação direta com o desenvolvimento das ideias políticas que os precederam. Em outras palavras,

10 Idem, ibidem, p. 52.
11 Daniel Mornet, *Les Origines intellectuelles de la Révolution française*.

a tese de Mornet recobre um *topos* comum do pensamento do século XIX, de acordo com o qual não há revolução sem ideias. Ora, como a Revolução se transformou no berço do regime republicano, o estudo de suas origens acaba sendo o estudo de suas raízes teóricas na filosofia das Luzes. O republicanismo confunde-se, assim, com a posição crítica dos autores do século XVIII com relação à monarquia.

As três possibilidades enunciadas parecem incapazes de dar conta de nossa questão. Em primeiro lugar, é preciso não confundir o problema das origens da Revolução com o da constituição da matriz republicana francesa. Essa mistura só seria adequada se pudéssemos afirmar que a Revolução Francesa foi o fruto direto do desenvolvimento das ideias republicanas, o que nos parece uma tese incorreta. Sendo assim, guardando o fato de que a oposição entre república e monarquia será essencial para a afirmação das ideias republicanas no curso do século XIX, não podemos fazer dessa mesma oposição o motor de transformações que não foram, de maneira nenhuma, concebidas dessa forma pelos pensadores do século XVIII.

Nossa hipótese para lidar com o problema do surgimento do republicanismo francês é a de que ele se desenvolveu, ao longo do século XVIII, como uma linguagem cujo significado pleno só ficou claro no curso de acontecimentos que, como uma solução possível para a Revolução, apontaram para a implementação de um regime republicano. Tornou-se possível falar em republicanismo no curso da Revolução porque antes foram elaborados um léxico e uma gramática republicanos. Assim, foi preparado o terreno não só no plano dos conceitos, mas também no dos símbolos e da imaginação. Isso não quer dizer que os autores iluministas e tantos outros pensadores fossem republicanos, mas sim que o conjunto de ideias e conceitos que elaboraram — exatamente por lidar com um vocabulário que fazia parte de uma longa tradição republicana —

pôde ser apropriado por aqueles que buscavam uma solução para o colapso da monarquia e a criação de um regime que respondesse aos anseios de liberdade e igualdade.

O estudo da formação do republicanismo no curso do século XVIII tem muito a ganhar não apenas com a análise de alguns grandes textos filosóficos, mas também com o estudo de fenômenos influentes no mundo cultural, como a constante referência a temas do passado greco-romano que povoam obras de pintores e artistas ou aparecem na revolta vigorosa contra a política monarquista vigente, e que de forma pouca organizada e nem sempre clara explodiu no submundo literário tão bem estudado por Robert Darnton.[12] Fenômenos por vezes isolados e pouco influentes, se tomados apenas num contexto local, vão constituindo o terreno sobre o qual será possível erguer o republicanismo da Revolução.

No fundo, não há nada de extravagante em dizer que o republicanismo se formou pouco a pouco, ao longo de lutas e de embates teóricos que mobilizaram intensamente instrumentos do passado e novidades conceituais, e que nem sempre podem ser associados diretamente ao debate sobre a forma de governo republicana. Se tomarmos como exemplo o humanismo italiano, veremos que a mesma ambiguidade existe na passagem de um pensador como Petrarca para os republicanos florentinos do século XV. Afirmar que o grande poeta era um republicano convicto é algo muito diferente de mostrar que sua recuperação dos clássicos romanos foi um passo decisivo para a constituição do humanismo cívico. De fato, sua posição foi ambígua no que diz respeito à forma de governo — que, aliás, não o interessava de modo explícito —, mas foi decisiva para a ruptura com relação a alguns pontos importantes da filosofia escolástica. Podemos dizer a mesma coisa

12 Robert Darnton, *Boemia literária e revolução*.

dos iluministas e de pensadores como Rousseau, sem, porém, cair na armadilha apontada anteriormente. O que há de especial na França é o fato de que a Revolução produziu uma ruptura tão radical no interior da vida política que, mesmo sem aceitar a tese do surgimento de uma experiência única na história, é impossível desconhecer a extensão do abalo produzido pelos acontecimentos. Por isso, as diferenças sutis existentes entre autores como Petrarca e Leonardo Bruni e a lenta preparação do republicanismo de Maquiavel parecem menos surpreendentes do que a súbita reivindicação republicana que emerge dos debates revolucionários e da apropriação de escritos como os de Rousseau.

Formulando de outra maneira essa hipótese, nosso ponto de partida é a ideia de que, no transcorrer do século XVIII na França, a referência constante a problemas como o da liberdade política, da virtude cívica, do passado glorioso romano e dos exemplos vigorosos de formas livres de governo na Antiguidade foi a alavanca para a constituição da matriz republicana francesa. Essa matriz só seria reconhecida como tal, em termos políticos, pelos homens da Revolução, mas dependeu fortemente do caldo conceitual, simbólico e imaginário que já estava à disposição daqueles que, a partir de 1791, pensariam na instauração de um regime republicano. Podemos aceitar a tese de Roger Chartier,[13] para quem foi a Revolução que inventou as Luzes, e não o contrário; ao mesmo tempo, para aprofundar nossos estudos, podemos nos servir de material, levantado pelo mesmo autor, que demonstra a formação de uma nova cultura política nas décadas que precederam 1789. Portanto, o republicanismo da Revolução é, seguindo a lógica de Chartier, o produto da interpretação do imenso repertório colocado à disposição de homens que se viram às voltas com um acon-

13 Roger Chartier, *Les Origines culturelles de la Révolution française*, pp. 17 e 243-73.

tecimento que não compreendiam inteiramente e que não podia ser pensado com as ferramentas tradicionais da cultura política dominante. Optar pela república consistia não apenas em olhar para o futuro, mas também em reler o passado, discernindo em alguns escritos as palavras e as regras gramaticais de uma língua que até então não fora praticada na França.

No caminho das ideias republicanas pelo século XVIII, uma noção ocupou um lugar de destaque: a virtude. Desde Montesquieu, a questão da relação entre virtude e política galvanizou as atenções de um século que fez do elogio do comportamento dos heróis da Antiguidade uma de suas marcas, ao mesmo tempo que se interrogava sobre a possibilidade de ver repetidos seus feitos numa época em que os homens públicos haviam perdido os traços de desprendimento e devoção à causa pública que tanto caracterizavam os personagens de Plutarco. Seguir as aventuras e desventuras da virtude é não apenas uma maneira de acompanhar o processo de transformação da paisagem política e intelectual da França, mas também uma forma de assistir ao encontro de concepções e ideias de um mundo que já desaparecera, e que ainda continuava a influenciar os comportamentos dos pensadores e dos homens de ação de uma época que fazia da razão o seu farol, o seu sinal de esperança.

Nosso livro começa com as páginas plácidas de Montesquieu e termina nos anos angustiantes depois da queda de Robespierre, quando a França teve de lidar com a triste herança do Terror. Ao longo das décadas que aqui nos interessam, os franceses não cessaram de se perguntar pela possibilidade de construção de repúblicas nos grandes Estados modernos. A constatação da jovem provinciana de que faltava virtude em seu tempo ecoa um sentimento que dominou as mentes mais brilhantes do século. Antes de saber o que era uma república, queria-se saber se podia existir algo no século XVIII que merecesse esse nome. Essa dúvida habitou primeiramente as reflexões de pensadores, enciclopedistas e propagandistas que desejavam transformar o Antigo Regime sem, no entanto, se lançar a uma grande aventura. Com a Revolução, a pergunta foi ganhando contornos dramáticos, à medida que a monarquia foi perdendo terreno e ficou claro que a França vivia um momento inédito não apenas para ela, mas para toda a Europa. A solução republicana tornou-se assim uma parte fundamental do cotidiano político. A língua recriada pelos iluministas em seus passeios pela Antiguidade, transformada por Rousseau, que a ela forneceu uma gramática rigorosa e inovadora, tornou-se um código obrigatório quando o Antigo Regime ruiu definitivamente.

A França conferiu à modernidade um rico manancial de palavras, conceitos e imagens que povoam até hoje o imaginário político do Ocidente, sobretudo para aqueles que veem a liberdade como o pilar da vida em comum. Ao mesmo tempo, legou-nos uma história rica, por vezes trágica, habitada pelas dificuldades que aguardam os povos dispostos a tornar realidade o que foi pacientemente tecido pelos escritores e artistas do século XVIII. Essa aventura das palavras e da política, esse mergulho em busca de uma virtude esquecida, é o retrato de um republicanismo que não cessou de conviver com a ideia de que talvez o regime que ele mesmo defendia fosse impossível num tempo em que há "tão poucos patriotas dispostos a morrer pela pátria e no qual tudo é egoísmo", como afirmou, melancólica, a jovem provinciana que matou um dos profetas da Revolução violenta. Mas a experiência francesa transformou para sempre a paisagem do pensamento político do Ocidente. Não há como perseguir, no espaço de um livro, todos os meandros que levaram à constituição de um novo vocabulário político, mas podemos, mais modestamente, recuperar alguns momentos fortes dessa busca por uma república "impossível". Apoiando-nos na análise de livros, panfletos, jornais, projetos constitucionais, discursos, cartas e processos, tentaremos resgatar o sabor de um dos momentos mais criativos e densos da longa trajetória da tradição republicana.

O léxico republicano: a contribuição do Iluminismo

O desenvolvimento do Iluminismo ao longo das décadas que antecederam a Revolução Francesa foi marcado pelo combate a uma série de preconceitos, pela abertura de novas fronteiras do conhecimento, pela crença nos poderes da razão e da ciência e pela defesa da tolerância religiosa. Num período de intensa criatividade e crítica aos regimes absolutos, a referência à tradição republicana foi mais frequente do que se costuma admitir, mas nem por isso implicou a existência de um republicanismo político, que seria central no pensamento iluminista. De um lado, as pequenas repúblicas europeias tinham pouca expressão e não serviam como um modelo de governo capaz de influenciar as disputas entre os grandes Estados nacionais.[1] De outro lado, no entanto, sobrevivia um ideário republicano, de conteúdo mais moral do que político, mas que encontrava eco nas discussões que ocorriam nos principais centros europeus. Como resumiu Venturi:

---

1 Franco Venturi, *Utopia e Reforma no Iluminismo*. Nesse caso, ver especialmente o cap. 1, pp. 53-98.

Sobrevive uma amizade republicana, um sentido republicano do dever, um orgulho republicano mesmo em um mundo agora mudado, até mesmo no próprio coração de um Estado monárquico, na corte, no mais profundo ânimo de homens que poderiam parecer completamente integrados ao mundo do absolutismo.[2]

Foi nesse universo rico e aberto que questões como as da virtude, do patriotismo, da liberdade e da soberania popular encontraram lugar e puderam ser discutidas. O vocabulário da vida pública foi sendo paulatinamente enriquecido, sem que aqueles que recorriam a ele compartilhassem necessariamente da crença de que a forma republicana de governo fosse a solução para os problemas cada vez mais evidentes das grandes monarquias europeias. Por isso é tão difícil acompanhar a trajetória do republicanismo no período de glória do Iluminismo. As convicções pessoais de muitos escritores foram decisivas para a incorporação das questões republicanas na ordem do dia, mas estiveram longe de ser convergentes na afirmação de sua pertinência para além do debate moral. Encontramos nessa época escritores como Alexandre Deleyre, autor de *Pensées d'un républicain sur les moeurs de ce siècle* [Pensamentos de um republicano sobre os costumes deste século],[3] cuja adoção dos valores republicanos o levaria a uma crítica violenta dos costumes de seu tempo, à qual ele permaneceria fiel até os anos mais turbulentos da Revolução. Mas temos também autores como Mably, que embora em seu *Droits et devoirs du citoyen* [Direitos e deveres do cidadão] sustente teses radicais sobre propriedade, foi durante sua vida um defensor prudente e pouco conhecido da virtude associada ao comportamento dos grandes

2 Idem, ibidem, p. 140.
3 Idem, ibidem, pp. 157-61.

atores políticos do passado.[4] Sua discrição a respeito de algumas de suas ideias políticas foi tamanha que dificilmente podemos afirmar que tenha havido influência de seu pensamento antes de sua morte.

Diderot talvez seja o exemplo mais marcante do percurso sinuoso da consolidação do republicanismo como parte da linguagem e do universo conceitual das Luzes. Defensor explícito da monarquia na primeira fase da elaboração da *Enciclopédia* e crítico mordaz do caráter utópico do pensamento de muitos de seus contemporâneos — Rousseau em particular —, ele acabou voltando ao tema da virtude, e distanciou-se de concepções meramente utilitárias da ordenação social que o haviam influenciado no começo de sua trajetória.[5] Ao buscar compreender a função do filósofo num mundo decadente — mas que podia recuperar seu equilíbrio sem necessariamente voltar ao estado de natureza —, Diderot concede um papel central à luta pela liberdade, influenciando assim muitos de seus contemporâneos que, com o passar dos anos, tornar-se-ão críticos violentos da monarquia — justamente aquela que o filósofo aceitara anteriormente com tanta tranquilidade como uma forma necessária de governo para a França. Nesse sentido, é esclarecedora a posição de Imbruglia, quando afirma: "A tradição do republicanismo inglês sofreu uma importante transformação: por meio da reflexão de Montesquieu,

4 Claude Nicolet, *L'Idée républicaine en France (1789-1924)*, pp. 68-70.

5 Ver a esse respeito Gerolamo Imbruglia, "From utopia to republicanism: the case of Diderot", em Biancamaria Fontana (org.), *The Invention of the Modern Republic*, pp. 63-85. Para uma visão de conjunto da obra de Diderot, ver Franklin de Matos, *O filósofo e o comediante*. Para um estudo sobre a crítica à metafísica feita por Diderot, ver Roberto Romano, "Diderot, Penélope da Revolução", em *O caldeirão de Medeia*, pp. 217-46.

Rousseau e Diderot, ela encontrou uma nova fertilidade que, em poucos anos, daria seus frutos".[6]

Nosso propósito neste capítulo não é acompanhar detalhadamente as referências que encontramos ao vocabulário republicano em obras setecentistas. Isso nos obrigaria a visitar um grande número de fontes — e de todas as naturezas —, o que escapa aos objetivos deste livro. Assim, recorreremos a alguns dos grandes representantes do pensamento iluminista para analisar os primeiros momentos de constituição do republicanismo francês no século XVIII, conscientes de que essa é apenas parte de uma história bem mais extensa e complexa.

MONTESQUIEU E A QUESTÃO REPUBLICANA

O recurso à obra de Montesquieu na polêmica que impera hoje entre republicanismo e liberalismo obscurece o papel que ele teve na formação do arcabouço teórico dentro do qual o republicanismo francês nasceu e se propagou no século XVIII.[7] A contribuição do autor de *O espírito das leis* à constituição do pensamento republicano foi decisiva no plano teórico, mas deve ser vista separadamente de sua posição pessoal, já que esta tinha por referência uma crítica ao absolutismo, e não o desejo de alterar as instituições fundamentais da França.

Um exemplo da dificuldade em apreender o sentido de seus livros e sua relação com a tradição republicana está no uso que Marat fez de seus principais escritos. Ao compará-lo com Rousseau em 1789, o revolucionário lembra que enquanto o ge-

6 Gerolamo Imbruglia, op. cit., p. 85.
7 M. Hulliung, *Citizens and Citoyens. Republicans and Liberals in America and France*, pp. 1-21.

nebrino dependia apenas de sua celebridade para sobreviver, Montesquieu tinha bens e família para proteger, o que explicava sua cautela ao atacar os mandos e desmandos de seu tempo. Todavia, Marat não lhe retira o valor, pois, a seu modo, ele "não temia atacar a autoridade arbitrária, os vícios do governo, as prodigalidades do príncipe".[8] O revolucionário não via, naquele ano fundamental, uma razão objetiva para deixar os escritos de Montesquieu de lado, mas já havia esfriado o entusiasmo que manifestara em um discurso de 28 de março de 1785 para a Academia de Bordeaux,[9] quando afirmara ser ele um dos pilares da defesa da liberdade na França.

Nos anos que precederam a Revolução de 1789, o nome de Montesquieu transitou intensamente pelos círculos políticos e literários, os quais trabalhavam para colocar um freio no governo absoluto de Luís XVI. Conhecido por sua posição favorável à independência dos parlamentos, por sua tolerância com as diversas crenças religiosas e políticas[10] e por seu equilíbrio, o pensador foi, durante a década de 1780, um nome obrigatório em todas as esferas da vida política.

No entanto, buscar uma leitura "republicana" de Montesquieu, ou explorar sua concordância (ou divergência) com os escritos revolucionários posteriores, parece-nos um caminho pouco fecundo. Mais importante é reter que, direta ou indiretamente, ele contribuiu para a crítica ao governo monárquico e ajudou a forjar uma linguagem que seria fundamental para o desenvolvimento da teoria política moderna e para a compreensão das transformações que alteraram a face do mundo ocidental a partir do século XVIII.[11] A fecundidade de

8 Marat citado em M. Dorigny, *Montesquieu dans la Révolution Française*, vol. 1, p. IV.
9 Idem, ibidem, pp. 77-8.
10 Antônio Carlos dos Santos, *A política negada. Poder e corrupção em Montesquieu.*
11 Como mostra Shklar: "Montesquieu did for the latter eighteenth century what

sua obra está demonstrada pela recepção que teve não somente na França, mas também nos Estados Unidos e na América Latina. A moderação e a prudência de Montesquieu não impediram a propagação de seu trabalho e seu uso como um instrumento útil na luta contra todas as formas de despotismo.[12] Por essa via, ele se incorporou definitivamente à história do republicanismo.

Os vínculos de Montesquieu com a tradição republicana se estabeleceram primeiramente por meio de uma leitura acurada da história antiga. As observações contidas em suas *Considerações sobre as causas da grandeza e decadência dos romanos* demonstram que o recurso à história romana era, no século XVIII, o caminho para se chegar ao tema da república. Já foi notado que Montesquieu era devedor de Maquiavel nessa démarche,[13] mas equivocam-se os que acreditam que essa proximidade entre os dois pensadores serve para esclarecer o sentido das anotações do francês. De fato, ambos compartilham da admiração pela determinação e força da república romana, pela virtude dos cidadãos e pela legislação de Roma. Maquiavel viu com apreço o nascimento das grandes nações europeias; Montesquieu investigou seus limites e suas dificuldades. A comparação com as repúblicas antigas foi uma ferramenta importante para ambos, mas eles não poderiam chegar às mesmas conclusões sobre todas as questões, uma vez que suas preocupações nem sempre coincidiam.

Machiavelli had done for his century, he set the terms in which republicanism was to be discussed". Judith N. Shklar, "Montesquieu and the new republicanism", em Gisela Bock, Quentin Skinner e Maurizio Viroli (orgs.), *Machiavelli and Republicanism*, p. 265.

12 Starobinski faz da moderação de Montesquieu um dos fatores mais importantes para a explicação de sua recepção. Jean Starobinski, *Montesquieu*, p. 16.

13 R. Shackleton, *Essays on Montesquieu and the Enlightenment*, pp. 117-32.

Montesquieu considerava como elemento fundamental das antigas repúblicas a distribuição de terras que seus legisladores haviam logrado implementar, pois "isso fazia um povo potente, quer dizer, uma sociedade bem regulada".[14] Se o vigor de seus exércitos era o que mais chamava a atenção, o pensador francês viu na igualdade entre os cidadãos e no fato de que todos tinham o mesmo interesse em preservar seus bens o elemento central de explicação do sucesso romano. Ao lermos suas observações, não encontramos no texto nenhuma menção a uma virtude miraculosa que fizesse parte do legado das repúblicas antigas. Isso é importante, pois, como veremos, foi em torno do significado da virtude dos antigos que o debate sobre o melhor regime foi conduzido no século XVIII. Ora, para Montesquieu, Roma se destacou pelos resultados positivos de sua ordenação institucional e por suas conquistas, mas não por oferecer exemplos de acontecimentos extraordinários. O filósofo francês estava interessado em investigar a história, em desvendar seus segredos, e não em construir um mito ou inventar um mundo que fosse inacessível aos homens de sua época.

Montesquieu admirava a Roma republicana, suas instituições e sua capacidade de crescer, mas também conhecia seus defeitos e limitações. Ele sabia, por exemplo, que a potência de Roma minara as bases de sua liberdade, e acabara por corromper o corpo político. Em uma análise bem ao gosto de Maquiavel, ele mostra que os romanos prezavam seus próprios costumes, mas, em contrapartida, não tinham o menor respeito pelos costumes dos outros povos. A conquista de um vasto território se fizera ao preço da destruição de muitas culturas, inclusive das cidades livres da Itália, levando-o a dizer que, com o passar dos tempos, "Roma não era mais pro-

---

14 Montesquieu, "Considérations sur les causes de la grandeur des romains et de leur décadence", em *Oeuvres complètes*, vol. II, p. 81.

priamente uma monarquia ou uma república, mas a cabeça de um corpo formado por todos os povos do mundo".[15] A ele interessava descobrir, como um bom iluminista, as causas da decadência de um dos povos mais poderosos que já existiram. Na sua lógica, ao juntar a potência de seus exércitos com o desejo sem freios de expansão, os romanos teriam gestado sua própria morte. É nessa mistura de força com vontade de expansão que se escondia a chave para o desaparecimento da república romana.

Numa outra direção, entretanto, ele quis compreender como tinha sido possível criar uma república que realizara os feitos dos antigos romanos e ao mesmo tempo durara tanto tempo. Para ele, a verdadeira arte romana foi institucional. Confrontados com problemas e ambições internos, os romanos souberam equilibrar as tensões através de um complexo sistema de contrapesos, fazendo com que, segundo ele, "o governo de Roma" tenha sido admirável, "pois, desde seu nascimento, sua constituição foi tal que, seja pelo espírito do povo, pela força do Senado ou pela autoridade de alguns magistrados, os abusos de poder sempre puderam ser corrigidos".[16]

As análises da grandeza e da decadência de Roma nos ensinam muito sobre o pensamento de Montesquieu a respeito das repúblicas. Nesse quadro de referências, duas proposições chamam a atenção. Em primeiro lugar está a descrição do regime republicano. Como estamos interessados em estudar a formação da linguagem republicana, essa referência nos oferece algo mais do que uma citação erudita. Referindo-se a Roma, Montesquieu a descreve como "uma cidade cujo povo tinha tido um único espírito, um mesmo amor pela liberdade, um mesmo ódio pela tirania, cidade na qual o ciúme do poder do Senado e das prerrogativas dos grandes, sempre misturadas com o respeito, nada mais era do

15 Idem, ibidem, p. 108.
16 Idem, ibidem, p. 115.

que o amor da igualdade". A esse conjunto de qualidades podemos dar o nome de virtude, à qual se deveria acrescentar o caráter religioso do povo romano, pois, segundo Montesquieu, era por meio desse sentimento religioso que se sustentava o amor à pátria.[17]

Deve-se reter do pensamento de Montesquieu que a virtude de uma república pode ser conhecida pelo valor atribuído à igualdade, à liberdade e ao direito de participar da vida pública — inclusive através dos tumultos, uma vez que isso garante a saúde do corpo político. Como ele afirma, "todas as vezes que encontrarmos todo mundo tranquilo em um Estado que se atribui o nome de república, podemos estar certos de que a liberdade não existe mais".[18] Portanto, o elemento central da experiência republicana antiga é a relação já observada pelos humanistas entre liberdade e igualdade, e o fato, destacado também por Maquiavel, de que os conflitos são parte constitutiva, e não fragmentadora, de uma república. Nesse sentido, o mundo antigo não é apresentado como fato isolado e incompreensível aos olhos dos modernos, mas como um exemplo para a estruturação de uma república. É difícil imitar as lições do passado, mas não impossível.

Ainda, na visão de Montesquieu, embora a corrupção sempre destrua a vida política das repúblicas, estas reúnem a energia política necessária não apenas para conservar seu espaço original, mas também para crescer. O autor verifica que, sem verdadeiros cidadãos apegados à pátria e à igualdade, a liberdade se extingue. O segredo para a conservação dos valores republicanos romanos teria sido a manutenção de suas fronteiras italianas, além da relação de proximidade entre seus membros. Como Roma estava, por sua

---

17 "Outre que la religion est toujours le meilleur garant que l'on puisse avoir des moeurs des hommes, il y avait ceci de particulier chez les Romains, qu'ils mêlaient quelque sentiment religieux à l'amour qu'ils avaient pour leur patrie." Idem, ibidem, p. 121.
18 Idem, ibidem, p. 119.

força, destinada a se expandir, a corrupção tornou-se inevitável. O que o pensador francês retém, portanto, é o fato de que a explicação para a decadência romana encontra-se na própria história do povo romano e não em fatores transcendentes ou incompreensíveis aos olhos daqueles que só podem estudar o passado nos livros de história.

De um debate cheio de meandros e dificuldades, muitos intérpretes apreenderam de Montesquieu apenas a ideia de que uma república é impossível em um vasto território. Segundo essa ideia, as condições para a corrupção do corpo político encontram-se mais facilmente reunidas quanto mais a dimensão do território impedir que os cidadãos tenham uma verdadeira experiência de proximidade em suas vidas enquanto membros de uma mesma unidade política. De maneira exaustiva, os pensadores voltaram a esse problema, até mesmo quando a experiência americana já havia demonstrado que era possível encontrar novas soluções para novos tempos. Ao tomar o passado como modelo, o século XVIII acabou por fazer de sua imitação o único caminho para se chegar a uma forma republicana de governo. Como o mundo havia mudado, muitos intelectuais tornaram-se prisioneiros de uma questão sem solução nos termos em que fora formulada.

Um outro tópico encontrou em Montesquieu sua primeira formulação e garantiu sua posteridade: a questão da virtude. Fascinado pelos exemplos dos antigos e pelo fato de que seus feitos pareciam impossíveis nas monarquias europeias, o século das Luzes foi marcado pelo desejo de compreender como fora possível alcançar um tão alto grau de perfeição moral. Era fácil entender a honra e até mesmo a coragem, mas a virtude cívica, a devoção por algo abstrato aos olhos daqueles que se acostumaram a defender seus interesses pessoais, esta precisava ser investigada, mesmo se fosse apenas para declarar que ela fazia parte de uma época impossível de ser resgatada.

Com esses dois temas, Montesquieu inaugurou a longa aventura do pensamento republicano na França. De maneira prudente, mas com grande coerência, ele deu as primeiras contribuições a uma linguagem que não deixou mais de frequentar a paisagem intelectual do Ocidente.

Para se ter uma ideia da importância desses temas, basta lembrar que, logo no início de *O espírito das leis*, o livro mais famoso e influente de Montesquieu, ele afirma:

> Para compreender os quatro primeiros livros desta obra, é necessário observar que o que chamo virtude na república é o amor à pátria, isto é, o amor à igualdade. Não é absolutamente virtude moral, nem virtude cristã; é virtude política; e essa é a mola que faz mover o governo republicano, como a honra é a mola que faz mover a monarquia.[19]

Essa advertência pode nos parecer banal. Ela foi de tal maneira repetida como a definição por excelência de virtude que até nos esquecemos de que, no tempo de Montesquieu, havia grande dificuldade para se compreender o que se queria dizer com essa palavra. Maquiavel havia escapado em parte do dilema ao separar virtude de *virtù*. Porém, isso o obrigou a definir melhor essa arte da ação e o confrontou à fama de imoral ao sugerir que o bom ator político pode, para alcançar seus objetivos, recorrer a meios diferentes daqueles pregados pela moralidade dominante. Montesquieu não foi na mesma direção, mas chegou a resultados semelhantes no momento em que se viu forçado a deli-

---

19 Idem, "De l'Esprit des lois", em *Oeuvres complètes*, p. 227. Para essa obra, seguimos as traduções de Fernando Henrique Cardoso e Leôncio Martins Rodrigues, modificando-as sempre que julgamos necessário. Montesquieu, *O espírito das leis*. São Paulo: Editora Abril, 1979.

mitar campos diferentes para a virtude e a virtude política. Esta, no caso, diz respeito a uma paixão pela igualdade e não pode ser confundida com um ato contínuo de heroísmo e tampouco com a obediência aos valores cristãos. Ela obriga o pensador a refletir sobre a natureza da ação política sob um ponto de vista muito diferente daquele da tradição cristã.

Apesar da advertência de Montesquieu e da influência que sua filosofia exerceu no tocante a essa questão, boa parte dos críticos atuais do republicanismo continua a insistir na ideia de que, ao falar da virtude dos antigos, ele propõe um modelo de ação calcado no heroísmo, o que é irrealizável no contexto das sociedades capitalistas. Tudo se passa como se a noção de virtude política só pudesse ser compreendida da maneira como os antigos a entendiam. E sendo evidente que não podemos mais viver de acordo com as determinações da Antiguidade, só nos resta admirarmos o passado e nos conformar com uma vida política diminuída em suas potencialidades.

Encontramos em Pierre Manent um exemplo dessa démarche em nossos dias.[20] Num livro destinado a compreender a condição do homem moderno em sua relação com a história, toma-se como ponto de partida o fato de que Montesquieu concebeu-o como um homem essencialmente ligado à descoberta da historicidade de sua condição.[21] Para Manent, a principal consequência desse novo ponto de referência é que devemos estar conscientes de que "a filosofia política e moral grega, orientada ou, por assim dizer, imantada pela noção de virtude, não tem nada de pertinente a dizer para *aqueles que não vivem* sob o governo popular de uma cidade grega".[22] De maneira resumida, ele afirma que os regimes republi-

20 Pierre Manent, *La Cité de l'homme.*
21 Idem, ibidem, p. 13.
22 Idem, ibidem, p. 28.

canos do passado foram importantes, mas não servem nem sequer como exemplo para a modernidade.[23] A crítica de Montesquieu englobaria tanto a virtude cívica quanto a virtude cristã, as quais Manent aproxima de modo surpreendente aos valores antigos, mesmo reconhecendo a dificuldade de demonstrar essa tese a partir dos textos do autor de *O espírito das leis*.[24] Ao tentar transpor a virtude antiga para as condições modernas, nos damos conta de que ela é pura repressão[25] e que mesmo sua ficção moderna só pode ser compreendida sob essa forma. O mundo moderno, ao desejar a liberdade, deve dissociá-la da virtude, se quiser evitar os perigos de um amor ao passado, pois esse pode ser o caminho mais curto para a servidão.

Manent tem razão em dizer que Montesquieu viu como poucos os traços inovadores que despontavam da experiência política moderna. Mas seu amálgama entre virtude cívica e virtude cristã e a insistência no tema da oposição entre antigos e modernos levam-no à conclusão não apenas de que a virtude antiga era impossível nas condições do tempo de Montesquieu, mas de que toda virtude é impossível na modernidade, sob pena de degenerar em violência e repressão, como teria ocorrido na França no período de Robespierre. Além de Manent não explicar detalhadamente os pressupostos que o levam a entender os mundos antigo e medieval como frutos de um mesmo amor por virtudes — e que, aliás, eram tão diferentes —, ele deixa na sombra os fundamentos da compreensão do mundo moderno, isto é, o fato de a modernidade ser essencialmente o desenraizamento da experiência antiga da virtude em sua forma mais elevada. A

---

23 Idem, ibidem, p. 35.

24 Idem, ibidem, p. 34.

25 "La vertu telle qu'élaborée par Montesquieu et entérinée par Rousseau est pure répression parce qu'elle est construite, ou 'feinte', comme ce qui est commum à la loi grecque et à la loi chétienne." Idem, ibidem, p. 46.

virtude lembrada por Montesquieu é, para Manent, pura ficção, ou mesmo quimera,[26] porque a antropologia do homem moderno interdita supostamente qualquer ação virtuosa que não esteja baseada na repressão e na violência.[27]

Ora, a leitura que Manent faz do pensamento de Montesquieu e até mesmo do de Rousseau não enuncia todas as suas premissas, que são aquelas dos críticos liberais das revoluções. Mas ao transformar o aristocrata francês em um crítico *avant la lettre* da Revolução Francesa, Manent deixa de lado aspectos importantes de sua referência à experiência republicana, a qual não se esgota na simples apreciação das diferenças que separam o mundo antigo da modernidade. Para entender nossas reservas a esse tipo de interpretação é preciso retornar ao texto de Montesquieu.

O ponto de retorno que nos parece o mais fecundo é aquele das definições que ele nos oferece dos diversos regimes. Montesquieu, à maneira de Maquiavel, classifica as formas políticas em três grandes grupos: o republicano, o monárquico e o despótico.[28] Embora essa classificação seja de pouco uso para o mundo atual, pois ela supõe uma possibilidade de ordenação dos regimes que não mais coincide com as forças políticas na maioria dos países do Ocidente, é importante observar que a república define um campo de organização do poder a partir da ideia de distribuição do poder soberano. Isso é fundamental para não embarcarmos numa noção de república inteiramente baseada numa grande virtude dos cidadãos, contra o que, aliás, já nos advertira o autor.

Mas se o quadro de classificação não responde mais às nossas necessidades, é preciso prestar atenção aos seus fundamentos. O

---

26 "La vertu dont parle Montesquieu est vraiment une étrange chose, une improbable chimère." Idem, ibidem, p. 36.

27 Idem, ibidem, p. 51.

28 Montesquieu, "De l'Esprit des lois", II, II, p. 239.

campo que nos interessa aqui é aquele que engloba tanto as democracias quanto as aristocracias. Montesquieu refere-se à democracia como sendo o regime no qual o poder soberano pertence ao povo, que deve se exprimir publicamente, e cuja função principal é fazer as leis.[29] Essa prerrogativa pertence-lhe de forma exclusiva, mesmo que seja da natureza do povo agir segundo a paixão. Se observarmos o conjunto de leis que Montesquieu associa às democracias, veremos que ele se reporta em grande medida ao que será consagrado como uma república democrática. Nesse sentido, talvez contenha um conjunto de princípios que nos ajude a elucidar a contribuição de Montesquieu à teoria republicana moderna. Com efeito, ele faz referência à natureza dos regimes e aos "fatos"[30] que os distinguem, sendo o eixo de sua definição de democracia republicana a posse do poder soberano. Suas considerações, que não implicam aceitação ou preferência do regime republicano popular, não mencionam em momento nenhum a impossibilidade de sua existência. Para Montesquieu, trata-se de um "fato" reconhecido pela história, que fornece o material a ser analisado. A esse respeito, bastava efetivamente lembrar da separação entre república popular e república aristocrática vigente nas cidades renascentistas italianas para conferir validade à sua proposição.

É verdade que nesse ponto da argumentação de Montesquieu nada nos impede de interpretar sua filosofia como parte do percurso das ideias liberais — como faz, aliás, Thomas Pangle, num sentido parecido com o de Manent.[31] Para defender essa hipótese, o autor insiste que, em Montesquieu, a república se refere a pequenos Estados e, por isso, não deve ser estendida a outras experiên-

29 Idem, ibidem, II, II, pp. 241-4.
30 "Je suppose trois définitions, ou plutôt trois faits." Idem, ibidem, II, I, p. 239.
31 Thomas L. Pangle, *Montesquieu's Philosophy of Liberalism*, pp. 48-106.

cias — ou, pelo menos, não necessariamente. Ora, se tomarmos o texto dessa maneira e, sobretudo, se considerarmos apenas o elemento essencial do pensamento de Montesquieu, que é a associação entre república e virtude, podemos ser conduzidos a concordar com os leitores liberais, para os quais a experiência republicana não pode corresponder a nenhuma forma atual de governo.

Mas essa forma de argumentar não leva suficientemente em conta a cuidadosa distinção que Montesquieu faz entre a natureza dos regimes — a qual pode ser descoberta até mesmo "pelos homens menos instruídos"[32] — e a investigação sobre seus "princípios". Esses princípios são igualmente fáceis de ser descobertos, mas não se associam a fatos catalogáveis, e sim aos condicionamentos das atividades políticas, que, por sua vez, encontram-se fora da esfera jurídica e institucional. Como lembra Binoche, os princípios condicionam as atividades "não juridicamente, mas moralmente".[33] Isso quer dizer que em cada regime existe sempre algo que afeta a percepção que os atores têm de si mesmos e de sua relação com o Estado. Trata-se, portanto, de um fator existente em todos os regimes e que não pode ser reduzido às paixões que abalam as ações de indivíduos singulares.[34]

Isso nos permite dizer que um elemento não racional está presente em todos os governos e tem de ser considerado pelos governantes. O que diferencia os diversos regimes é a combinação de sua natureza com seus princípios. Como afirma Montesquieu: "Para que o governo monárquico ou despótico se mantenha ou se sustente não é necessária muita probidade. A força da lei, no pri-

---

32 Montesquieu, "De l'Esprit des lois", II, II, p. 239.

33 B. Binoche, *Introduction à De l'Esprit des lois de Montesquieu*, p. 108.

34 Como resume muito bem Binoche: "Bref, par le principe du gouvernement, on énonce comment le gouverné doit être passionnellement déterminé pour que le gouvernement puisse avoir prise sur lui et donc puisse effectivement gouverner conformément à sa nature". Idem, ibidem, p. 108.

meiro; o braço do príncipe sempre levantado, no segundo: tudo regulamenta ou contém. Mas num Estado popular, é preciso uma força a mais: a virtude".[35] Aqui está o ponto de partida para a consideração dos regimes republicanos. A grande batalha será travada em torno da virtude, de seu alcance, de sua interpretação. Isso torna-se ainda mais claro quando Montesquieu mostra que também na aristocracia a virtude é um princípio, embora tenha uma forma específica que é a da moderação.[36]

Um momento crucial da argumentação de Montesquieu aparece em sua referência aos homens políticos da democracia grega. "Os políticos gregos, que viviam em um governo popular, não reconheciam outra forma capaz de sustentá-los que não a virtude. Os de hoje só falam de manufatura, de comércio, de finanças, de riquezas e de luxo."[37] A diferença entre o político grego e o político moderno parece estar calcada na preponderância da virtude na vida dos antigos, enquanto, na dos modernos, o que prevalece é o mundo dos negócios. Muitos críticos aproveitaram-se dessa descrição para afirmar a total incompatibilidade entre os dois universos, e que daí resultaria a impossibilidade de práticas virtuosas nas formas políticas modernas. Montesquieu nunca negou que havia uma separação entre as épocas e mesmo uma incompatibilidade entre alguns de seus valores. Mas, ao traçar esse quadro comparativo entre os homens políticos de épocas distintas, ele não opôs simplesmente a virtude (dos antigos) ao vício (dos modernos). A oposição que ele faz é entre essas duas maneiras de encarar a vida em comum.

Se a referência aos antigos é quase obrigatória quando se fala de virtude associada à vida pública, ela se torna também a

35 Montesquieu, "De l'Esprit des lois", III, III, p. 252.
36 Idem, ibidem, III, IV, p. 254.
37 Idem, ibidem, III, III, p. 252.

fonte de todo equívoco e de toda dificuldade quando se trata de dizer o que ela realmente é, sobretudo se pensarmos fora dos quadros da Antiguidade. Por isso, inicialmente, devemos nos ocupar com o contrário da virtude — ou seja, sua ausência —, que de forma nenhuma pode ser confundido com o comércio elogiado pelos modernos como fator de civilização. Montesquieu nos dá na sequência do texto uma visão clara do que se opõe à virtude:

> Quando essa virtude desaparece, a ambição penetra o coração dos que podem acolhê-la e a avareza apodera-se de todos. Os desejos mudam de objeto: não mais se ama aos que se amava; era-se livre com as leis, quer-se ser livre contra elas; cada cidadão é como um escravo que fugiu da casa de seu senhor; chama-se rigor o que era máxima; chama-se imposição o que era regra; chama-se temor o que era respeito. A frugalidade agora é avareza e não desejo de possuir. Outrora, os bens dos particulares constituíam o tesouro público, mas, então, o tesouro torna-se patrimônio dos particulares. A república é um despojo, mas sua força não é mais do que o poder de alguns cidadãos e a licença de todos.[38]

A descrição acima poderia ser encontrada em muitos autores antigos desde Aristóteles, mas ela precisa ser pensada no contexto da obra que estamos analisando. De modo indireto, ela nos ensina o que é a virtude no dia a dia das repúblicas. Ela, a virtude, implica respeito e submissão às leis, obediência às regras de conduta, frugalidade e uso consciente dos recursos públicos. Ora, a primeira coisa que devemos observar é que não se trata de uma descrição de um conjunto de valores heroicos. Se estes são difíceis de serem mantidos, isso não decorre de seu caráter ex-

38 Idem, ibidem, III, III, p. 252.

cepcional. No entanto, nossos problemas só aumentam quando lembramos que a descrição da natureza decaída de certas repúblicas parece estar de acordo com uma descrição realista da condição humana. Assim, a dificuldade para se manter a virtude republicana poderia ser formulada da seguinte maneira: o que torna a virtude tão difícil não é tanto o conjunto de ações que se deve perpetrar, mas o fato de que essas ações contrariam no mais íntimo os impulsos naturais dos homens. Nesse sentido, haveria uma oposição de base entre a natureza humana e a prática de virtudes — ou, como quer Hobbes, um egoísmo tão natural que nenhum governo poderia, de fato, basear-se no princípio que estrutura a república. Essa é, nos dias de hoje, uma das objeções liberais ao retorno do republicanismo. Bobbio coloca isso de forma muito direta, quando afirma que "para mim, a república é um Estado ideal que não existe em lugar nenhum. É um ideal retórico; portanto, para mim é difícil compreender o significado que você atribui à república e o que os republicanos entendem por república".[39]

A objeção à qual fizemos referência não escapa, entretanto, ao próprio Montesquieu, quando se trata de compreender o que é um princípio. Ao final do livro III de *O espírito das leis*, ele afirma:

> Tais são os princípios dos três governos, o que não significa que, em determinada república, se seja virtuoso, mas sim que se deveria sê-lo. Isso também não prova que, numa certa monarquia, a honra reine, e que, num dado Estado despótico, o medo vigore; mas sim que a honra e o medo deveriam existir, sem os quais o governo seria imperfeito.[40]

39 N. Bobbio e M. Viroli, *Diálogo em torno da República*, p. 11.
40 Montesquieu, "De l'Esprit des lois", III, XI, p. 261.

O que está em questão, portanto, é o sentido que devemos dar ao ideal.[41] No mundo antigo, como insiste em dizer Leo Strauss,[42] um Estado ideal é um Estado regulador. Tal como os princípios de Montesquieu, esse Estado serve para guiar a ação dos homens, mas não precisa existir para ser verdadeiro. Para que ele cumpra sua função, basta que ele seja possível aos olhos de quem o deseja.

Em Montesquieu, podemos pensar em dois significados para os princípios. O primeiro diz respeito a uma função analítica classificatória. Para imaginar a cena pública são necessárias categorias que nos façam ver as diferenças que estruturam as diversas formas políticas e, para isso, a divisão a partir de princípios seria a mais adequada. Uma segunda interpretação é a de que a vida política precisa de ideais para que não nos entreguemos ao simples jogo de nossas paixões. Os ideais seriam como corpos intermediários entre nossos desejos e o mundo intersubjetivo. Sem eles não haveria como agir com a pretensão de se alcançar algum fim num mundo povoado por outros mundos. Nesse sentido, ao agir de acordo com a virtude, o indivíduo tem seus desejos em mente; e assim também o é quando ele escolhe obedecer por medo ao governante despótico.

No entanto, a diferença produzida é muito mais complexa do que a simples combinação desses dois fatores, como procurará mostrar Montesquieu ao longo de seu livro mais importante. O que nos interessa aqui é destacar a função positiva do ideal como parte corriqueira da vida política. Essa maneira de ver as coisas

41 Referindo-se ao uso que Montesquieu faz da história de Roma, Goyard-Fabre prefere falar do mito da cidade antiga, embora lhe confira um sentido próximo do ideal tal como o estamos tratando. "Rome a pour lui, comme plus tard pour Rousseau, la figure d'un mythe puissant et le fabuleux destin de la cité antique lui révèle, à travers une image de l'homme, la loi souveraine du monde humain." S. Goyard-Fabre, *Montesquieu: la nature, les lois, la liberté*, p. 25.
42 Leo Strauss, *La Cité et l'homme*, pp. 163-5.

exige, contudo, que sejamos capazes de lidar com as objeções de um importante pensador republicano: Maquiavel. No capítulo xv de *O príncipe*, o florentino exige que deixemos de lado os regimes desejados (aqueles que, para nós, *deveriam ser*), e que nos ocupemos com os regimes existentes (aqueles que de fato *são*).

A abordagem da questão anterior parece exigir a distinção entre o regime idealizado e os princípios ideais tais como são apresentados por Montesquieu. No primeiro caso, trata-se da confusão entre uma ordem de realidade futura ou imaginada — o que *deveria ser* com o que de fato *é*. Ora, um ideal não é um simples produto da imaginação na exata medida em que é pensado como um desiderato e não como uma projeção do real. O fato, por exemplo, de que não vivemos numa sociedade na qual seus membros agem tendo como parâmetro a virtude não implica que não possamos usar o ideal republicano como uma ferramenta analítica e como uma mola ou um guia para as ações presentes. Usando uma linguagem kantiana, o ideal republicano seria algo como um desejo de que a virtude se universalizasse como comportamento de todos os cidadãos e não a expectativa de que isso já ocorra no tempo presente. Falar em república imperfeita, ou misturada, ou inacabada, não interfere em nada no ideal, pois esse diz respeito ao mundo das representações, que é parte essencial da vida política — o domínio das aparências em Maquiavel —, mas nunca sua parte única ou integral.[43]

Montesquieu parece inteiramente consciente das dificuldades de se viver de acordo com os princípios que ele mesmo enuncia, particularmente no que diz respeito às repúblicas — tanto que se detém num instrumento muito valioso para desenvolvê-los: a

---

43 Como diz Binoche: "La vertu n'est pas l'image ou la miniature, à l'échelle individuelle, de la république, elle en est le ressort, soit la passion qui actionne son gouvernement". B. Binoche, *Introduction à De l'Esprit des lois de Montesquieu*, p. 110.

educação.[44] Poderíamos ser tentados a achar que o simples amor pela liberdade seria uma força capaz de conduzir os homens a desejar viver em repúblicas. Nosso pensador nos adverte quanto a esse engano:

> Depois de tudo que acabamos de dizer, pareceria que a natureza humana erguer-se-ia incessantemente contra o governo despótico. Mas apesar do amor dos homens pela liberdade, apesar de seu ódio contra a violência, a maioria dos povos está submetida a ela.[45]

A uniformidade de um governo tirânico pode, por exemplo, servir de atrativo para uma série de homens e, nesse sentido, quebrar o que parece ser o desejo de todos nós: viver em liberdade. A experiência com governos autoritários, como ocorreu no Brasil em vários momentos de sua história, prova que o repúdio à ação dos governantes nem sempre se transforma em resistência ativa. Ao contrário, muitas vezes dá lugar a uma acomodação, permitindo a perpetuação de determinados governos mesmo quando as liberdades são destruídas.

Em decorrência do que foi dito, nossa hipótese inicial — a saber, que para compreender um governo republicano é necessário compreender a virtude — mantém seu sentido e deve ser levada a sério. Continuando nosso caminho, chegamos a outra definição: "Podemos definir essa virtude como o amor pelas leis e pela pátria. Esse amor que exige sempre a supremacia do interesse público sobre o interesse particular produz todas as virtudes individuais; elas nada mais são do que essa preferência".[46] Pelo exposto,

---

44 "C'est dans le gouvernement républicain que l'on a besoin de toute la puissance de l'éducation." Montesquieu, "De l'Esprit des lois", IV, V, p. 266.
45 Idem, ibidem, V, XIV, p. 297.
46 Idem, ibidem, IV, V, p. 267.

fica evidente que Montesquieu não concebe um governo republicano como uma forma que corresponda à maneira "natural" de organização dos homens. Seja pelas características da natureza humana, seja pelas exigências de um grande território, podemos dizer que, para ele, uma república é algo raro e difícil de ser erigido. Mais adiante ele dirá: "Aliás, elas só podem ocorrer num pequeno Estado, onde se pode dar uma educação geral e educar como uma família todo um povo".[47]

Essa objeção será um dos pontos principais na argumentação dos que se opuseram à implantação de um governo republicano nas nações modernas. Mas se prestarmos atenção no argumento geral de Montesquieu, veremos que ele separa o que parece ser uma condição essencial para as repúblicas — "uma educação geral" — da crença de que isso só seria possível em pequenos Estados. Com isso, fica aberta a porta para uma experiência de república na modernidade.

Os homens que construíram a Terceira República na França souberam medir a herança do pensador do século XVIII e torná-la atual. Alguns, como Carré de Malberg,[48] tomaram emprestado seu apego às leis e suas proposições referentes a aspectos estruturais do direito constitucional para sugerir um modelo de ordenação institucional calcado na liberdade dos cidadãos. Outros, como Jules Ferry,[49] conservaram a intuição inicial de Montesquieu sobre educação e partiram em busca de um sistema capaz de responder à exigência de uma educação verdadeiramente geral, que tendia a equilibrar as chances dos que tinham origens sociais diversas, permitindo assim que a igualdade efetiva entre os cidadãos pudesse ser considerada seriamente. Pode-se perguntar se essa "educação

---

47 Idem, ibidem, IV, VII, p. 270.
48 S. Goyard-Fabre, op. cit., p. 173.
49 Claude Nicolet, *L'Idée républicaine en France (1789-1924)*, pp. 187-248.

republicana" foi suficiente para produzir as virtudes assimiladas à república. O certo é que ela, pelo menos no terreno da igualdade, logrou alguns avanços notáveis e ofereceu um dos trunfos do republicanismo de inspiração francesa na época contemporânea.[50]

Todavia, sabemos que alguns críticos do republicanismo não aceitam a ideia de que a educação republicana da Terceira República guarda uma relação direta com o desenvolvimento da virtude política e, desse modo, continuam a insistir na noção de que uma república virtuosa é coisa do passado. Por isso, vale a pena persistir na interpretação dos escritos de Montesquieu, sobretudo porque ele dedicou um grande esforço para esclarecer o sentido de suas afirmações e, com isso, legou um léxico fundamental para o republicanismo francês do século XVIII.

Em contraposição aos críticos atuais do republicanismo, cabe lembrar que Montesquieu prefere destacar o amor à república como um sentimento e não como um conhecimento. Talvez o aspecto mais importante aqui seja a referência à ideia de sentimento. Assim Montesquieu demarca o terreno de uma virtude que não é o produto de um cálculo racional, mas sim de uma inclinação que nos leva a agir de uma determinada maneira numa determinada situação na qual a pátria está em questão. Nesse sentido, a virtude pode ser o princípio de um regime republicano, pois trata-se de algo que marca a relação afetiva das pessoas com o corpo político e as leva a agir em conformidade com seus sentimentos. Não é, portanto, o resultado de uma ponderação racional, que tenderia a fazê-las considerar alguns atos como contrários a seus interesses.

50 Sobre a implementação da "educação republicana" na França, ver Mona Ozouf, *L'École, L'Église et la République*. Sobre o conteúdo da educação laica, ver pp. 103-24.

A partir dessa consideração, podemos chegar a outra definição da virtude aplicada a uma república democrática: "O amor pela república, numa democracia, é o amor pela democracia; o amor pela democracia é o amor pela igualdade".[51] Tal como foi definida, a virtude republicana não exige a presença de cidadãos extraordinários para se realizar. Basta que se ame a igualdade e estaremos diante dela. O problema é que não é evidente que se possa amar a igualdade. Talvez a grande lição de Hobbes seja justamente que, em seu estado puro, a igualdade produz a guerra e não a paz. Por outro lado, a criação do Estado impõe a diferenciação e a tensão entre os indivíduos. Por isso, a paixão pela igualdade é uma virtude: exige esforço para ser cumprida, e não pode depender de um impulso natural.

Se a defesa da liberdade não leva os homens necessariamente a agir, e se a igualdade não é um valor natural, a questão principal é saber em que condições um regime com essas características pode existir. Em toda república há uma condição prévia que se assemelha muito àquela posta por Aristóteles para a criação de uma *politeia*. "O bom senso e a felicidade dos indivíduos consistem muito na mediocridade de seus talentos e de suas fortunas. Uma república onde as leis tenham formado muitas pessoas medíocres, se orientada por pessoas sábias, governar-se-á sabiamente; se orientada por pessoas felizes, será felicíssima."[52] Talvez haja um caráter utópico na descrição acima, mas é preciso ver que essa objeção não leva em conta um número razoável de experiências, como, por exemplo, as descritas por Tocqueville, nas quais a igualdade de condições realmente se impôs como algo passível de ser realizado e o amor pela liberdade levou os homens a agir de forma determinada na arena pública. A pergunta sobre a possibilidade

51 Montesquieu, "De l'Esprit des lois", V, II, p. 274.
52 Idem, ibidem, V, III, p. 275.

de se estabelecer uma república nas condições atuais, com um crescimento cada vez maior da competição e do desejo de consumo, não pode, portanto, segundo o pensador francês, valer-se do argumento da impossibilidade de realização de uma república, mas apenas de sua dificuldade.

Para termos uma ideia mais exata do pensamento de Montesquieu, devemos lembrar que ao longo de seus livros aparecem duas referências à forma republicana de governo. A primeira é a que ele chama de "república comerciante",[53] categoria na qual está incluída Atenas, por oposição a Esparta, que foi uma república guerreira. A balança pende notavelmente a favor da primeira, uma vez que, para nosso autor, o comércio é uma fonte de civilização. A segunda diz respeito às "repúblicas federativas".[54] Essa forma de governo é, a seus olhos, a solução não apenas para o problema da sobrevivência das pequenas repúblicas, mas, sobretudo, para a definição da possibilidade de existência de uma república num grande território. Não podemos desprezar esses dois modelos, pois eles contêm uma indicação precisa do que nosso autor tinha em mente quando se dedicava a pensar, em seu tempo, sobre os diversos regimes associados ao campo democrático.

Nesse contexto, saber se Montesquieu era ou não era republicano parece-nos sem importância.[55] Se quisermos estudar suas inclinações políticas, talvez seja mais razoável nos debruçarmos

53 Idem, ibidem, v, vi, p. 280.
54 Idem, ibidem, ix, i, p. 369.
55 Não nos parece que a afirmação de Hulliung se sustente inteiramente à luz dos textos de Montesquieu. "Good republican that he was, Machiavelli ignored the Principate, save for a few words of deprecation. An equally good republican, Montesquieu paid attention to the Principate in order to demonstrate how the deleterious effects of machiavellism compound themselves." Mark Hulliung, *Montesquieu and the Old Regime*, p. 165.

sobre o famoso capítulo em que ele trata da Constituição inglesa.[56] Nele, o pensador francês dá livre curso à sua admiração pela história política da Inglaterra, ao mesmo tempo que abandona as referências à Antiguidade para buscar em sua época o modelo de organização institucional que melhor conviesse a uma nação moderna. Manent observa com razão que essa guinada em direção ao presente sinaliza os limites da classificação dos regimes estudada anteriormente. De fato, a Constituição inglesa parece não se encaixar em nenhuma das categorias sugeridas até aqui, mesmo que elas nos ajudem a distinguir seus traços constitutivos.[57] Além disso, ela indica para o leitor moderno quais eram realmente os referenciais políticos de Montesquieu e qual era seu sonho quando pensava na reforma das instituições francesas. Mas não podemos tomar essa fonte de forma absoluta. Não teria sentido o filósofo dedicar tanto esforço intelectual para criar uma teoria dos regimes simplesmente para submetê-la a considerações de ordem prática, nas quais estaria expresso seu verdadeiro pensamento. Se a alusão à Inglaterra é um ponto substancial da démarche argumentativa de Montesquieu, ela só faz sentido no conjunto das ideias do livro e não como um capítulo isolado.

Por isso, deixaremos de lado a parte mais famosa do livro XI de *O espírito das leis* — aquela na qual Montesquieu expõe sua teoria da separação dos poderes — para lidar com suas investigações sobre o sentido da liberdade, pois não há como pensar a constituição de uma matriz republicana na França do século XVIII sem atentar para esse conceito.[58] É claro que ao lado desse problema permanece o da igualdade e da virtude, como núcleos que são

56 Montesquieu, "De l'Esprit des lois", XI, VI, pp. 396-407.
57 Pierre Manent, op. cit., p. 24.
58 Para um balanço de algumas interpretações propostas sobre esse capítulo, ver Alberto Postigliola, "En relisant le chapitre sur la constitution d'Angleterre", em *Cahiers de philosophie politique et juridique*, nº 7 (1985), pp. 7-29.

da teoria republicana. Mas, momentaneamente, vale a pena isolar uma questão, pois, como veremos, ela ajuda a esclarecer vários pontos obscuros referentes aos outros temas.

O percurso de Montesquieu será emblemático das dificuldades de seu tempo. Ao tomar como ponto de partida a polissemia do termo, ele afirma que a liberdade se associa mais comumente à república do que à monarquia. Mas, na verdade, esse uso corriqueiro trai uma imprecisão que consiste em confundir os traços essenciais de um regime — e mesmo a opinião que dele tem o senso comum — com o significado do conceito, pois, segundo ele, a "liberdade não consiste senão em poder fazer o que se deve querer e em não ser constrangido a fazer o que não se deve desejar".[59]

Ao definir dessa maneira a liberdade, Montesquieu abre as portas para o debate acerca daquilo que parece ser a grande novidade de sua época: a existência de uma Constituição cujo centro é a liberdade política e que, ao mesmo tempo, concede espaço para a participação de setores variados da população na vida pública. Mas isso não resume seu pensamento. Depois de ter proposto uma definição que coloca em relevo o aspecto negativo da liberdade, ele completa seu raciocínio:

> A liberdade política, num cidadão, é essa tranquilidade de espírito que provém da opinião que cada um possui de sua segurança; e, para que se tenha essa liberdade, cumpre que o governo seja de tal modo que um cidadão não possa temer outro cidadão.[60]

Nessa passagem, interessa sublinhar a percepção de que, nas sociedades modernas, a liberdade só existirá quando a segurança for garantida ao cidadão — não somente quando ele se vir amea-

59 Montesquieu, "De l'Esprit des lois", XI, III, p. 392.
60 Idem, ibidem, XI, IV, p. 396.

çado pelos poderes constituídos, mas também ao se relacionar com seus concidadãos. O aspecto intersubjetivo do conceito, aliado ao foco no indivíduo, mostra como o filósofo estava consciente da complexidade da questão. Para ele, o problema da liberdade tinha uma face institucional — e daí a importância do modelo inglês —, mas também abria um horizonte de questões que não havia sido contemplado pelos antigos ou pelos contemporâneos.

Essa observação é essencial porque nos permite voltar ao tema da virtude dos cidadãos por um outro caminho. Nas sociedades antigas, a virtude dizia respeito quase exclusivamente ao modo como seus membros agiam na defesa dos interesses da coletividade e à maneira como esta regulava as relações entre seus membros. A ideia de que os cidadãos deveriam ter seus direitos protegidos fazia sentido porque eles eram membros de um mesmo corpo político particular.[61] Na modernidade, o Estado deve agir como garantidor dos direitos dos cidadãos, mas tem de ser freado para não ameaçar a liberdade dos indivíduos. A liberdade política passa a incorporar os anseios destes não apenas como participantes de uma forma política, mas também como indivíduos que querem ter o direito de buscar a satisfação de seus desejos, desde que estes, é claro, não ameacem a sobrevivência do Estado e dos outros indivíduos.

Manent[62] — e, antes dele, Pangle[63] — observou que a análise da Constituição inglesa é um marco fundamental na explicitação da recusa de Montesquieu em usar o arsenal conceitual da Antiguidade para compreender as experiências que marcaram o

---

61 Como observa MacIntyre, para Aristóteles, "a justiça, tanto como virtude do indivíduo e como ordenação da vida social, só pode ser alcançada dentro das formas institucionalizadas concretas de alguma *polis* particular". Alasdair MacIntyre, *Justiça de quem? Qual racionalidade?*, p. 137.

62 Pierre Manent, op. cit., p. 19.

63 Thomas Pangle, *Montesquieu's Philosophy of Liberalism*, p. 111.

surgimento de uma nova era. Nesse sentido, a principal preocupação do filósofo da moderação parece ter sido o deslocamento do lugar da virtude na Constituição dos regimes livres. Não se trata de dizer que há incompatibilidade entre virtude e liberdade, mas sim que a virtude não é o esteio principal dos regimes livres. Sob sua forma antiga, ela precisa ser contida para não levar a excessos que destroem a relação de liberdade do cidadão com o Estado. Ao dizer que "a própria virtude tem necessidade de limites",[64] Montesquieu sinalizaria para um mundo no qual o indivíduo tem uma importância desconhecida pelos gregos e romanos. Pedir que um habitante de Roma se sacrificasse pela pátria tinha um significado diferente de pedir que um francês do século XVIII se sacrificasse pela liberdade. Isso não quer dizer que a virtude não fosse fundamental para a criação de uma forma política superior, mas sim que ela não poderia ser considerada parte essencial do regime sem a análise de seu impacto sobre a liberdade dos cidadãos.

Manent tem razão ao insistir que o horizonte de Montesquieu não é mais o da cidade antiga, mas sim um mundo no qual a paz é fruto de relações quase prosaicas de comércio entre os povos, que, pelo desejo de viver sem guerras,[65] substituem o amor pela glória. Todavia, o intérprete esquece que as preocupações de Montesquieu também não são as nossas e que, ao formular o problema da virtude, ele não parte da ideia de que ela era impossível e sim do fato de que não podia ser deixada de lado em qualquer investigação sobre a natureza do fenômeno político.

Aos olhos de Montesquieu, a equação da virtude política torna-se mais complexa na medida em que seu termo principal se desdobra no interior do mesmo agente. O cidadão e o indivíduo são partes do mesmo sujeito, mas não é mais possível esperar que

64 Montesquieu, "De l'Esprit des lois", XI, IV, p. 293.
65 Pierre Manent, op. cit., p. 53.

os interesses decorrentes do fato de sermos membros de uma comunidade política sejam sempre coincidentes com aqueles que nos dizem respeito como indivíduos. Virtude e liberdade passam a constituir um par inseparável e dinâmico que aponta para o caráter do regime republicano e seus limites.

A importância que os debates sobre a virtude, seus limites e seu papel na vida pública terão nas décadas que se seguiram à morte do filósofo é uma medida da importância de Montesquieu para a constituição da matriz republicana francesa. Para além da questão das dimensões do território necessárias para o estabelecimento de um governo republicano democrático, ele nos ensinou de forma magistral como pensar o problema da relação entre os cidadãos e o Estado, e também a formular as questões da virtude e do bem comum dentro de um contexto em que não se podia apostar no respeito natural pela liberdade nem no amor pela igualdade — e, ainda, em que o individualismo crescente passaria cada vez mais a fazer parte das características essenciais das principais nações que escreveriam a história da democracia na modernidade. Ao contribuir para a criação de um vocabulário próprio para se pensar a virtude republicana na modernidade, Montesquieu se incorporou definitivamente ao movimento de formação da matriz francesa do republicanismo. Sua contribuição, aliada àquela de outros pensadores ligados ao Iluminismo, será o solo sobre o qual se erguerá a moderna teoria da república.

A REPÚBLICA NA *ENCICLOPÉDIA* DE DIDEROT E D'ALEMBERT

A *Enciclopédia* de Diderot e D'Alembert foi o projeto editorial mais ambicioso e influente dos pensadores do Iluminismo. Iniciada em 1751 e terminada em 1772, foi alvo de polêmicas, proibições, disputas e invejas. Ao longo desses anos, a *Enciclopédia* mobilizou algo em torno de 160 colaboradores diretos, além dos secretários e ajudantes que trabalharam para alguns dos escritores e para o editor. Esses números dão a medida do impacto que sua feitura teve não só no mundo das letras, mas também no cenário político. Determinados verbetes, como o escrito por D'Holbach, "Prêtres" [padres], atacavam abertamente algumas funções dos ministros religiosos e contribuíram para a fama de subversiva que certos intérpretes lhe atribuíram. No entanto, a influência e a importância da *Enciclopédia* devem-se menos a seu suposto caráter subversivo e mais ao fato de ela ter encarnado com perfeição o projeto iluminista — ou seja, o progresso da humanidade e do saber e o combate às várias formas de opressão, desde as tiranias cruéis até os preconceitos que tanto atemorizavam os homens com besteiras, e que, por isso, podiam e deviam ser combatidas pelas ciências. É certo que o leitor não encontra, nos muitos volumes da *Enciclopédia*, uma coerência total dos verbetes, nem um programa audacioso de ataque ao regime vigente. No entanto, suas páginas respiram o clima da crença dos iluministas na razão, com toda sua dedicação em fazer expandir essa crença e sua fé inabalável na capacidade humana de se ultrapassar, a qual foi herdada dos humanistas do Renascimento.

A *Enciclopédia* oferece um material importante para compreendermos como o léxico do republicanismo foi se formando ao longo do século XVIII, sem que isso signifique, entretanto, que a república fosse apresentada nos verbetes mais influentes como uma substituta viável para a monarquia. O aspecto revolucionário da *Enciclopédia* pode ser resumido pelo papel que tiveram seus ataques às ideias fundamentais que sustentavam muitas instituições do Antigo Regime.[66] Ao visitar o passado, ao propor novos

---

66 Robert Darnton, *Boemia literária e revolução*, pp. 15-24, e, do mesmo autor, *Os dentes falsos de George Washington*, pp. 24-5.

temas ou interpretações divergentes das comumente aceitas pelas classes dirigentes da época, os enciclopedistas colaboraram para solapar as bases de um sistema de crenças que era, ele mesmo, um dos pontos de apoio do regime monárquico. A crítica aos valores e sua substituição por uma nova visão da moralidade, tanto quanto dos saberes e dos costumes, não levam, por si só, à Revolução, e tampouco podem ser caracterizadas como uma teoria política no sentido estrito, mas fazem parte do processo de criação de uma nova linguagem para pensar o mundo, a partir da qual emergiu o republicanismo francês.

Para abordar nosso tema, escolhemos como objeto de análise três verbetes diretamente relacionados: república, democracia e virtude.[67] Os dois primeiros foram redigidos pelo *Chevalier* De Jaucourt e o último por Romilly. Jaucourt foi um dos mais importantes colaboradores do projeto, mantendo-se fiel a Diderot mesmo quando D'Alembert desistiu de participar em consequência das enormes pressões que os coordenadores sofreram na primeira década da publicação. De origem nobre, dono de uma imensa cultura e de grande capacidade de trabalho, Jaucourt pode ser descrito como um ardoroso partidário do projeto iluminista de propagação do saber e como um crítico feroz da monarquia absoluta, mas nunca como um revolucionário. É esse caráter, ao mesmo tempo prudente e inovador, que faz dele um escritor interessante para nosso projeto. O estudo de seus verbetes mostra como a *Enciclopédia* con-

---

67 Vamos nos servir em nossas análises da versão completa da *Enciclopédia* de Diderot e D'Alembert em CD-ROM. As referências são todas retiradas dessa edição, que não contém uma numeração única para todo o conteúdo, razão pela qual indicaremos apenas o verbete ao qual estamos nos referindo ao mencionar alguns trechos. *L'Encyclopédie de Diderot et D'Alembert*. Marsanne: Édition REDON, s.d. Contamos hoje no Brasil com uma excelente tradução dos principais verbetes políticos: Diderot e D'Alembert, *Verbetes políticos da Enciclopédia*. Trad. Maria das Graças de Souza.

tribuiu para a circulação de um novo léxico político, marcado não só pelas referências ao passado, mas também prenhe de uma crítica que foi se aguçando com o passar dos anos.

O verbete dedicado ao tema da república tem uma dívida clara e explícita com o pensamento de Montesquieu. Jaucourt faz referência direta aos escritos do filósofo, o que nos ajuda a entender de que maneira a influência dele foi decisiva para a formação do vocabulário republicano e os caminhos que percorreu até a Revolução de 1789. A república é definida como uma forma de governo na qual "o povo ou parte do povo detém a potência soberana". Sentimos ecoar as palavras de *O espírito das leis* nessa definição e devemos estar atentos ao fato de que o núcleo da formulação sobre a natureza dos regimes está concentrado na noção de soberania. O verbete não inova, mas consolida a ideia de que a discussão sobre a origem do poder é a mais importante para a compreensão da natureza dos regimes políticos. A associação entre soberania popular e república abre as portas para o estudo das características das principais formas de organização da vida política.

A estratégia de Jaucourt é recorrer ao passado — isto é, aos governos verdadeiramente republicanos da Grécia e de Roma — para explicar ao leitor a natureza de seu objeto. O verbete é relevante justamente por consolidar os caminhos pelos quais passará o debate sobre o republicanismo na segunda metade do século XVIII. A primeira etapa desse caminho é a oposição entre as repúblicas antigas — calcadas no exercício direto do poder e na ausência de representação — e as poucas repúblicas modernas. E é precisamente nesse ponto que o texto se desequilibra, pois, diante da abundância de modelos do passado, o autor tem para citar como exemplos da modernidade apenas os casos de Veneza e Genebra. Enquanto Veneza é duramente criticada, em Genebra, segundo Jaucourt, "sentimos a felicidade e a liberdade".

Essa última observação não será desenvolvida no verbete e, curiosamente, não há reenvio para o verbete dedicado à cidade, no qual seu regime é analisado de forma explícita. O importante é que a breve comparação entre as repúblicas antigas e as repúblicas modernas serve para consolidar a noção de que só há república em pequenos territórios. Essa proposição, já presente em Montesquieu, será uma baliza fundamental para os debates sobre o republicanismo e um entrave substancial para o desenvolvimento de uma verdadeira teoria sobre a natureza das repúblicas. A maioria dos pensadores políticos do século XVIII adota como uma verdade irrefutável a afirmação de que "é da natureza de uma república que ela tenha um território pequeno, sem o que não pode subsistir". Ora, apesar de todos os seus problemas, os exemplos modernos de Veneza, Genebra e Holanda nada mais fazem do que mostrar a correção de tal proposição.

Como explicar a criação da matriz republicana francesa e a evocação da república nos debates constitucionais revolucionários se, de acordo com um argumento que frequenta a filosofia política até hoje, a república era considerada por muitos uma experiência do passado impossível de ser reproduzida na modernidade? A nosso ver, o interdito lançado contra a república na modernidade, ou melhor, sua restrição a pequenos territórios, não impediu o desenvolvimento de um léxico conceitual que serviria de base para as discussões posteriores. O verbete que estamos analisando comprova essa tese.

Jaucourt adota o ponto de vista de Montesquieu, mas, assim como seu mestre, não se furta a comentar o passado. Criticando as "grandes repúblicas", ele mostra que o bem comum está ausente de suas instituições e, da mesma forma, comenta que a liberdade dos antigos estava intimamente ligada à busca da glória. Analisando a história de Atenas, afirma que a corrupção de seus costumes sinalizou o fim do amor pela pátria — traço importante de seus melhores cidadãos, que combatiam com ardor nas guerras externas e eram hábeis oradores nos embates políticos. A arte da palavra floresce nas repúblicas pela relevância que nelas tem a arena pública, ou seja, o espaço das assembleias, no qual todos os cidadãos desempenham um papel na manutenção da república. A queda de Atenas tem uma explicação simples: "Atenas caiu quando abandonou seus princípios".

A referência aos gregos serve para a afirmação dos princípios do governo republicano. A destruição desses princípios é, em qualquer época, um sinal evidente da corrupção do regime. Essa associação torna-se ainda mais clara na análise da história romana. Aqui, mais uma vez, Jaucourt segue de perto Montesquieu e suas considerações sobre a decadência de Roma. O esquema analítico é o mesmo utilizado anteriormente e combina a enunciação dos princípios da república com o exame das causas de sua destruição. Roma aparece como a cidade na qual a arte militar se juntou a um imenso desejo de conquista. Ao mesmo tempo, ele faz o elogio da virtude de seus cidadãos que, nos momentos mais difíceis, souberam manter os vínculos com suas instituições originais, colocando o amor à pátria em primeiro lugar. Sua decadência, segundo o autor, deu-se no momento em que o desprezo pelas riquezas e o amor pela glória transmutaram-se em desejo de conquista e ambição dos particulares. O abandono do interesse público e o gosto desenfreado pela potência destruíram as mais sólidas instituições da Antiguidade.

Como já dito acima, o esquema analítico usado para o estudo de Roma é o mesmo que o de Atenas: passa pela afirmação de que a corrupção de uma república é a corrupção de seus princípios e de que a expansão territorial tem um papel determinante nesse processo. O leitor atual pode se decepcionar quanto ao alcance dessas investigações, uma vez que não há grandes traços distintivos entre o que diz Jaucourt e o que afirma Montesquieu. Ambos parecem conduzir suas reflexões para a conclusão de que a república, sobretudo em sua forma democrática, é um regime muito interessante, mas pouco adaptado às condições das nações modernas. Essa conclusão é verdadeira, mas não impede a consolidação de uma corrente subterrânea que, aos poucos, vai criando os pilares sobre os quais se assentará a matriz teórica francesa do republicanismo. Sem a circulação de ideias, o republicanismo não poderia ter surgido como uma alternativa no momento em que o colapso da monarquia exigia novas soluções para a organização da arena política.

Na sequência do verbete, o autor faz referência às repúblicas federativas. Os exemplos escolhidos são poucos e não permitem grandes conclusões, mas são importantes por sinalizarem as questões que estão em jogo. Ao problema da corrupção os antigos costumavam responder com a ideia de governo misto. Combinando os vários regimes considerados puros — a monarquia, a aristocracia e a democracia —, o regime misto era pensado como uma solução para a corrupção que atinge o corpo político com o simples passar dos tempos. Da maneira como está formulada, a república federativa parece lidar com os mesmos problemas da corrupção e da fraqueza das pequenas cidades, apresentando "as vantagens interiores do governo republicano e a força exterior das monarquias".

Essa estrutura compósita de poder deve "ser capaz de resistir à força exterior e pode se manter em sua grandeza, sem que o interior se corrompa". Quando sabemos da importância que a ideia de federação teve mais tarde tanto na Europa quanto na Constituição das jovens nações americanas, particularmente na dos Estados Unidos,[68] não podemos deixar de apreciar a força do argumento

---

68 Uma obra importante sobre o tema segue sendo a de Bruce Ackerman, *Au Nom du peuple. Les fondements de la démocratie américaine*. Para uma análise do

levantado. A modernidade não inventou a ideia federativa, mas, diante do impasse surgido desse esforço de adaptar a república aos novos tempos, ela é um exemplo vivo da forma como a tradição republicana moderna se constitui na esteira de um complexo movimento de apropriação e crítica do passado e, ao mesmo tempo, de análise e crítica do presente. Ao deixarem de lado o velho tema do regime misto,[69] os pensadores políticos do século XVIII contribuíram de maneira decisiva para equacionar a questão da fraqueza dos pequenos Estados num mundo submetido a guerras constantes e também o problema da corrupção surgida da degenerescência das instituições republicanas primitivas.

O verbete dedicado à democracia elucida a difundida concepção de que a *Enciclopédia* ajudou a propagar o significado do regime republicano. Roma e Atenas são novamente evocadas e apresentadas como verdadeiras democracias. De modo simplificado, pode-se afirmar que república e democracia são amalgamadas, o que corresponde a dizer que o regime que melhor expressa a forma republicana de governo é o democrático. Isso, porém, não implica o abandono da possibilidade de existência de um governo republicano aristocrático. Desde o Renascimento, a diferença entre um regime republicano *largo* e popular e um regime republicano *estreito* e aristocrático fez parte da tradição do pensamento político e estabeleceu clivagens substanciais dentre os defensores da república contra as tiranias. No século XVIII, a oposição entre república e monarquia estava destinada a dominar a cena política, mas, antes disso, o foco de luz dado à forma democrática de gover-

---

papel do republicanismo na revolução americana, ver G. Wood, *The Creation of the American Republic.*

69 Para um estudo da importância do tema na tradição republicana, ver Sérgio Cardoso, "Que república? Notas sobre a tradição do 'governo misto'", em Newton Bignotto (org.), *Pensar a república*, pp. 27-48.

no já havia contribuído para iluminar os pontos nevrálgicos da abordagem da questão republicana.

Montesquieu está mais uma vez no centro das considerações de Jaucourt. Seus escritos fornecem o eixo das análises sobre as leis fundamentais da democracia e de seu princípio. O estudo das leis da democracia nos conduz às ideias já conhecidas sobre o lugar que o povo ocupa nesse regime — e não só pelo fato de ele ser o núcleo da soberania, mas também por ser o foco de toda a atividade legislativa e executiva. Esse ponto é relevante porque abre as portas para as discussões posteriores sobre a vontade geral, que terão em Rousseau seu principal momento. No entanto, mais importante do que a referência à presença do povo como soberano é a observação de que a democracia oferece o exemplo de um regime que pode efetivamente ser proveitoso para o maior número de pessoas, pois permite o acesso aos mecanismos de decisão a grupos que, em outros regimes, estão excluídos da vida pública.

A participação dos cidadãos na vida pública ocupa um lugar de destaque na tradição republicana e está presente na modernidade desde os humanistas italianos. A afirmação do caráter ativo da cidadania, entretanto, traz consigo uma série de problemas no contexto das nações modernas. Na Antiguidade a solução era dada pelo caráter direto da participação nas assembleias deliberativas. Entre o cidadão e o Estado não havia necessidade de mediação, uma vez que a esfera política era diretamente acessível a todos aqueles que podiam e desejavam participar da vida política. Essa solução influenciou muito pensadores modernos que, em pleno século XVIII, em sociedades muito diferentes das cidades-Estado do passado, chegaram a imaginar mecanismos capazes de reproduzir as mesmas condições da praça pública dos gregos.

O verbete "democracia" não aponta para uma solução do dilema da participação, mas ajuda a compreender a extensão do problema. Mostra que, para cumprir suas metas, o regime republicano deve existir em harmonia com o princípio maior da democracia: a virtude. Como em Montesquieu, a virtude é definida por Jaucourt como o amor pelas leis e pela pátria, algo "que encerra ainda o amor pela igualdade e pela frugalidade". Numa sociedade republicana democrática é de se esperar que os cidadãos sejam capazes de amar as leis, a pátria, a igualdade e a frugalidade. Esse leque de exigências levou muitos críticos liberais a dizer que o cidadão de uma verdadeira república é uma total impossibilidade em uma sociedade regida por interesses particulares e constituída por indivíduos autônomos que disputam entre si a satisfação de seus próprios desejos.

Assim, apontar simplesmente a virtude como princípio da democracia não anula a necessidade de se inquirir sobre a natureza do ato virtuoso e sobre os laços que unem a virtude dos cidadãos à do Estado, mesmo que, para Montesquieu, essa virtude evocada seja de caráter exclusivamente político. É nesse sentido, portanto, que o verbete dedicado ao tema ajuda-nos a compreender as dificuldades que o conceito oferecia aos pensadores iluministas.

O autor do verbete "Virtude", Romilly, procurou ligar em seu texto os aspectos morais, políticos e religiosos do problema dando a seu leitor uma definição completa do tema. Tal ambição compromete em parte o rigor das demonstrações, mas apresenta um quadro interessante dos debates que dominavam a cena intelectual na metade do século XVIII e mostra as possibilidades que foram abertas por aqueles que se preocupavam com a questão. Como já assinalamos anteriormente, a associação entre virtude e república foi um motor no desenvolvimento do republicanismo e uma fonte de grandes dificuldades. O verbete não trata diretamente desse aspecto da questão, mas ajuda-nos mais uma vez a entender os impasses e as soluções que aparecerão adiante.

O núcleo das considerações de Romilly está calcado na ideia de que a virtude é "um grande sentimento que deve preencher toda a nossa alma, dominar nossas afeições, nossos movimentos, nosso ser". Ao mesmo tempo, ele a define como algo que tem relação com "todos os deveres do homem, com tudo aquilo que está afeito à moral". O amplo espectro das definições apenas expõe, aos olhos do próprio autor, a complexidade do problema. Assim, diante de um universo tão vasto, como encontrar uma definição que dê conta de todas as dimensões da questão?

O verbete procura manter-se fiel à ideia original de que a virtude é um fato da consciência, que vai se tornando real quanto mais pura for a intenção de praticar um ato bom. Ao colocar um peso tão grande na consciência, o autor corre o risco de fazer da virtude um bem subjetivo, sem significado para a vida em comum. Num outro polo, os riscos vêm de uma concepção meramente objetiva, que faria da virtude o sinônimo da obediência às leis positivas, sem nenhum amparo na religião ou numa moral fora do tempo. Para apoiar sua tese original contra essas objeções gerais, Romilly afirma que "a virtude é imutável", e não, como pretendiam alguns, uma mera expressão de costumes locais. Dessa maneira, ela pode ser procurada fora da história particular de cada povo, ainda que o recurso aos exemplos históricos seja uma ferramenta preciosa para o filósofo. Sem essa base imutável, a virtude não existe, nem para os indivíduos, nem para os Estados. Se assim for, as leis mesmas se tornam inúteis, e os homens, em vez de se juntarem em uma comunidade, fundem-se num agregado amorfo e sem sentido.[70] Mas a partir dessa base imanente, ela deve constituir os parâmetros das instituições políticas, a fim de que estas

---

70 "Quand une fois le bien public n'est plus celui des particuliers, quand il n'y a plus de patrie & de citoyens, mais seulement des hommes rassemblés qui ne cherchent mutuellement qu'à se nuire, lorsqu'il n'y a plus d'amour pour la modération, la tempérance, la simplicité, la frugalité, en un mot lorsqu'il n'y a plus de vertu, alors les loix les plus sages sont impuissantes contre la corruption générale..." Vertu, em *L'Encyclopédie de Diderot et D'Alembert*.

possam de fato contribuir para o desenvolvimento das potencialidades humanas. Na ausência da virtude, o corpo político se transforma num campo de batalhas no qual os indivíduos se digladiam por seus interesses e perdem qualquer referência ao bem comum. Os argumentos de Romilly não são aqueles de um republicano convicto, mas expõem com grande riqueza de detalhes os impasses de uma concepção cívica da virtude, normalmente associada à tradição republicana, num século de afirmação do indivíduo e da importância de seus interesses para a construção do corpo político. Ao mesmo tempo, suas palavras nos mostram de que forma a exigência da virtude como parte dos elementos constitutivos da vida política fundou uma concepção de vida pública muito diferente daquela que, tendo surgido na mesma época, apostava na autorregulação do mercado como força civilizadora e libertadora. Cabe observar que a insistência na relação entre virtude e sentimento, a crítica à filosofia de Hobbes e ao ceticismo de Bayle e, ainda, o recurso aos exemplos do passado, são todos tópicos importantes da obra de pensadores que, como Rousseau, terão um papel decisivo na formação do republicanismo francês. Tendo isso em vista, podemos afirmar que a *Enciclopédia* foi um espaço importante de fermentação e consolidação de muitas questões que, mais tarde, estarão no centro do debate sobre a natureza do republicanismo, contribuindo assim para a preparação de seu léxico.

A "FILOSOFIA REPUBLICANA" DE VOLTAIRE

Em uma carta dirigida a Thieriot, datada de 26 de outubro de 1726, Voltaire afirma que "tudo o que é Rei, ou pertence a um Rei, apavora minha filosofia republicana".[71] Anos mais tarde, D'Argenson observou que o republicanismo ganhava os espíritos filo-

---

71 Voltaire, *Correspondance*, p. 205.

sóficos franceses "tornando todos mais conscientes dos direitos da nação e da liberdade".[72] A causa de tudo isso seria a forte atração que a Inglaterra, com suas instituições e sua maneira de lidar com problemas religiosos, exercia sobre muitos intelectuais. D'Argenson acreditava que a ida do filósofo à Inglaterra e a publicação de seus escritos, em particular as *Cartas filosóficas*, haviam tido um papel fundamental nesse processo, ajudando a consolidar um caminho que terminaria com a queda da monarquia.

As observações anteriores, a menção à "filosofia republicana" de Voltaire e o sucesso de suas obras antes e depois da Revolução podem nos conduzir a pensar que sua participação na formação do republicanismo francês se deu de forma direta e constante desde suas primeiras incursões no terreno literário. Uma análise mais acurada da carreira do filósofo mostra que essa afirmação descreve muito mal o papel que ele teve no desenvolvimento da filosofia política moderna.

A frase isolada na correspondência, dando conta da "filosofia republicana" de Voltaire, não pode ser compreendida como uma declaração explícita de que o autor estivesse naquele momento engajado na elaboração de um sistema conceitual cujo núcleo argumentativo girava em torno da república como regime político. Nenhum texto posterior justifica essa expectativa. À luz do que mostramos aqui na Introdução, é preciso cautela na interpretação do sentido da referência à tradição republicana num momento em que ninguém, muito menos Voltaire, apostava na derrota pura e simples da monarquia por um partido republicano. A pista a ser seguida é a mesma do estudo dos verbetes da *Enciclopédia*, que, como apontam D'Argenson e muitos intérpretes contemporâneos, dá conta da lenta erosão do edifício monárquico em todos os

72 F. Deloffre, "Préface", em Voltaire, *Lettres philosophiques*, p. 30.

seus fundamentos.[73] Ao longo das décadas que antecederam a Revolução, os temas do republicanismo foram aos poucos se impondo ao lado das críticas cada vez mais corrosivas ao Estado monárquico.

A trajetória de Voltaire no mundo da política esteve muito longe de seguir uma linha reta.[74] Desde o início ele se envolveu em polêmicas e tomou posição em favor de governantes que dificilmente poderiam ser chamados de arautos da liberdade e da igualdade entre os cidadãos. Transformá-lo no defensor precoce dos valores republicanos em nada contribui para compreender seu papel na formação do léxico republicano. Sua primeira e decisiva contribuição foi o elogio do governo da Inglaterra e sua crítica aos costumes políticos franceses. Desse núcleo inicial irradiaram suas preocupações com a tolerância e com a corrupção da vida política francesa.

Em 1726, em consequência de suas disputas com Rohan e de sua prisão por poucos dias na Bastilha, Voltaire decidiu realizar o velho sonho de partir para a Inglaterra e se ocupar de negócios, como, por exemplo, a impressão de sua peça *Henriade* por subscrição. O produto mais notável de sua estada de dois anos foram sem dúvida as *Cartas filosóficas*, que inicialmente deveriam se chamar *Cartas inglesas*. Escritas apenas parcialmente na Inglaterra, elas guardarão para sempre as memórias das reflexões que o contato com as instituições, com a cultura e com a vida religiosa provocou no jovem filósofo. Se Voltaire não mudará grande coisa de-

73 Sobre a criação de uma nova cultura política no curso do século XVIII, ver Roger Chartier, op. cit., pp. 195-239.

74 Para uma análise ampla da relação de Voltaire com a política, ver Peter Gay, *Voltaire's Politics: the Poet as Realist*. No Brasil, temos uma introdução ao pensamento político de Voltaire e de suas relações com a tradição dos "espelhos dos príncipes" em Marco Antônio Lopes, *Voltaire político*. Para uma introdução geral à obra do pensador, ver Maria das Graças de Souza, *Voltaire. A razão militante*.

pois de 1734 nos textos originais, a influência das *Cartas* em seus escritos posteriores e também sobre seus contemporâneos será sentida até o fim de sua vida. Como mostra Frédéric Deloffre, as *Cartas* ajudaram a formar a ideia que os contemporâneos teriam de Voltaire.

Uma primeira leitura das *Cartas* não revela, no entanto, os motivos de sua celebridade. Constituídas por textos curtos e nem sempre conectados que tratam de temas tão variados quanto a religião dos *quakers* e a propagação de doenças, dão a impressão de que apenas organizam uma percepção do que foi visto e sentido por Voltaire durante sua estada. Mas algo mudara nesses dois anos em que viveu na Inglaterra.[75] Esse foi o período de maturação filosófica do autor. Se antes ele já fizera sua entrada na literatura e tinha dado mostras de sua força como polemista, foi com suas investidas em temas novos que ele se transformou efetivamente em filósofo. Isso não quer dizer que ele tenha "aprendido" a filosofia dos ingleses, embora as referências a Locke, Bacon, Newton e outros sejam fundamentais em seus escritos. A verdade é que a formação francesa de Voltaire se transformou no convívio com os autores britânicos e deu uma guinada em direção aos grandes temas de sua filosofia.

Um bom exemplo do impacto de sua experiência inglesa é a maneira como ele compreende os costumes e o funcionamento da seita dos *quakers*, com olhos meio respeitosos, meio irônicos. A partir de uma entrevista com um personagem importante, Voltaire descreve o comportamento e a história da formação do grupo religioso destacando alguns aspectos. Na *Segunda carta*, seu interlocutor explica a ausência de padres em sua religião e afirma: "Não damos dinheiro nenhum a esses homens vestidos de negro para

---

75 Jean-Marie Goulemot, "Voltaire", em *Encyclopédie thématique Universalis*, t. x, p. 8093.

ajudar nossos pobres, enterrar nossos mortos, pregar para nossos fiéis. Esses ofícios santos nos são por demais queridos para transferi-los a outros".[76] Além de recusarem a presença de uma Igreja, que separa rigidamente seus praticantes de seus ministros, os *quakers* atacavam a separação de classes e a mania de se dirigir aos outros utilizando o plural de majestade.

Voltaire não se torna partidário dos costumes que observa e não deixa de se espantar com atitudes que considera ridículas por parte dos frequentadores dos cultos.[77] O que lhe captura a atenção é a clareza que demonstram quanto ao mal que o clero, quando ocupa um lugar importante na vida pública e se mostra por meio de intrigas, disputas e uma vida luxuosa, pode fazer a um país. Na carta em que analisa a religião anglicana, o filósofo afirma:

> Quando ficaram sabendo que jovens conhecidos por sua vida dissoluta, e elevados à prelatura por meio das intrigas de mulheres, fazem amor publicamente, alegram-se compondo canções ternas, oferecem todos os dias longos e delicados jantares e de lá vão implorar as luzes do Espírito Santo, e se autodesignam como sucessores dos apóstolos, eles agradecem a Deus por serem protestantes.[78]

A análise das diversas seitas e a comparação com a religião católica, tal como era praticada na França, dão a Voltaire os elementos de sua reiterada e influente crítica aos clérigos de seu tempo.

Para medir o impacto que essas considerações causaram na França do século XVIII é preciso lembrar a importância que a lenta descristianização dos franceses e a mudança na cultura política tiveram na preparação da Revolução. Tocqueville chega

76 Voltaire, *Lettres philosophiques*, p. 43.
77 Idem, ibidem, p. 39.
78 Idem, ibidem, pp. 57-8.

a afirmar que a irreligião se transformou em uma verdadeira paixão dos franceses.[79] Contrariamente a outros países, a França realizou com sua Revolução algo antes desconhecido: a destruição do Estado e da religião. Segundo ele, para muitos pareceu que "para atacar as instituições do Estado, era necessário destruir aquelas da Igreja, que haviam servido de fundamento e modelo".[80] A preparação daquilo que ele considera um processo extremo de desenraizamento dos franceses de suas tradições políticas e religiosas só pôde ser conduzida porque na França os intelectuais foram capazes de transmitir suas críticas à religião a todas as camadas da população. Assim diz Tocqueville: "O espírito de Voltaire estava presente depois de muito tempo no mundo; mas Voltaire, ele mesmo, não podia reinar senão na França do século XVIII".[81] A influência inglesa sobre o filósofo era óbvia para Tocqueville, pois, afinal, "foi Bolingbroke quem terminou de educar Voltaire",[82] mas ele mesmo se aliou aos clérigos quando foi necessário.[83] Seu amigo francês, ao contrário, fez parte do intenso movimento de crítica e destruição das bases da autoridade na França.

O papel de Voltaire pode ter sido superestimado por Tocqueville, mas suas análises nos ajudam a compreender a importância da crítica aos clérigos durante a crise que atingiu a religião católica na França no transcorrer do século XVIII. Chartier, porém, à luz das considerações de Tocqueville, convida-nos à prudência na observação do processo citado. Ele mostra que os caminhos da descristianização não podem ser compreendidos corretamente se não prestarmos atenção, em primeiro lugar, ao funcionamento

79 Alexis de Tocqueville, *L'Ancien Régime et la Révolution*, III, 2, p. 240.
80 Idem, ibidem, III, 2, p. 242.
81 Idem, ibidem, III, 2, p. 241.
82 Idem, ibidem, III, 2, p. 244.
83 Idem, ibidem, III, 2, p. 245.

das paróquias ao longo do século XVIII, marcado pela forte adesão dos paroquianos a algumas regras de conduta impostas pela Contrarreforma, como, por exemplo, a missa semanal.[84] Essa forma de religiosidade vai aos poucos perdendo sua força, o que pode ser constatado pela frequência de citações da Igreja como beneficiária nos testamentos e por mudanças sutis, mas importantes, no comportamento sexual de camadas cada vez mais amplas da população — fenômeno constatável pela baixa demográfica registrada nas últimas décadas do século.[85]

Se é difícil estabelecer uma relação direta de causa e efeito entre o processo de transformação da religiosidade dos franceses no curso do século XVIII e as obras dos iluministas, o certo é que, a partir da metade do Setecentos, um intenso processo de laicização ganhou força e participou da mudança na cultura política francesa. Segundo Chartier, essa transformação estendeu-se por muitas décadas e de forma variada nas diversas regiões do país e no interior das classes sociais.[86] Interessa assinalar que, ao lado da mudança ocorrida na elite cultural francesa — que pode ser observada pela importância adquirida pelos salões literários e pelos jornais, em detrimento de instituições tradicionais como as academias —, também nas comunidades rurais podemos falar de um verdadeiro aprendizado da política com a alteração do foco das disputas dos impostos reais para a contestação dos privilégios do clero e da nobreza.

Ao longo de toda sua vida, Voltaire manter-se-á fiel à sua percepção do caráter nefasto que o clero tinha na vida política da nação. Sempre que a questão religiosa é abordada, os *quakers* são citados — menos pela admiração por sua doutrina e mais por

84 Roger Chartier, op. cit., pp. 140-2.
85 Idem, ibidem, pp. 143-93.
86 Idem, ibidem, pp. 202-7.

aquilo que permitem enxergar nos costumes católicos e em sua influência sobre a política. Encontramos no *Cândido* um exemplo dessa persistência. A Igreja é descrita no romance quase sempre de forma irônica. O inquisidor que manda os hereges para a fogueira é o mesmo que divide uma amante com o rico comerciante. As razões para as condenações são sempre fúteis, assim como o são as motivações dos jesuítas. Mas é na descrição dos costumes de *Eldorado* que a influência do encontro com os *quakers* se faz sentir. Cândido interroga o velho sábio do lugar a respeito dos padres e monges e se surpreende: "O quê? Vocês não possuem monges que ensinam, que disputam, que governam, que cabalam, e que queimam as pessoas que não pensam como eles?".[87] A inexistência de padres naquele que parece ser o paraíso terrestre mostra como Voltaire imaginava uma cidade livre dos constrangimentos de uma religião — aquela que abandonara sua verdadeira finalidade para se imiscuir nas lutas políticas, na disputa pelos bens materiais e na repressão àqueles que pensavam de forma diferente. De maneira corrosiva, ele ataca os que se servem das necessidades espirituais dos homens para fazer valer seus interesses particulares.

A influência da filosofia inglesa no pensamento político francês também aparece nas páginas do *Cândido*. Durante uma conversa com um senador de Veneza — um dos exemplos possíveis de governo republicano no tempo de Voltaire —, o personagem se admira com a quantidade de obras filosóficas de autores ingleses e afirma, dirigindo-se a seu interlocutor: "Acredito, diz ele, que um republicano deve gostar da maioria dessas obras escritas de forma tão livre".[88] Pouco importa que o senador descarte a ideia de que a Inglaterra seja um modelo verdadeiramente admirável. O que importa é a associação entre a liberdade e o regime inglês, e o fato

87 Voltaire, "Candide", em *Romans et contes*, cap. XVIII, p. 218.
88 Idem, ibidem, p. 245.

de que um republicano devia necessariamente amar a liberdade de expressão. No começo da Revolução, a percepção de que a Inglaterra era um modelo de governo livre que deveria ser seguido ainda permanece e provoca alguma confusão no espírito daqueles que buscam uma saída para a ordenação institucional francesa. No tempo de Voltaire, a opção revolucionária não se colocava abertamente e, dessa forma, ele contribuiu para alimentar a ideia de que uma república exige a liberdade de expressão, mesmo ao preço da confusão que se fazia entre a Inglaterra e o regime republicano, o que, aliás, já existia desde Montesquieu. No entanto, mais importante do que a precisão conceitual é a propagação de um léxico, que confere um lugar proeminente à liberdade de pensamento.

O segundo tema importante cujas raízes já estão presentes nas *Cartas* é o da tolerância. Voltaire não o aborda diretamente na obra, mas observa que, na Bolsa de Valores de Londres, membros de várias confissões religiosas convivem sem que o elemento religioso seja determinante em seus negócios e sem que imaginem descartar um parceiro comercial por causa de sua religião.[89] O equilíbrio político vem da multiplicidade das posições e não da bondade implícita de cada uma delas.[90]

Essa ideia é defendida quase com as mesmas palavras no verbete sobre a tolerância contido no *Dicionário filosófico*. Obra da maturidade, ela mostra com clareza como as críticas ao clero evoluíram em Voltaire para a defesa da tolerância como um valor universal. No verbete, ele afirma que "a Igreja católica está inundada de sangue" e que "é incontestável que os cristãos desejavam que sua religião fosse a dominante".[91] Essa postura diante das outras

---

89 Idem, *Lettres philosophiques*, pp. 60-1.

90 "S'il n'y avait en Angleterre qu'une religion, le despotisme serait à craindre; s'il y en avait deux, elles se couperaient la gorge; mais il y a trente, et elles vivent en paix et heureuses." Idem, ibidem, p. 61.

91 Idem, *Dictionnaire philosophique*, pp. 363-4.

religiões e a existência de inúmeras seitas que sempre disputaram o privilégio de ser a verdadeira palavra do Cristo transformaram a história do cristianismo na demonstração perfeita dos efeitos que uma religião provoca no mundo quando não assume os ensinamentos cristãos verdadeiros. Como afirma Voltaire: "se prestarmos bem atenção, a religião católica, apostólica, romana é, em todas as suas cerimônias e em todos os seus dogmas, o oposto da religião de Jesus".[92] Em vez de favorecerem o desenvolvimento de virtudes como a indulgência e a justiça, os defensores da religião católica fazem do interesse próprio seu deus.[93]

Voltaire ecoa as críticas que Maquiavel fazia à religião católica e sua interferência na esfera da política, mudando o alvo de seus ataques. O catolicismo é nocivo não apenas porque divide a sociedade — "a discórdia é o grande mal do gênero humano"[94] —, mas principalmente porque impede que o bem público possa ser visado como algo desejável por todos. Reconhecendo o papel que os interesses privados têm no momento em que os homens agem na cena pública, Voltaire afirma que a religião católica e sua postura intolerante destroem o caminho que levaria das virtudes cristãs ao bem comum. Ao fazerem do interesse particular o centro das decisões públicas, os homens tornam impossível a experiência de construção de um mundo melhor.

O efeito mais importante das considerações de Voltaire sobre a tolerância é ter feito da discussão sobre as diferenças religiosas uma discussão plenamente política. Recusando o fórum teológico — refúgio natural dos que querem apenas defender seus interesses —, ele mostra que se trata de um problema que afeta toda a

---

92 Idem, ibidem, p. 368.

93 "Pourquoi donc les mêmes hommes qui admettent en particulier l'indulgence, la bienfaisance, la justice, s'élèvent-ils en public avec tant de fureur contre ces vertus? Porquoi? C'est que leur intérêt est leur dieu." Idem, ibidem, p. 366.

94 Idem, ibidem, p. 366.

sociedade e que deve ser analisado à luz da razão, e não de dogmas e preconceitos. Essa virada em direção à política fica ainda mais clara em seu *Tratado sobre a tolerância*.[95]

O *Tratado* tem como objetivo principal resgatar a reputação de Jean Calas, injustamente condenado pela morte do filho pelo simples motivo de ser protestante. Voltaire investe vigorosamente não apenas contra os religiosos, mas sobretudo contra o aparelho judiciário. Esse ataque é importante porque une a crítica à religião àquela dirigida contra o Judiciário. O argumento central de Voltaire é que a religião católica na França era a grande fomentadora da intolerância e das injustiças que daí decorriam. A aliança entre o aparelho judiciário e o clero criou uma verdadeira máquina de opressão que não deixava ninguém em segurança.[96] Recorrendo ao estudo do costume de outros povos e de outras épocas, Voltaire isenta os romanos, os gregos e os judeus da Antiguidade do grave erro de tomar a diferença religiosa como um marco fundamental do corpo político.[97]

Podemos suspeitar da exatidão das análises de Voltaire no tocante aos costumes de outros povos. As considerações sobre os mártires cristãos não são totalmente exatas, assim como a pretensa tolerância dos romanos. Mas Voltaire dá uma contribuição notável ao pensamento político ao mostrar com todas as letras que a questão da intolerância é um problema geral do Estado e atinge o cerne da vida política. O alvo de seus ataques é justamente o núcleo da relação entre religião e Estado na França de seu tempo: o direito de punir o diferente. Ora, Voltaire afirma com toda a clareza que "o direito da intolerância é absurdo e bárbaro: é o direito dos tigres; é

---

95 Para um tratamento sistemático da questão, ver Maria Laura Lanzillo, *Voltaire: la politica della tolleranza*.

96 Voltaire, *Traité sur la tolérance*, p. 24.

97 "Je peux me tromper; mais il me paraît que de tous les anciens peuples policés, aucun n'a gêné la liberté de penser." Idem, ibidem, p. 42.

horrível, pois os tigres não estraçalham senão para comer, enquanto nós somos exterminados por causa de parágrafos".[98]

Nesse sentido, Tocqueville tem razão em apontar Voltaire como um dos que prepararam a derrocada conjunta das instituições políticas e religiosas. O grande mérito dele foi justamente o de denunciar, em sintonia com a tradição republicana do Renascimento, o estreito laço que une religião e poder nas sociedades católicas. Se mais uma vez seria exagerado afirmar que sua teoria da tolerância é parte de uma verdadeira "filosofia republicana", não há a menor dúvida de que ele ajudou a preparar o terreno no qual a Revolução plantará a semente da laicidade, destinada a se transformar numa pedra angular do republicanismo francês dos séculos XIX e XX. Talvez não fosse clara para ele a relação existente entre os regimes políticos e a tolerância religiosa. Mas o aspecto mais importante de sua teoria não depende dessa relação e sim de ele ter descortinado o intricado jogo que unia a esfera jurídica à intolerância religiosa. Esse fato por si só — além da defesa intransigente do direito à diferença —, fundado, segundo Voltaire, na própria natureza, fez de seu pensamento uma passagem obrigatória do intenso movimento de ideias que contribuiu para a renovação da cultura política do século.

É possível, no entanto, melhorar a compreensão da "filosofia republicana" de Voltaire analisando alguns verbetes de seu *Dicionário filosófico*. O primeiro verbete que nos interessa é consagrado ao "Bem". Voltaire acusava os homens religiosos de seu tempo de serem incapazes de viver segundo os valores cristãos e de sempre valorizarem seus próprios interesses. Isso não implicava, entretanto, sua adesão a uma concepção substancial do bem. Ao contrário de muitos pensadores que continuavam a se servir da linguagem da Antiguidade, Voltaire afirma sem nuanças que "o

98 Idem, ibidem, p. 41.

bem soberano e o mal soberano são quimeras"[99] e que "a virtude não é um bem, mas um dever".[100] O sentido dessas proposições torna-se ainda mais claro quando, no verbete dedicado à virtude, ele afirma: "Um solitário será sóbrio, piedoso, usará um cilício: pois bem, ele será um santo. Mas eu o chamarei de virtuoso quando tiver praticado algum ato virtuoso, que será proveitoso para os outros homens".[101]

Voltaire ataca a questão mais geral proposta pela *Enciclopédia* reduzindo o alcance do conceito. Se a virtude nasce da consciência, ela só pode ser reconhecida por meio de seus efeitos na convivência dos homens. O santo deixa de ser um problema para aqueles que procuram compreender a virtude pelo simples motivo de que ele não age — e, assim, não é capaz de atingir seus objetivos e ao mesmo tempo transformar a vida dos outros. Há aqui um retorno a Aristóteles e também uma delimitação do alcance da virtude que a aproxima de seu significado político. Não se trata de associar, como fez Montesquieu, virtude e república. Mas Voltaire afirma que não devemos retirar a virtude do campo da ética e da política e continuarmos a acreditar que podemos identificá-la no comportamento dos outros. Em sua lógica, só há virtude quando há intersubjetividade, quer dizer, quando os homens dependem uns dos outros para realizar seus fins.

A associação entre virtude e ação ajuda a analisar a questão sobre o melhor regime, abordada no verbete sobre os "Estados, Governos". Para respondê-la, Voltaire coloca em cena um hindu e um europeu discutindo durante uma viagem à Ásia. O problema central é saber em "que Estado, sob que governo, gostaríamos de

99 Idem, *Dictionnaire philosophique*, p. 66.
100 Idem, ibidem, p. 66.
101 Idem, ibidem, p. 373.

nascer".[102] Seguindo Montesquieu, Voltaire mostra que a questão deve ser precisada, pois cada um gostaria de nascer onde seus interesses fossem satisfeitos. Reformulando, ele diz: "Mas que pátria escolheria um homem sábio, livre, de fortuna mediana, sem preconceitos?".[103] O alvo das investigações é o próprio intelectual iluminista que, sem pertencer ao grande mundo, tem seus interesses ligados a valores e não apenas a pretensões materiais. Sua fortuna mediana o coloca ao abrigo da luta pela sobrevivência cotidiana, mas seu apego à liberdade e sua ausência de preconceito o aproximam de uma parcela maior da população, que nada ganha com governos voltados para a satisfação dos desejos de grandes proprietários de terra, de membros da corte e do aparelho judiciário. No outro polo, podemos concluir que Voltaire também não acredita que os santos — mesmo se sua virtude for verdadeira — sirvam de parâmetro para os homens que vivem na cidade. Seus interesses podem ser satisfeitos independentemente da forma de governo, pois não são deste mundo.

A conversa entre o europeu e o brâmane parece indicar que a república é o governo ideal para o sábio iluminista, embora seja quase uma utopia. Logo no início da conversa, um dos interlocutores diz: "Faço uma reflexão, diz o brâmane: não há república nenhuma em toda essa parte do mundo".[104] Essa assertiva nasce da constatação de que, em toda a Ásia, os cidadãos, que são aos milhões, estão muito pouco satisfeitos e que eles, num bom regime, deveriam ser levados em conta. Podemos interpretar essa frase como uma crítica ao despotismo oriental — o que certamente era —, mas é preciso lembrar o papel que a referência ao Oriente teve, desde Montesquieu, na elaboração de críticas às monarquias

102 Idem, ibidem, p. 180.
103 Idem, ibidem, p. 180.
104 Idem, ibidem, p. 181.

europeias. Logo depois, o brâmane diz que "sobre a terra existem muito poucas repúblicas",[105] significando que a escassez de bons regimes na Ásia não implica sua existência em outras partes do planeta. O debate entre os dois parece assim se encaminhar para um impasse, pois à pergunta sobre o melhor governo para os homens livres, Voltaire parece responder com outras perguntas e com dúvidas quanto à possibilidade da existência de um regime que realmente possa satisfazer os iluministas. De qualquer maneira, não deixa de chamar a atenção o fato de que, no verbete sobre o melhor regime, apenas a república é debatida. É claro que não devemos nos esquecer de que a questão foi dirigida a um público específico — isto é, aos iluministas —, mas também não podemos deixar de lado o fato de que muitos deles consideravam o lugar do pensador racional como o lugar de toda a humanidade. Quando se trata de nomear o melhor regime, Voltaire combina ceticismo e certeza.

A sequência do verbete é ainda mais esclarecedora, pois coloca em cena um debate direto com Montesquieu e com o que podemos chamar de léxico republicano da época. Voltaire retorna de maneira sucinta a vários tópicos e com isso esclarece sua posição. Ao apontar a dificuldade de se encontrar uma república até mesmo na Europa, o brâmane avança na definição do que ela seria: "Os homens são raramente dignos de se governar a si mesmos. Essa felicidade só deve pertencer a pequenos povos que se escondem em ilhas, ou entre montanhas, como os coelhos, que fogem dos animais carnívoros, mas que no fim são descobertos e devorados".[106] Fica claro que Voltaire esposa as dúvidas de seu tempo quanto à possibilidade de existência de uma república em grandes territórios, e também o receio de que a fragilidade de uma

105 Idem, ibidem, p. 181.
106 Idem, ibidem, p. 181.

forma de governo tão preciosa não consiga resistir aos ataques externos. O ponto nevrálgico do parágrafo, no entanto, é a identificação da república com o autogoverno. É a ligação profunda que deve existir entre o interesse da maioria dos cidadãos e o governo que identifica esse regime e que, de alguma forma, o torna tão difícil. Voltaire parece não estar convencido de que a república pudesse existir em seu tempo, mas, ao discutir com seus contemporâneos, ele ajuda a afirmar a linguagem do que até então era apenas um local utópico perdido entre as montanhas ou em alguma ilha.

O diálogo com a tradição e com Montesquieu segue abordando temas conhecidos. Para explicar a queda da república romana, motivo de angústia e discussão entre muitos pensadores daquele século, Voltaire adota um tom cético e direto: "O império caiu porque ele existia".[107] O passado é importante, mas ele não pode nos ensinar sobre tudo, quando se trata de evitar a passagem do tempo. Querer uma explicação completa para a queda de Roma parece exigir uma explicação para o andamento do tempo. Voltaire descarta esse problema e retorna à questão da definição da república, refazendo mais uma vez o trajeto de Montesquieu. Inquirido sobre o lugar da honra e da virtude nos diversos regimes, o brâmane oferece uma resposta que está em contradição aparente com o que afirma Montesquieu, pois diz que a virtude é fundamental para um governo despótico e a honra, para uma república.

Se analisarmos, porém, a resposta do indiano, veremos que Voltaire se aproveitou de um debate conhecido por seus leitores para fazer suas próprias críticas à monarquia absoluta e para indicar sua concepção de república. A honra é necessária num governo republicano não por ela ser seu princípio, mas porque ele se origina no voto popular e, nesse sentido, depende de governantes honrados pelos seus membros para funcionar. Quanto à virtude no

107 Idem, ibidem, p. 181.

regime despótico, não se trata de dizer que o déspota deve ser virtuoso, mas sim que "é preciso ser notavelmente virtuoso em uma corte para poder dizer a verdade".[108] A "filosofia republicana" de Voltaire é, assim, uma arma de combate contra a monarquia absoluta e o despotismo; uma ferramenta de crítica que permite ao autor atacar frontalmente a sociedade de corte e sua hipocrisia.

Para o leitor que poderia ficar perplexo diante das afirmações anteriores, Voltaire conclui: "O homem virtuoso está bem mais à vontade em uma república, pois nela não precisa bajular ninguém".[109] Essa explicação não resolve, no entanto, o problema dos dois interlocutores, que se resume em saber qual o melhor regime para se viver. O brâmane parece se refugiar na crítica ao despotismo e na constância dessa crítica entre os povos que estão submetidos a governantes cruéis. Mas o europeu não se contenta com essa reposta e exige que seu interlocutor tome posição. Mais uma vez a república é citada como o melhor regime, ou melhor, "aquele no qual só as leis são obedecidas".[110] Diante da objeção de que se trata de uma velha resposta, o brâmane objeta que nem por isso ela deixa de ser satisfatória. E onde encontrar esse regime? É preciso procurar, diz o indiano.

Em uma nota, Voltaire sugere ao leitor que preste atenção ao verbete sobre Genebra na *Enciclopédia*. Nele, o governo da cidade republicana é analisado cuidadosamente, inclusive em sua formação histórica. Entretanto, a referência não parece ter sido feita para provocar a adesão do leitor às formas institucionais da cidade, mas como parte da "busca" que os personagens do verbete sobre "Estado e governo" recomendam. Essa ideia de busca pelo melhor regime parece definir o estatuto da república no pensamento de

108 Idem, ibidem, p. 182.
109 Idem, ibidem, p. 182.
110 Idem, ibidem, p. 182.

Voltaire e de muitos iluministas. De um lado, não podemos falar em sentido estrito de republicanismo dos iluministas; de outro, não há como negar a presença de temas, conceitos e de uma sincera admiração por alguns valores associados à tradição republicana.

Nesse processo de busca da tradição republicana clássica, os pensadores do Renascimento e os autores ingleses vão se misturando para construir um léxico que aos poucos vai se tornando um lugar-comum dos debates sobre política. O elemento dinâmico desse processo é que nenhum dos iluministas ignorava o fato de que a função primordial do pensador é interrogar seu próprio tempo. E é daí que decorre a dificuldade com um regime que, mesmo sendo elogiado por alguns, não parecia possível nas condições europeias do século XVIII.

O verbete sobre a igualdade do *Dicionário* mostra como era difícil conciliar aspirações republicanas com o mundo real da política. Para Voltaire, "a igualdade é a coisa mais natural e, ao mesmo tempo, a mais quimérica",[111] mas "é impossível que, em nosso globo infeliz, os homens, vivendo em sociedade, não sejam divididos em duas classes: uma de opressores, outra de oprimidos".[112] Atacando a divisão do corpo social e afirmando a naturalidade da igualdade, ele aponta para aquilo que será um dos signos distintivos do republicanismo francês — de um lado, por afirmar o lugar do direito natural como o ponto de partida para toda discussão sobre os regimes; de outro, por insistir na importância da unidade do corpo político. Podemos dizer, é claro, que o apelo à unidade nada tem de republicano e que apenas ecoa temas ligados à constituição dos Estados nacionais modernos. Mas é preciso prestar atenção à formulação do verbete para se dar conta da importância

111 Idem, ibidem, p. 173.
112 Idem, ibidem, p. 172.

que isso teve para o lento processo de formação do léxico republicano francês.

Voltaire faz a crítica das facções repetindo um tema do pensamento político europeu que vinha desde a Idade Média. Essa temática era comum entre os republicanos do Renascimento, assim como entre os monarquistas. O que chama a atenção é que ele fala das facções como sendo derivadas de uma divisão primária entre oprimidos e opressores. Ora, essa era exatamente a linguagem de Maquiavel. No capítulo IV dos *Discursos sobre a primeira década de Tito Lívio*, o pensador florentino afirma que a grandeza de Roma deveu-se ao fato de os romanos terem sabido incorporar no tecido institucional os mecanismos que canalizavam os conflitos entre os dois lados irreconciliáveis da cidade. Voltaire reconhece a existência da divisão primária da sociedade em dois campos com interesses diversos, mas conclui daí que a igualdade é muito difícil de ser alcançada nas sociedades históricas. Diferentemente do secretário florentino, ele aponta para a busca da unidade como uma solução para as desigualdades, embora afirme sem ambiguidades que esse é um caminho quase impossível de ser percorrido.

No mesmo sentido, as considerações de Voltaire sobre a liberdade mostram que ele estava longe de adotar a ideia da liberdade política como participação nos negócios públicos, cara aos humanistas italianos. Seu ponto de partida continua a ser a associação da liberdade com a vontade.[113] Suas observações iniciais o conduzem de volta ao tema da tolerância e da intolerância por meio de reflexões sobre a liberdade de pensamento. Para ele, o grande mal do século era a restrição desse direito, que esteve na raiz de muitos conflitos religiosos sangrentos. Permanecendo fiel aos seus primeiros escritos, Voltaire faz um de seus personagens dizer: "Nós só

---

113 Idem, ibidem, p. 256.

seremos felizes na Inglaterra depois que cada um gozar livremente do direito de dizer o que pensa".[114]

A liberdade de pensamento e de expressão foi a ponte para uma nova concepção de política que se cristalizou ao longo do século XVIII. Por meio do resgate de temas da Antiguidade, os iluministas ajudaram a sedimentar a identidade do pensamento republicano francês. Por sua fidelidade à imagem que construiu da Inglaterra na juventude, o filósofo da tolerância abriu as portas para o debate sobre o regime alternativo à monarquia absoluta. O Iluminismo foi, assim, o criador do léxico de uma discussão que reverberou por toda a sociedade e acabou tendo um papel fundamental na transformação das estruturas políticas da França, culminando na criação da república francesa e no aparecimento de uma cultura republicana que perdura até hoje, e tem sido influente ao longo dos últimos dois séculos em várias partes do mundo.

114 Idem, ibidem, p. 261.

Rousseau: virtude e política

A relação de Rousseau com o republicanismo merece um tratamento diferente daquele que dedicamos normalmente a seus contemporâneos. Não se trata, é verdade, de afirmar que o pensador genebrino tinha um projeto republicano para a França, cujo desdobramento seria a Revolução Francesa. Mas, contrariamente a alguns intérpretes, também não acreditamos que possamos resumir suas relações com o republicanismo ao simples elogio da originalidade de sua obra.[1] Seu pensamento sobre a matéria é complexo e se desenvolveu em vários níveis. Para estudá-lo, é preciso, em primeiro lugar, lembrar que ele se declarava republicano e tinha orgulho de ter sido criado em Genebra, uma cidade na qual acreditava encontrar muitas das qualidades que atribuía à forma republicana de governo. Se com o tempo ele veio a desen-

---

1 "Rousseau désigné comme républicain, c'est plus une façon de souligner son originalité que de lui assigner un choix politique précis." Jean-Marie Goulemot, "Du Républicanisme et de l'idée républicaine au xviiième siècle", em F. Furet & M. Ozouf, *Le Siècle de l'avènement républicain*, p. 42.

volver uma visão crítica do governo de sua terra natal, como provam as *Cartas escritas da Montanha*, isso não alterou sua percepção da vantagem de algumas de suas instituições originais. Durante toda sua vida, ele aludiu aos princípios republicanos e se referiu a Genebra como um exemplo dos resultados alcançados, quando bem aplicados ao governo da coisa pública.

Isso, contudo, não significa que ele tenha antecipado os acontecimentos posteriores tanto em Genebra como na França, ou que tenha sugerido os caminhos que levariam à sua efetivação.[2] Como boa parte de seus contemporâneos, Rousseau se ligou aos temas republicanos por intermédio do estudo do passado e de suas figuras exemplares.[3] Se seu caminho era batido, importa conhecer o resultado dessa apropriação. Afinal, desde o Renascimento, o retorno à história antiga foi o canal usado para se construir uma imagem das formas livres de governo em oposição às várias faces da tirania. Ao oporem as monarquias europeias aos regimes de Esparta e Roma, os pensadores seguiam o caminho aberto por seus predecessores italianos para os quais o recurso à Antiguidade era o meio de encontrar uma ferramenta preciosa para entender o presente.

Na Itália, o movimento inicial de busca dos clássicos — que teve em Petrarca uma referência decisiva para o posterior desenvolvimento do humanismo cívico — e a passagem para uma teoria republicana não se deram de modo automático e unívoco depois

---

2 Para um estudo da recepção da obra de Rousseau no período anterior à Revolução, ver Raymond Trousson, *Jean-Jacques Rousseau. Mémoire de la critique*, pp. 3-90.

3 Uma boa referência nesse assunto segue sendo Leduc-Fayette, embora não estejamos de acordo com algumas das teses que a autora desenvolve, como, aliás, procuraremos mostrar na sequência do texto. Denise Leduc-Fayette, *J.-J. Rousseau et le mythe de l'Antiquité*, pp. 28-31. Um estudo mais amplo do tema encontramos em Eric Nelson, *The Greek Tradition in the Republican Thought*.

que autores como Tito Lívio e Cícero passaram a ser estudados e venerados.[4] Ao longo do século XV, Florença conheceu tanto o desenvolvimento de um republicanismo vigoroso e ativo, representado por escritores como Leonardo Bruni e Matteo Palmieri, quanto uma apropriação das obras de Platão pelas mãos de Marsílio Ficino, que pouco contribuiu para a discussão sobre a natureza das instituições políticas. De forma análoga, no século XVIII o retorno ao passado greco-romano não significou necessariamente a migração para o republicanismo. No caso de Rousseau, no entanto, esse trajeto se deu na mesma direção de seus predecessores italianos, os quais ele não cessou de elogiar, sobretudo quando se referia a Maquiavel. A referência ao passado de Esparta, Roma e seus heróis foi a trilha que o conduziu da crítica de seu tempo à elaboração das bases teóricas para uma visão inovadora da política.

Esse último ponto é fundamental para compreendermos as relações de Rousseau com o republicanismo moderno. Seus elogios do passado, sua crítica da filosofia iluminista e seu desgosto com a corrupção das instituições e costumes das sociedades que observava levaram-no à elaboração de uma filosofia política que firmou as bases sobre as quais se ergueu o republicanismo francês. O *Contrato social* é a obra na qual essa aventura teórica encontra seu porto. Porém, lê-la sem considerar os longos desenvolvimentos do pensamento de Rousseau, suas tensões e seus paradoxos, pode dar margens a uma interpretação reducionista do percurso de um autor para o qual o desejo de viver em uma república virtuosa e harmônica nunca escondeu suas dúvidas quanto à possibilidade de sua realização em sua época. Procuraremos mostrar quais foram alguns dos tempos fortes dessa aventura cujos ecos

---

4 Estudamos esse tema em Newton Bignotto, *As origens do republicanismo moderno*.

ressoam até nosso tempo, sem a pretensão de esgotar um campo de pesquisa que acumulou um número impressionante de publicações nos últimos séculos.

ROUSSEAU TOTALITÁRIO?

Desde pequeno Rousseau habituou-se à leitura de Plutarco. Como muitos de seus contemporâneos, ele encontrou na narração das vidas dos personagens excepcionais a matéria para a formação de um espírito "livre e republicano", para o qual a vida dos romanos, atenienses e espartanos era mais importante do que os acontecimentos que tumultuavam a vida da cidade.[5] Ao lado desse autor,[6] Rousseau frequentou Homero, Ovídio, Sêneca, Platão, Aristóteles, Lucrécio — cuja crítica à corrupção da civilização seria decisiva para a formação de seu olhar sobre as mazelas de seu tempo — e tantos outros, os quais não vale a pena enumerar aqui. Essas leituras não tinham nada de extraordinário para a época; faziam parte do caminho que foi seguido por uma boa camada da intelectualidade do século XVIII. Mais importante é destacar o papel que teriam na elaboração do pensamento de Rousseau. No entanto, como nosso interesse principal não é a gênese da filosofia do autor, limitar-nos-emos a indicar alguns pontos substanciais de seu contato com a tradição clássica para, em seguida, analisar o uso que ele fez de suas fontes em seus primeiros escritos.

A primeira referência que chama a atenção do leitor até hoje é Esparta.[7] Em quase todos os escritos Rousseau se reporta à cida-

5 Rousseau, *Les Confessions*, p. 47.
6 Denise Leduc-Fayette, *J.-J. Rousseau et le mythe de l'Antiquité*, p. 21.
7 Para um estudo sobre a importância de Esparta no debate político do século XVIII francês, ver François Hartog, "Liberté des Anciens, liberté des Modernes: La

de grega, a seus costumes e a Licurgo. Influenciado por Plutarco, o pensador genebrino fez dos lacedemônios o exemplo principal para se pensar a natureza da *polis* antiga.[8] A seus olhos, Esparta encarna a realização do ideal de comunhão entre o cidadão e a cidade. Educado para servir, o cidadão da cidade antiga abdicava do luxo e fazia da simplicidade e da frugalidade os eixos de sua conduta moral.[9] Esse modelo perseguirá Rousseau ao longo de sua vida e servirá para suas diversas críticas ao gosto pelo luxo e pela ostentação que caracterizou o século XVIII europeu. Além do mais, ele se valerá de Esparta para investigar o sentido da liberdade e da igualdade, dois conceitos centrais em sua obra.

A segunda referência à Antiguidade em seus escritos é Roma, particularmente em seu período republicano.[10] Nesse ponto, seguindo uma tendência que vinha do Renascimento italiano, Rousseau fez de Tito Lívio seu guia pelos séculos gloriosos da Cidade Eterna. Mais uma vez ele se interessou pela frugalidade dos habitantes, seu amor pela pátria e seu devotamento à coisa pública. Dois temas clássicos da tradição republicana são retirados de seus estudos da Roma antiga: a virtude cívica e a ideia da liberdade como valor último da cidade.

A insistência com que Rousseau elogia Esparta e Roma — seus personagens e a conduta moral de seus cidadãos — e a crítica severa que dirige aos costumes de seu tempo alimentaram a interpretação de sua obra como precursora dos totalitarismos contemporâneos. Leduc-Fayette chega a dizer que "as virtualidades totalitárias da ideologia rousseauniana parecem-nos evidentes",[11] dando

---

Révolution Française et l'Antiquité", em Roger-Pol Droit (org.), *Les Grecs, les Romains et nous. L'Antiquité est-elle moderne?*, pp. 119-41.

8 Denise Leduc-Fayette, op. cit., p. 73.

9 Idem, ibidem, p. 82.

10 Idem, ibidem, pp. 103-16.

11 Idem, ibidem, p. 96. Embora as posições sejam diferentes no que toca ao to-

eco a uma leitura que toma o elogio de Esparta como expressão do desejo de que os costumes corrompidos do século XVIII pudessem ser sanados pela rudeza e disciplina da cidade antiga.

Ora, tendo em vista a relevância que esse tipo de leitura alcançou nos últimos anos, é importante verificar até que ponto ele oferece uma chave interessante e coerente para o estudo de nosso autor e sua relação com o republicanismo. Em geral, essa abordagem está fundada em mais elementos do que a simples observação do papel que os lacedemônios têm na obra de Rousseau. À suposição de que ele teria desejado substituir as instituições políticas de sua época por instituições copiadas do passado, orientadas por uma virtude impossível de ser alcançada, acrescenta-se o fato de que Robespierre teria se servido das obras do pensador genebrino para levar a cabo sua política durante o Terror.[12] De modo geral, essas leituras reproduzem tanto as críticas endereçadas à Revolução Francesa por escritores como Constant quanto as teses defendidas por Popper em seu livro clássico, *A sociedade aberta e seus inimigos*,[13] no qual ele alinha autores como Platão e Hegel num mesmo movimento de preparação dos regimes extremos do século XX. Não se trata, é claro, de atribuir culpa aos pensadores e a Rousseau em particular, como sublinha Leduc-Fayette, mas de oferecer uma maneira de compreender suas obras e a relação que entretêm com a história.

É desse último ponto de vista que nos interessa investigar a fecundidade dessas interpretações que aproximam Rousseau dos

---

talitarismo, é grande a lista dos que se ocuparam com ele e sua presença na obra de Rousseau, a exemplo de Masters, Melzer, Robisco, Leduc-Fayette, Eric Weil e tantos outros. Para um estudo do problema em sua relação com a estrutura geral da obra de Rousseau, ver Raymond Polin, *La Politique de la solitude*, pp. 135-8.

12 Para um estudo coerente da relação dos dois homens, ver Nathalie-Barbara Robisco, *Jean-Jacques Rousseau et la Révolution Française*, pp. 217-41.

13 Karl Popper, *A sociedade aberta e seus inimigos.*, vol. II, pp. 7-33.

totalitarismos contemporâneos. Para tratar do problema, é necessário observar que tais asserções misturam alguns elementos que convém separar. O primeiro ponto a ser considerado é a concepção de totalitarismo subjacente a essas afirmações. Uma pista para entender a questão é dada, por exemplo, quando se fala de Esparta como "uma cidade de tipo totalitário".[14] Ao se servir de Esparta para apontar os riscos totalitários do pensamento do autor, a intérprete está subentendendo que o conceito pode recobrir indistintamente fenômenos como o nazismo, o comunismo e a organização das cidades gregas. Num primeiro momento, poderíamos acreditar que o conceito está sendo usado de forma fluida para substituir aquele de tirania, que foi, ao longo da história, o recurso frequente para se criticar regimes que atentavam contra a liberdade. Se esse é o caso, caberia explicar por que Esparta era uma cidade totalitária, uma vez que, no curso da história, nunca foi considerada uma tirania.[15] Se não for esse o caminho, caberá então ao intérprete mostrar como as cidades antigas podiam ser totalitárias sem ser tirânicas e, sobretudo, em que bases essa afirmação poderia ser feita, pois é reconhecido o fato de que as fontes históricas para o estudo de Esparta são raras e muitas vezes misturadas a uma visão mitificada do funcionamento da cidade.

Um ponto que pode ser identificado como elo entre a experiência grega e os regimes totalitários é o uso da imagem do "corpo uno" como metáfora do corpo político. Claude Lefort já mostrou que o risco da utilização dessa imagem na contemporaneidade está no fato de que "no fundamento do totalitarismo está a representação unitária do povo".[16] A partir do momento em que a ideia

---

14 Denise Leduc-Fayette, op. cit., p. 89.

15 Dedicamos um livro ao problema da tirania grega, embora não tenhamos nos ocupado de Esparta, que justamente não tem um lugar importante na discussão sobre esse tema. Newton Bignotto, *O tirano e a cidade*, cap. i, pp. 13-42.

16 Claude Lefort, *L'Invention démocratique*, p. 165.

de unidade se converte em fundamento último da vida política, "a definição do inimigo passa a ser constitutiva da identidade do povo",[17] e sua eliminação é o único ato capaz de garantir a integridade do Estado. A deriva totalitária não é, no entanto, o resultado necessário de uma concepção unitária do Estado, mas uma possibilidade inscrita em todas as sociedades que lutam para afirmar sua identidade, inclusive naquelas democráticas.

Para Lefort, a simples presença da imagem unitária do corpo político não é um elemento decisivo para a compreensão do funcionamento dos regimes totalitários. Como observou Hannah Arendt, os regimes totalitários fundaram-se na extinção da experiência política, pela clausura do espaço público e pelo desaparecimento do cidadão, e não pela exacerbação de sua presença na cena pública. Arendt mostra que o perigo que ronda as sociedades democráticas contemporâneas é derivado do fato de que o espaço público foi sendo progressivamente destruído em proveito dos espaços privados e que o corpo político perdeu as arenas nas quais a liberdade dos cidadãos se manifestava.[18] Os regimes totalitários representam o estágio final da destruição do político e, rigorosamente, não podemos nem mesmo falar de cidadãos quando a liberdade associada à sua condição já não existe mais.

Se levarmos em conta as análises de autores como Lefort e Arendt, que não se cansaram de apontar a novidade dos fenômenos totalitários e a complexidade dos elementos que os constituem, chegaremos à conclusão de que o recurso ao conceito de totalitarismo, para a compreensão do pensamento de Rousseau, mostra-se pouco proveitoso, mesmo quando se trata de uma metáfora. De fato, seu uso não acrescenta muito à compreensão

17 Idem, ibidem, p. 101.
18 Hannah Arendt, *A condição humana*, pp. 59-67.

da obra do pensador genebrino, sobretudo em relação às muitas dificuldades às quais ele confronta o leitor. Ademais, parece-nos duvidoso que possa contribuir para o estudo da gênese dos Estados totalitários contemporâneos. O recurso à interpretação de Baczko mostra-se bem mais interessante. Esse estudioso sugere que nos escritos de nosso autor convivem dois aspectos que, sem ser opostos, apontam para direções diferentes: o conservadorismo e o caráter democrático radical.[19] A dificuldade oferecida pelo genebrino é que esses dois aspectos não se referem a fases ou a momentos de sua obra, mas a duas vertentes constitutivas que coexistem o tempo todo em seu pensamento. A referência frequente a Roma e a Esparta pertence ao traço conservador da obra de Rousseau e, como tal, deve ser analisada. O verdadeiro problema não é demonstrar o arcaísmo de algumas de suas ideias, mas compreender como essas ideias se relacionam com os outros elementos essenciais de seu pensamento, que apontam para a construção do ideário democrático radical da modernidade.

O MITO DA ANTIGUIDADE E A VIRTUDE

O texto que fez de Rousseau um autor conhecido oferece um terreno favorável para o estudo do lugar que a Antiguidade ocupa em seu pensamento. Trata-se daquele que ficou conhecido como o *Primeiro Discurso* e que serviu para responder à questão central do concurso da Academia de Dijon, concernindo ao papel das ciências na depuração ou corrupção dos costumes. De modo geral, a questão não tinha nada de especial para uma época que se acostumara com o contínuo progresso das ciências e tomava consciência de sua diferença em relação ao passado. Como confessaria Rousseau mais tar-

19 Bronislaw Baczko, *Rousseau. Solitude et communauté*, pp. 344-5.

de, a oportunidade de participar do concurso foi para ele uma verdadeira revelação.[20] É claro que o espanto manifestado por ele tinha muito mais a ver com o desenvolvimento de seu pensamento do que com o problema ali proposto. Porém, o fato é que, à luz da evolução posterior de sua obra, o *Primeiro Discurso* contém de forma resumida uma série de argumentos que serão depois exaustivamente debatidos e que aqui nos interessam para abordar bem de perto os dois temas de que estamos tratando: a Antiguidade e a virtude.

Um exemplo de como essa obra é interessante e profícua é a afirmação de que os progressos observados nas artes e nas ciências acabarão por varrer da terra "as amizades sinceras" e fazer reinar um "perigoso pirronismo".[21] À primeira vista, pode parecer surpreendente que, num escrito destinado a avaliar os progressos da ciência, o autor se ponha a falar de amizade e pirronismo. Mas é justamente o viés inovador da abordagem de Rousseau que explica a importância de sua obra. Se Montesquieu havia introduzido na língua teórica o tema da virtude política, Rousseau tomaria um caminho totalmente distinto para fazer a crítica das sociedades políticas de seu tempo evocando uma virtude que nada tinha de política.

Para segui-lo em sua extraordinária viagem de crítica de sua época e de criação de uma nova linguagem para a vida em comum, comecemos por aquele que será um dos pontos fortes de sua filosofia: o tema da sinceridade.[22] Durante muito tempo, Rousseau foi reconhecido como um grande pensador por ter retornado ao problema da sinceridade num século que se acostumara a fazer o elogio da dissimulação e das máscaras sociais. Em

---

20 François Bouchardy, "Introduction" à Rousseau, "Discours sur les sciences et les arts", *Oeuvres complètes*, vol. III, p. XXVII.

21 Rousseau, "Discours sur les sciences et les arts", em *Oeuvres complètes*, vol. III, p. 8.

22 Esse tema foi explorado de forma magistral no livro clássico de Jean Starobinski *Jean-Jacques Rousseau: la transparence et l'obstacle*, pp. 13-35.

plena sociedade de corte, o pensador de Genebra introduziu em um de seus livros mais famosos — *A nova Heloísa* — a oposição entre amizade verdadeira e relações mundanas como um indicativo do estado de corrupção das sociedades. Quanto mais um povo é corrompido, menos ele será capaz de ver nascer a amizade, que cumpre o papel "sublime" que lhe cabe na condição humana.[23] Além do mais, Rousseau ataca o pirronismo e suas consequências para a sociedade.[24] De seu ponto de vista, trata-se menos de estudar os fundamentos dessa filosofia e mais de compreender os efeitos que a propagação de uma doutrina como essa traz para os homens.

O que está em jogo não é a verdade das proposições que são normalmente aceitas na vida em comum dos homens em qualquer sociedade. Como poucos, Rousseau sabia da falsidade e da hipocrisia da maioria das pessoas e como isso produzia sofrimento e violência. A pergunta é se é possível viver em comunidade e colocar em questão todas as crenças que permeiam o convívio social. Não se trata de atacar a convicção íntima dos céticos, mas de investigar as consequências de transformar o ceticismo em filosofia para toda a sociedade. Um debate interessante sobre esse problema aparece na *Nova Heloísa* em torno das crenças religiosas. Rousseau aborda o tema por meio de Wolmar, homem vivido e inteligente, cujo ateísmo é motivo de profunda tristeza para sua jovem esposa Julie. A fim de poupar um confronto direto com a jovem — o que provocaria sofrimento —, ele é levado a praticar todos os ritos da religião e do culto para evitar que sua falta de fé contamine seu meio mais imediato.[25] Qual o sentido desse ato de simulação de uma crença em favor de uma religião que estava

23 Rousseau, *Julie ou La Nouvelle Héloïse*, v, iii, p. 422.
24 Idem, ibidem, v, v, p. 448.
25 Idem, ibidem, v, v, p. 448.

longe de seduzir Rousseau e de estar isenta de muitos males? Essa pergunta oferece uma série de desdobramentos que acabam colocando no centro dos debates os problemas da religião e da virtude.

Consciente de que a fé concerne à esfera mais íntima do indivíduo, Rousseau não sugere que ela possa ser inculcada de repente em alguém que se tornou incapaz de sentir o contato com a transcendência pela via simples ditada pela natureza.[26] Esse ato contribuiria para destruir a liberdade dos homens sem nada acrescentar ao mundo.[27] Ao mesmo tempo, ele alerta para o perigo de ceder às opiniões correntes[28] e para o risco de recorrer a "ideias gerais e abstratas que são a fonte dos grandes erros dos homens".[29] Nesse sentido, a metafísica não é o caminho para a verdade, mas seu obstáculo. O contato com os sentimentos e o exercício correto da razão são ferramentas que nos permitem compreender muito mais do que todas as filosofias juntas.[30]

Nessa lógica, Wolmar tem razão em não confundir seu respeito às regras do culto com sua crença em Deus, mas equivoca-se quanto ao recurso aos argumentos céticos. O caminho que ele tomou revela o rosto de uma sociedade que se perdeu em filigranas argumentativas e que foi se tornando cega diante das possibilidades oferecidas ao homem para conhecer Deus — possibilidades, aliás, que estão todas à sua disposição, independentemente de sua

---

26 Rousseau trata de forma sistemática esse problema da fé interior em seu célebre "Profession de foi du Vicaire Savoyard", em idem, *Émile ou de l'éducation*, pp. 345 ss.

27 Idem, ibidem, p. 365. "Le Mal que l'homme fait retombe sur lui sans rien changer au système du monde."

28 Idem, ibidem, p. 349.

29 Idem, ibidem, p. 356.

30 "Grâce au ciel, nous voilà délivrés de tout cet effrayant appareil de philosohie", afirma o vicário quando comenta o papel da consciência individual. Idem, ibidem, p. 378.

instrução e de seu conhecimento científico.[31] O importante para Rousseau é que Wolmar acerta ao observar que o culto exterior é uma questão política[32] que não pode ser abandonada. Ora, o pensador de Genebra insiste em vários de seus escritos que a religião possui duas dimensões que, se não podem ser confundidas, não devem ser desprezadas. Para o indivíduo, a consciência é o terreno do verdadeiro exercício espiritual; já para a sociedade, os problemas do ateísmo e do ceticismo são de outra natureza. Considerada do ponto de vista da relação dos cidadãos com o Estado, a religião adquire um papel muito diferente e deixa de ser tratada apenas sob a perspectiva do indivíduo. No entanto, essa observação, longe de resolver o problema do fenômeno religioso, torna-o ainda mais complexo, como veremos mais à frente.[33]

Os riscos que a posição pessoal de Wolmar faz correr a sua pequena comunidade não diferem daqueles trazidos pelo progresso das ciências e das artes em todos os tempos. Essa é a tese que sustenta o *Primeiro Discurso*. O século de Rousseau sofria os efeitos de um amor desmesurado pelas artes, pelo "bom gosto" e pela filosofia, mas não tinha nada de original na medida em que o mesmo fenômeno podia ser verificado em tempos diferentes em Roma, no Egito e na China.[34] Ao longo da história, poucas civiliza-

---

31 "Toute la théologie que je puis acquérir de moi-même par l'inspection de l'univers, et par le bon usage de mes facultés, se borne à ce que je vous ai ci-devant expliqué." Idem, ibidem, p. 387. Segundo Rousseau, todos os fundamentos da "religião natural" podem ser descobertos pelo simples recurso aos sentimentos e à razão.

32 "Quant au culte extérieur, s'il doit être uniforme pour le bon ordre, c'est purement une affaire de police; il ne faut point de révélation pour cela." Idem, ibidem, p. 385.

33 Rousseau examina nas "Lettres écrites de la Montagne" os efeitos da aplicação de sua concepção de uma religião natural aos povos de seu tempo. Idem, "Lettres écrites de la Montagne", I, pp. 697-700.

34 Idem, "Discours sur les sciences et les arts", pp. 10-1.

ções escaparam, por algum tempo, ao vínculo pernicioso entre o progresso das artes e a corrupção.[35] Por isso, o raro exemplo dos povos que conseguiram evitar o progresso das artes devia ser analisado com atenção.

Para ilustrar sua tese, Rousseau escolhe confrontar duas cidades gregas do mundo antigo: Esparta e Atenas. Esse recurso à Antiguidade não tinha nada de arbitrário, uma vez que correspondia perfeitamente ao imaginário de uma época repleta de referências ao passado, a seus grandes nomes e a seus feitos. Ao mesmo tempo, as ciências nascentes pareciam indicar que os gregos estavam sendo ultrapassados no que dizia respeito a seus conhecimentos sobre a natureza, o que, de alguma forma, abalava o edifício inteiro de sua ciência. O que a Academia de Dijon esperava ao propor a questão era muito provavelmente o confronto entre um passado glorioso e o presente, o qual se anunciava ainda mais glorioso, à luz das muitas conquistas que os últimos séculos haviam trazido para a humanidade. Se levarmos em consideração essas simples observações, podemos medir o impacto das ideias de Rousseau e sua originalidade. Em vez de comparar seu tempo com o passado, ele prefere contrapor duas cidades do passado e, com isso, responder de maneira global a um problema que não parecia caber no quadro dos exemplos clássicos. Sua grande arte está em deslocar o problema e formulá-lo em termos desconcertantes. No lugar de discutir os avanços da ciência, ele evoca a Antiguidade e a virtude como referências principais.

Em busca de um novo olhar sobre seu tempo, seu primeiro movimento é reportar-se a Esparta.[36] Ao opô-la a Atenas, Rousseau

---

35 "Voilà comment le luxe, la dissolution et l'esclavage ont été de tout temps le châtiment des efforts orgueilleux que nous avons faits pour sortir de l'heureuse ignorance où la sagesse éternelle nous avait placés." Idem, ibidem, p. 15.

36 Shklar sugere que Esparta serve como uma "espada" para provocar os contemporâneos de Rousseau. No contexto do *Primeiro Discurso*, essa hipótese nos pa-

ataca o que parecia uma verdade inquestionável — a saber, os méritos de suas artes e de sua filosofia — e elege valores contrários aos que via se desenvolverem como o verdadeiro norte a ser perseguido. Diferentemente do que se espera de um pensador do século XVIII, que tomaria o quadro comparativo entre a cidade antiga e o presente como referência, Rousseau não hesita em dizer que "foi de Atenas que saíram essas obras surpreendentes, que serviram de modelo para as épocas corrompidas".[37] O modelo de cidade mais conhecido da Grécia antiga transforma-se no paradigma para a decadência dos povos. No mesmo tom, o filósofo diz que "as ciências e as artes devem seu nascimento aos nossos vícios".[38] A primeira consequência dessas afirmações é que ele nos convida a sair do quadro de referência tradicional e olhar para os tempos modernos pela ótica da corrupção e não do progresso. A segunda consequência é que Esparta emerge de seu discurso como um objeto muito mais importante do que poderíamos imaginar ao abordarmos o problema do progresso das ciências e das artes sob o ponto de vista dominante na época.

Uma leitura corrente do pensamento de Rousseau toma seu amor por Esparta como um sinal de nostalgia do passado. Sua condenação ao progresso e sua luta contínua contra a filosofia das Luzes seriam o sinal exterior de um desejo intenso de retomar antigas formas de sociabilidade que pareciam completamente ultrapassadas.[39] Essas interpretações fundam-se no fato de que a resposta dada ao problema central do *Primeiro Discurso* comporta um ataque violento a todo o progresso das ciências e à defesa de um ideal de vida totalmente oposto ao que parecia dominar as

---

rece razoável, até porque corresponde aos usos posteriores do modelo espartano. Judith Shklar, *Men and Citizens. A Study of Rousseau's Social Theory*, p. 13.

37 Rousseau, "Discours sur les sciences et les arts", p. 12.

38 Idem, ibidem, p. 17.

39 Idem, ibidem, p. 28.

sociedades mais avançadas, tanto as do presente quanto as do passado. Além disso, suas considerações posteriores sobre o estado de natureza e a repetição de seus elogios aos lacedemônios indicam que Rousseau manteve ao longo da vida o eixo de suas observações contidas no texto que estamos estudando e que, portanto, não há razão para descartar essa referência como uma anomalia ou uma simples singularidade de um escrito.[40]

Se não podemos simplesmente descartar a hipótese de que Rousseau pensa seu tempo pela chave da nostalgia do passado, é preciso esclarecer o sentido desse retorno aos modelos antigos. Em primeiro lugar, cabe observar que quando Rousseau se pronuncia diretamente sobre a imitação dos antigos pelos modernos, ele afirma sem ambiguidade: "Os povos antigos não são mais um modelo para os modernos; eles lhes são por demais estrangeiros com relação a tudo".[41] Assim, a hipótese de que ele pregava uma imitação direta dos costumes espartanos não se sustenta numa leitura atenta de seus textos. Essa observação, no entanto, não resolve nosso problema e nem mesmo oferece uma explicação razoável para a suposta nostalgia do pensador genebrino, uma vez que ele não cessa de apelar para Esparta a cada vez que quer manifestar seu desacordo com as características de seu próprio tempo.

Para prosseguir nossa investigação, é necessário primeiramente deixar de lado alguns elementos que, aos olhos do pensador genebrino, caracterizaram a experiência de Esparta. Desde o Renascimento, a duração da Constituição de Licurgo foi um dos fatos que chamaram a atenção dos pensadores políticos. Curiosamente,

---

40 Para um estudo sobre a persistência da referência a Esparta no pensamento de Rousseau, ver Judith Shklar, op. cit., pp. 12-30.

41 Rousseau, "Lettres écrites de la Montagne", em *Oeuvres complètes*, vol. III, IX, p. 881. Uma análise interessante desse problema encontramos em Jean-Fabien Spitz, *La Liberté politique*, p. 316.

Rousseau confere pouco valor a esse dado e prefere realçar a simplicidade e a rusticidade dos costumes tanto de Esparta quanto de Roma como um dos fatores essenciais da coesão social, que garantia a estabilidade das instituições.[42] Sua preocupação com a simplicidade implica a crítica ao luxo e à vaidade que acompanham os homens de ciências e os poderosos.[43] O progresso das ciências, longe de aumentar a compreensão de nossa natureza, afasta-nos da fonte original de nossos sentimentos, fazendo-nos esquecer das virtudes que permitiram a sobrevivência das cidades antigas mesmo num contexto adverso.

O elogio da simplicidade revela ao leitor uma conexão entre vida política e natureza que é fundamental para a compreensão do pensamento de Rousseau. É possível interpretar esse traço como uma manifestação anacrônica e perigosa, pois, ao supor que os homens são capazes de reproduzir as condições que reinavam em outras épocas e em outros povos, corre-se o risco de produzir verdadeiras catástrofes no presente. Essa será a via seguida por muitos críticos da Revolução Francesa e por aqueles que ligaram o pensador diretamente a ela. Mesmo reconhecendo a plausibilidade dessa leitura, parece-nos que ela não leva em conta a grande complexidade da obra de Rousseau e se contenta em tomar suas afirmações no sentido literal, sem atentar para os níveis de estruturação de seu discurso.

De fato, ele faz o elogio de épocas passadas e da simplicidade, mas em momento algum do *Primeiro Discurso* afirma o desejo de retornar a esses tempos. Ao comentar a diferença entre os homens políticos do presente e os espartanos, ele diz: "Os antigos homens políticos falavam sem parar de costumes e virtudes; os

---

42 Idem, "Discours sur les sciences et les arts", p. 14.
43 Idem, ibidem, pp. 15-9.

nossos só falam de comércio e de dinheiro".[44] Nada indica que ele achasse possível regredir a sociedade a um ponto mais saudável de sua existência. O que ele ressalta é o contraste entre os dois modelos de vida. É verdade que Rousseau critica abertamente aqueles que, como Montesquieu, viam no comércio um fator de estabilidade e de paz, e não um sinal da decadência dos tempos. Nesse sentido, o *Discurso sobre a economia política* dá uma mostra muito clara de como ele pensava a economia ideal como aquela próxima das cidades mais simples e voltadas para as atividades agrárias.[45] Esse aspecto anacrônico de seu pensamento não deve, no entanto, obscurecer sua extrema lucidez quanto aos resultados do processo crescente de acumulação e de desigualdade que imperava nas sociedades europeias. Ao mostrar que a pobreza nunca foi um obstáculo para a grandeza de um povo, ele aponta para aquilo que, a seus olhos, era decisivo para a produção da miséria de boa parte da humanidade.

As dificuldades para compreender o uso do modelo espartano[46] nos textos de Rousseau não devem obscurecer o fato de que o conceito central em sua démarche é a virtude. Isso nos leva a pensar que, para descobrimos o sentido do conceito, devemos prestar atenção principalmente nas instituições, que, em Esparta, estavam associadas ao comportamento de seus habitantes. Afinal, quando é feita a comparação com os políticos que só pensam em dinheiro

44 Idem, ibidem, p. 19.
45 Idem, "Discours sur l'économie politique", em *Oeuvres complètes*, vol. III, pp. 260-78.
46 No contexto da apresentação do *Primeiro Discurso*, preferimos falar de modelo espartano e não de "utopia espartana" como sugere Shklar, pelo simples fato de que Rousseau não sugere em momento algum que possamos desejar efetivamente voltar a viver em cidades como a dos lacedemônios. Isso não significa que o conceito de utopia não seja útil para a compreensão de alguns pontos da filosofia de Rousseau, como veremos depois. Judith Shklar, op. cit, p. 199.

e comércio, o que se ressalta é a preocupação dos antigos com a virtude e com os costumes que a sustentavam. Essa forma de abordar o problema nos conduz a reter a dimensão política da virtude. Assim, virtude seria virtude cívica, e a correta apreensão de seu sentido depende da compreensão das instituições políticas e da maneira como os cidadãos se relacionam com os problemas do Estado.[47] Estamos de volta ao terreno balizado por Montesquieu, mas não podemos negar que a dimensão cívica da virtude no pensamento de Rousseau não possui o mesmo significado estabelecido por seu predecessor e tampouco deixa de levantar dúvidas quanto a seu alcance e seus perigos.

Do mesmo modo, entretanto, que não podemos negar o aspecto anacrônico de algumas crenças de Rousseau, não podemos deixar de lado os riscos de uma virtude que, para ser praticada, depende, em todas as circunstâncias, da submissão da vontade do indivíduo àquela da comunidade. A questão é saber se essa forma de apresentar o problema corresponde à maneira como Rousseau encaminha suas análises. Na *Economia política* ele afirma: "É certo que os maiores prodígios de virtude foram produzidos pelo amor à pátria".[48] Shklar já observou que, para o nosso autor, Esparta e Roma fornecem o paradigma do cidadão cuja vida é inteiramente absorvida pela prática de seus deveres cívicos e cujo sentido é dado pela vida comunitária.[49] O uso intensivo de Plutarco e de seus heróis cívicos mostra que o pensador genebrino esteve ligado a uma tradição que fazia da vida virtuosa do cidadão o ideal a ser perseguido por todos, oferecendo a cada um a possibilidade de desenvolver ao máximo suas qualidades e de encontrar no público a re-

47 Observamos essa tendência de analisar o problema da virtude preferencialmente pela ótica das práticas cívicas em Roger D. Masters, *La Philosophie politique de Rousseau*, p. 435.
48 Rousseau, "Discours sur l'économie politique", p. 255.
49 Judith Shklar, op. cit., pp. 13-4.

compensa por sua devoção. Portanto, não há como negar que, em Rousseau, o tema da virtude traz à baila uma série de problemas e aponta para os riscos de seu pensamento. Dentre eles está o de fazer da submissão total do cidadão ao Estado o modelo de comportamento na esfera pública, o que certamente gera efeitos nefastos. Mas essa é apenas uma das leituras possíveis e, a nosso ver, esconde a grande complexidade da démarche de um autor que esteve longe de ser linear.

Um ponto essencial na constituição do republicanismo cívico renascentista foi justamente a preferência pela vida ativa em detrimento da vida contemplativa — que, por sua vez, constituíra o núcleo da doutrina cristã medieval. Sob o impacto da leitura dos textos de Tito Lívio e de Cícero, em especial do *Tratado dos deveres*, a primeira geração de humanistas, influenciada pela obra pioneira de Petrarca e depois guiada pelo entusiasmo de Salutati, enfrentou o problema de definir um caminho que pudesse manter os vínculos com o cristianismo e, ao mesmo tempo, afirmar os valores apregoados pelos autores romanos — que, nesse caso, só podiam ser plenamente realizados com a dedicação a atividades vinculadas à vida da cidade.[50] Petrarca encontrou grandes dificuldades em abandonar o paradigma agostiniano,[51] hesitando durante toda a vida entre a herança cristã e o apelo à participação nos negócios da cidade, que lhe chegavam pelas páginas de Tito Lívio e Cícero, os quais ele leu e comentou detalhadamente. Com Salutati as coisas começaram a mudar, embora ainda seja visível a dificuldade do chanceler em admitir a tese por ele mesmo defendida segundo a qual a prática da jus-

---

50 Um ótimo estudo desse tema segue sendo o de Hans Baron, *In Search of Florentine Civic Humanism*, vol. I, cap. 6, pp. 134-57.

51 Pétrarque, *La Vie solitaire*, pp. 29-48.

tiça acorda-se muito melhor com o cidadão ativo do que com o sábio contemplativo.[52]

O que devemos assimilar desse movimento em direção à cidade é que, assim como Rousseau, os humanistas descobriram que o espaço público é o lugar ideal para a prática das virtudes. Um escrito como o *Vita civile* [Vida civil], de Matteo Palmieri,[53] representa uma guinada não apenas em relação à contemplação — tal como era entendida pelos medievais —, mas também uma recusa do estoicismo — ou do sábio estoico — como ideal de vida.[54] Rousseau de alguma forma reproduz o movimento de retorno aos antigos num contexto diferente daquele dos renascentistas. À semelhança dos republicanos italianos, ele mostra na *Economia política*[55] que a analogia entre a casa e a cidade é falsa, pois o fundamento das duas esferas não é o mesmo.[56] A esfera política é muito complexa e difícil de ser estabelecida, uma vez que o princípio da autoridade, que deve regê-la, não nos é dado diretamente pela natureza nem comporta uma ordem natural que nos garanta que aqueles que comandam visam realmente ao bem comum em todas as ocasiões.[57] Ao mesmo tempo, é só no interior da cidade que o homem encontra a possibilidade do exercício pleno de sua liberdade e o terreno para a expansão de qualidades que não se acomodam no mundo privado.[58] Nesse sentido, parece-nos que reforçar o apelo à ação e recorrer aos modelos do mundo antigo

52 Hans Baron, *In Search of Florentine Civic Humanism*, p. 144.
53 Matteo Palmieri, *Vita civile*, pp. 61-82 ss.
54 Hans Baron, op. cit., pp. 138-41.
55 Para um estudo específico desse texto, ver Yves Vargas, *Rousseau. Économie política*, 1986.
56 Rousseau, "Discours sur l'économie politique", pp. 241-3.
57 Idem, ibidem, p. 243.
58 Bronislaw Baczko, op. cit., p. 315.

não é algo original nem implica a defesa de uma forma qualquer de autoritarismo.

Porém, no que diz respeito a algumas questões, o pensador genebrino distanciou-se dos republicanos do Renascimento, como, por exemplo, sobre as teorias contratualistas e suas críticas às sociedades comerciais, ou, ainda, sobre a vida religiosa. Já no que se refere à virtude, os pontos de contato são muitos e nos ajudam a compreender que o elogio da vida ativa não significa necessariamente um apelo à submissão total do indivíduo ao Estado.[59] O uso dos modelos antigos, a comparação entre Esparta e Atenas e o elogio do amor à pátria são elementos que ligam Rousseau à tradição republicana, e não, ao contrário, indícios que apontam para a originalidade de sua obra. É no debate com as Luzes e na percepção do lugar do indivíduo nas sociedades modernas que ele encontra o caminho para desenvolver suas teorias mais radicais.

No final do *Primeiro Discurso* ele resume seu percurso inicial fazendo mais uma vez o elogio da virtude e da simplicidade:

> Ó Virtude! Ciência sublime das almas simples, são necessários tantos esforços e recursos para te conhecer? Teus princípios não estão gravados nos corações, e não é suficiente, para aprender tuas Leis, retornar a si mesmo e escutar a voz da consciência no silêncio das paixões?[60]

Esse parágrafo dá uma boa medida da tensão que domina o pensamento de Rousseau e a maneira como elementos opostos são colocados lado a lado, para fornecer uma imagem da realidade

---

59 Autores como Melzer acreditam que a submissão do indivíduo ao Estado pode ser uma das consequências da aplicação dos princípios de Rousseau. Arthur M. Melzer, *Rousseau. La Bonté naturelle de l'homme*, p. 157.
60 Rousseau, "Discours sur les sciences et les arts", p. 30.

que não cede à simplicidade de um olhar unilateral. O início da frase nos resume um dos pontos importantes do texto ao lembrar a conexão íntima entre virtude e simplicidade.[61] Mas no lugar de se fechar em uma concepção passiva da virtude, ele chama a atenção do leitor para o vasto mundo da consciência individual, que se esconde por trás do elogio da vida ativa. Para o republicanismo do Renascimento, o fato de que o homem é um animal político fornecia uma explicação suficiente para a existência de virtudes associadas à sua atividade na cidade. O mundo antigo proporcionava o quadro dessas virtudes e cabia ao pensador discernir em seu tempo a forma de sua aplicação. Em Rousseau, o apelo ao mundo antigo combina-se com a demanda de uma compatibilidade entre a prática de ações no mundo público e os ditames da consciência. O cidadão ativo encontra na arena pública o terreno para exercer sua virtude, inclusive na forma radical da cidadania militar, mas mantém a consciência como o lugar no qual a conformidade de seu eu com suas ações e o sentido das virtudes podem ser descobertos.[62]

As análises anteriores nos conduzem a duas conclusões que guiarão nosso percurso a partir daqui. A primeira delas diz respeito à importância do conceito de virtude no pensamento de Rousseau. Falar do papel da virtude para nosso autor soa quase como um truísmo, uma vez que ele não cansa de mencioná-la em seus mais diversos textos. Se tomarmos como exemplo a *Nova Heloísa*, veremos que seus personagens fazem da virtude o operador central de suas ações e referem-se a ela como a um bem que

---

61 Bronislaw Baczko, op. cit., p. 345.

62 Não concordamos com Shklar quando ela afirma que "the citizen is a man without inner conflicts and he finds it easy to do his duty", pelo simples motivo, lembrado aliás pela própria autora, de que ao modelo da cidade-Estado virtuosa agrega-se sempre o da pequena comunidade, cuja referência não são as mesmas da *polis*. Judith Shklar, op. cit., p. 21.

não é possível não levar em conta ao longo da vida. Da mesma forma, no *Primeiro Discurso*, a crítica ao progresso das ciências é feita em nome da virtude e dos valores associados à simplicidade. No entanto, nada nos autoriza a dar uma definição simples e única da virtude. De um lado, ela apela para a tradição republicana e suas muitas variações. Rousseau mostrou-se um hábil leitor dos clássicos e soube transformá-los em ferramenta poderosa de crítica aos homens políticos de seu tempo. De outro lado, ele abriu para a modernidade o terreno de uma consciência que se explora e é capaz de encontrar seus pontos de referência nesse movimento. A trilha aberta por ele será explorada depois por Kant e por muitos de seus sucessores. O que devemos reter, sobretudo, é que a virtude republicana perseguida por Rousseau contém um campo de investigação muito mais vasto do que aquele aberto inicialmente por Montesquieu e que fornecia uma descrição acurada da realidade sem pretender transformá-la. Em Rousseau, a virtude ganha uma dimensão radical capaz de mudar o olhar tanto dos que se dedicavam a pensar a política quanto dos que faziam do indivíduo a referência primeira das sociedades modernas.

A segunda conclusão nasce da dificuldade de encontrar um sentido único para a virtude no pensamento de Rousseau. Há entre o indivíduo e o cidadão uma tensão que não parece ser inteiramente resolvida senão em momentos muito especiais da história. No *Contrato social*, Rousseau investiga as condições em que esse encontro pode se dar de forma harmoniosa. Fora, porém, dessa configuração ideal, convivem no pensador genebrino dois modelos de vida que, sem ser excludentes, apontam para realidades históricas e sociais bastante distintas. De um lado está a *polis* antiga com suas realizações; de outro, as pequenas comunidades familiares fechadas, que realizam o ideal da autarquia. Nenhum dos dois pode pretender subsumir o outro, pois neles estão igualmente representados princípios essenciais da natureza humana. Para compreender Rousseau, acreditamos que é preciso levar o tempo todo em consideração os dois modelos de vida e assumir a tensão que eles comportam como um dado da condição humana, o qual não pode ser abolido, sob pena de se abrirem as portas para as experiências terríveis de supressão total da liberdade que conhecemos no século XX. A riqueza do pensamento de nosso autor está justamente no fato de que ele mantém a tensão em seus escritos, mesmo sabendo que, com isso, seu sistema filosófico convive com uma indeterminação que provoca equívocos de interpretação, os quais marcaram a recepção de sua obra ainda quando ele estava vivo.

GENEBRA E CLARENS

Para entender os caminhos tortuosos da filosofia de Rousseau, é necessário prestar atenção às muitas veredas pelas quais ele transitou ao longo de uma vida atormentada e rica. Isolar um de seus escritos e tentar descobrir como o pensador participou do movimento de formação do republicanismo francês pode nos conduzir a resultados disparatados e contraditórios. Aceitando que a obra do filósofo de Genebra foi o lugar de encontro entre os muitos sonhos de liberdade que povoavam sua época, e, ainda, o ponto de convergência dos muitos paradoxos que surgiram na rota em direção à democracia moderna, vale a pena pesquisar seus caminhos analisando os modelos de comunidade que, em momentos diferentes de sua existência, capturaram sua atenção. Vamos tentar compreender alguns traços do pensamento de Rousseau tomando como referência dois tipos de vida nos quais o cidadão e o indivíduo encontram o terreno para o exercício das virtudes associadas à sua condição. Deixando de lado Esparta, concentraremos nossa atenção em Genebra e no domínio de Clarens, a propriedade do casal Wolmar na *Nova*

Heloísa. Antes de abordar os textos que nos ajudam em nossa tarefa, algumas questões devem ser delimitadas.

De início, um ponto a ser observado é que o estudo dos dois modelos parte da distinção entre virtude cívica e virtude moral.[63] A primeira concerne à relação do homem com a cidade e tem na liberdade política a condição para sua efetivação. A segunda diz respeito à relação do homem consigo mesmo e depende da liberdade de consciência para se realizar. Rousseau nunca disse que as duas formas de virtude fossem incompatíveis ou excludentes, mas foi consciente de que não podiam ser fundidas uma à outra, sem, com isso, perder a complexidade do problema. O ideal de um Estado no qual o indivíduo perde sua identidade para se integrar inteiramente ao corpo do cidadão é irrealizável pelo simples fato de que a natureza humana constitui uma barreira ao abandono total tanto dos desejos quanto dos interesses de cada um.[64] Como ele afirma no começo do *Contrato social*, o desafio é pensar a política "tomando os homens tais como eles são e as leis tais como deveriam ser".[65] Isso não quer dizer que os indivíduos não possam conjugar o exercício dos dois tipos de virtude. Ao pensar política e moral juntas, Rousseau dá vazão a esse ideal sem anular a tensão entre as duas esferas. Para ele, um cidadão virtuoso e que seja capaz de agir corretamente na esfera da casa é o exemplo a ser perseguido. Mas a observação que o genebrino faz dos homens demonstra que muitas vezes o refúgio na esfera privada é menos o fruto da decisão do agente e mais o resultado das condições políticas reinantes. Em cidades corrompidas não há lugar para a liberdade política, mas a consciência permanece

---

63 Viroli notou com muita acuidade o papel que essa distinção tem no pensamento de Rousseau. Mauricio Viroli, *La Théorie de la société bien ordonée chez Jean-Jacques Rousseau*, p. 127.

64 Bronislaw Baczko, op. cit., p. 365.

65 Rousseau, "Du Contrat social", em *Oeuvres Complètes*, vol. III, p. 351.

livre. Nesse caso, a fusão das duas formas de virtude é simplesmente uma impossibilidade.

O outro ponto que deve ser esclarecido concerne ao uso dos modelos de comunidade como ideais a serem buscados. Como já mostrou Baczko,[66] há no pensamento de Rousseau vários elementos que o aproximam dos pensadores utópicos: seu ideal de pequenas comunidades fechadas e autorreguladas, seu desejo de estabilidade, os projetos de legislação que ele elabora e que se destinam a organizar a vida social de maneira definitiva, a vontade de mudar os homens para que possam realizar plenamente suas potencialidades. Tais traços levam muitos intérpretes a afirmar que Rousseau elabora uma utopia que tende a servir de guia, como uma ideia reguladora;[67] já outros dizem que algumas vezes ele se serve do passado para projetar o futuro.[68]

A nosso ver, há efetivamente no sistema de Rousseau uma dimensão utópica que aparece em muitos de seus textos, tanto nos políticos quanto nos literários. Nesse sentido, o uso de modelos como o de Genebra e o do domínio de Clarens inscreve-se na lógica da idealização de sociedades que alcançaram uma perfeição que, aos homens de seu tempo, parecia possível apenas nas cidades antigas. Todo o problema reside em saber o significado e o lugar que o ideal ocupa no pensamento do autor. Em Montesquieu, a virtude se confunde com o princípio do governo republicano e, como tal, fornece o ideal de sua realização. Em Rousseau, a virtude se converte num ideal cujo alcance é muito

---

66 Bronislaw Baczko, op. cit., p. 381.

67 "La démarche de Rousseau est sans aucun doute possible une utopie si l'on entend par là qu'elle n'existe et qu'elle ne peut exister nulle part, mais elle fournit du moins une idée régulatrice, une pierre de touche des évolutions présentes et à venir." Jean-Fabien Spitz, *La Liberté politique*, p. 426.

68 Shklar fala de uma "utopia espartana" para pensar as referências constantes de Rousseau à cidade antiga. Judith Shklar, op. cit., p. 199.

mais vasto do que o da organização das cidades. Há nele uma confluência entre o ideal de uma sociedade virtuosa e o ideal de comunidades restritas virtuosas e até mesmo de indivíduos virtuosos, conferindo assim um sentido inusitado às suas ideias. Para ser válido, o ideal deve abarcar a totalidade da experiência humana e não apenas o terreno da organização institucional — o que, aliás, interessava a Montesquieu, para quem a natureza humana era a base imutável sobre a qual a atividade política se desenvolvia. Em Rousseau, a natureza humana também é o fundo sobre o qual a política se desenrola, mas ela foi alterada pelo desenvolvimento da história.[69] Não há razão para pensar um ideal republicano que não afete ao mesmo tempo a condição humana. Uma vez perdida a simplicidade inicial da vida isolada, o indivíduo tem de lutar para encontrar o espaço de realização de sua liberdade e tornar-se virtuoso.

A consideração sobre o papel do ideal no pensamento de Rousseau e sobre os aspectos utópicos de suas análises não pode, no entanto, deixar de lado o pessimismo que é latente em toda a sua obra. Se de fato ele aponta para os caminhos tanto políticos quanto individuais que gostaria de ver trilhados pelos homens de seu tempo, esse desejo é acompanhado pela consciência da corrupção, que domina sua época, e pela certeza de que o processo histórico, uma vez iniciado, não pode ser detido. Essa observação permite-nos compreender que a consideração da utopia em sua filosofia só faz sentido se deixarmos de lado a dimensão ingênua e irrealista de muitos projetos utópicos da modernidade. Só assim poderemos reter a dimensão crítica de suas análises.

69 Para um estudo da relação entre antropologia e política, o grande clássico segue sendo Victor Goldschmidt, *Antropologie et Politique. Les principes du système de Rousseau*. Para o tema da felicidade e da virtude, ver Paul Audi, *Rousseau. Éthique et Passion*, pp. 305-46.

Como propôs Baczko, a combinação perfeita para entender Rousseau está entre utopia e revolta.[70] A cada vez que ele propõe um modelo ideal, uma realidade muito precisa é visada — e é objeto de uma crítica feroz. É com essa ferramenta que nos propomos a estudar os dois modelos de comunidade.

Genebra é uma referência constante na obra de nosso autor, mas é na dedicatória do *Discurso sobre a origem e os fundamentos da desigualdade entre os homens*[71] que sua idealização encontra a expressão mais clara. Os termos do elogio de sua cidade guiam os olhos do leitor. Rousseau afirma que "ao procurar as melhores máximas que o bom senso pode ditar sobre a constituição de um governo, foi tocado de ver executadas todas"[72] em Genebra. Essa afirmação não deixa dúvidas de que estamos diante de um ideal, pois em momento nenhum o cidadão genebrino se preocupa em sustentar suas asserções através de considerações sobre a história recente da cidade, como será o caso nas *Cartas escritas da Montanha*. Além do mais, ele enuncia seu desejo sempre no condicional, embora pretenda estar falando de sua cidade. Sua meta é a de compreender o nascimento da desigualdade entre os homens e, para isso, nada é mais proveitoso do que observar o equilíbrio conseguido entre "a ordem pública e a felicidade dos particulares".[73]

O primeiro elemento do ideal de Rousseau é a extensão limitada da cidade. Esse desejo de que todos possam se conhecer e de que as virtudes e os defeitos possam ser expostos aos olhos do público combina a aspiração à transparência das relações políticas com a dúvida quanto à possibilidade de que a virtude possa se

---

70 Bronislaw Baczko, op. cit., p. 293.

71 Rousseau, "Discours sur l'origine et les fondements de l'inégalité parmi les hommes", em *Oeuvres complètes*, vol. III, pp. 111-223. A partir daqui, por comodidade, nomearemos esse escrito no corpo do texto apenas como *Segundo Discurso*.

72 Idem, ibidem, p. 111.

73 Idem, ibidem, p. 111.

desenvolver em grandes comunidades, onde o exercício da cidadania implica um jogo demasiadamente complicado entre os participantes. Posta essa condição inicial, Rousseau passa a enumerar os pontos principais de seu ideal. No que toca à forma de governo, ele afirma que "desejaria nascer sob um governo democrático, sabiamente temperado", no qual o soberano e o povo seriam uma coisa só.[74] A temperança do governo democrático aparece como uma qualidade essencial para evitar as aberrações de Roma, que excluía seus chefes das deliberações sobre a salvação do Estado.[75] Essa observação permite-nos compreender que a democracia desejada por Rousseau herda dos antigos alguns dos preconceitos contra a participação direta do povo nos negócios ligados à administração da coisa pública e à justiça.[76] Esse ponto é essencial porque fornece uma chave para a compreensão da separação entre a esfera da soberania, território do povo, e a esfera do governo, território de uma aristocracia capaz de governar. Ora, ao se ligar ao que foi um preconceito de muitos pensadores da Antiguidade, Rousseau limita o alcance de suas teorias, mas escapa da acusação de que propunha um ideal irrealizável de governo.[77] Ao contrário, seu anacronismo vai de par com o realismo de suas posições, que tendem a não exigir do elemento popular mais do que lhe parece razoável. O aspecto conservador do pensamento de Rousseau é seu tributo à consciência de que o passar dos séculos apenas afasta os homens de sua natureza original, sem contribuir

74 Idem, ibidem, p. 112.
75 Idem, ibidem, p. 114.
76 "Mais j'aurais choisi celle où les particuliers se contentent de donner la sanction aux Loix, et de décider en Corps et sur le rapport des chefs, les plus importantes affaires publiques, établiraient des tribunaux respectés, en distingueraient avec soin les divers départemens." Idem, ibidem, p. 114.
77 Mauricio Viroli, op. cit., p. 148. Rousseau, *Julie ou La Nouvelle Héloïse*, v, ii, pp. 404-5.

efetivamente para seu progresso moral ou para o aumento de suas capacidades. Nesse contexto, a arte de governar é sempre um bem escasso aos olhos do pensador genebrino e não se beneficia de forma alguma com o desenrolar da história. Isso não quer dizer que ele deseje um governo com chefes saídos de uma aristocracia autonomeada. A liberdade se mede pelo respeito às leis, e estas, por sua vez, devem ser feitas pelo povo soberano.[78]

A prova de que a estabilidade das instituições é ao mesmo tempo um bem desejado e algo difícil de ser obtido é que Rousseau declara querer "por pátria uma república feliz e tranquila, cuja antiguidade se perdeu de alguma forma na noite dos tempos".[79] A criação de uma forma republicana de governo é algo tão raro que, uma vez realizada, só podemos querer preservá-la dos ataques do tempo. Novamente, o medo da corrupção trazida pelo passar do tempo orienta a reflexão de nosso autor. Nesse sentido, ele aponta a vontade de conquista de muitas cidades como um mal que atinge diretamente sua estabilidade. Nesse ponto, ao contrário de Maquiavel, ele escolhe como modelo as repúblicas que, como Esparta, não se expandiram, em oposição àquelas que, como Roma, fizeram da conquista de novos territórios o mecanismo de sua destruição. O verdadeiro objetivo de Rousseau, no entanto, não é tanto criar um mito de repúblicas amparadas contra a passagem do tempo, e sim alertar contra a tendência dos corpos políticos de adotarem mudanças que semeiem a destruição de suas bases. Se pensarmos no desrespeito constante da Constituição de Genebra por parte de sua aristocracia, o ideal de Rousseau mostra sua força de crítica e revolta.

Os tópicos expostos mostram a coerência do ideal rousseau-

78 Idem, "Discours sur l'origine et les fondements de l'inégalité parmi les hommes", p. 112.
79 Idem, ibidem, p. 113.

niano de uma pequena república, suas articulações e suas ligações com os exemplos da Antiguidade. Erraríamos, entretanto, se considerássemos que Rousseau dá a seus leitores os elementos centrais de sua teoria republicana ao oferecer os detalhes de seu sonho. Ao mostrar seu ideal, ele nada mais faz do que abrir as portas para um duplo movimento de aproximação com a tradição republicana, o que não podia ser efetuado sem que os pontos de contato com o passado tivessem sido explicitados. A fim de compreender a enorme contribuição de Rousseau para o republicanismo francês, importa não perder de vista que se trata de um passo inicial — um passo que, sozinho, nos diz muito pouco da verdadeira intenção do autor. Para medirmos o alcance de sua exposição, é preciso relacioná-la, primeiramente, com o conteúdo das *Cartas escritas da Montanha*, onde a percepção da realidade histórica de sua pátria e das verdadeiras dificuldades para se construir uma república nos moldes por ele desejados é mostrada com cores que contrastam com o tom vivo da dedicatória. O realismo das *Cartas* é uma ferramenta eficaz para o desvendamento do sentido de sua utopia. O outro ponto a ser observado é que a teoria republicana de Rousseau encontra no *Contrato social* sua expressão acabada e só com uma análise dos conceitos nele debatidos somos capazes de apreender o sentido de suas grandes articulações.

Procederemos ao estudo do *Contrato social* em nosso próximo capítulo. Por enquanto, dedicar-nos-emos a mostrar como a visão realista da política defendida por nosso autor em vários de seus textos contribui para o desenvolvimento do republicanismo moderno. O tom da dedicatória do *Segundo Discurso* pode induzir o leitor a acreditar na tese de que a utopia é a forma central do pensamento de Rousseau. As expectativas enunciadas e os elogios pronunciados são tão elevados que é difícil imaginar uma experiência política mais feliz do que aquela de Genebra. O retrato de sua cidade natal ganha ainda mais cores quando, falando do papel das mulheres na cidade, ele afirma: "É assim que as mulheres comandavam em Esparta; é assim que vocês merecem comandar em Genebra".[80] A aproximação com o modelo da *polis* antiga, venerado entre todos, não deixa dúvida quanto ao lugar que o mito de Genebra ocupa na estrutura de pensamento de Rousseau.

Contudo, a leitura de suas *Cartas escritas da Montanha* desmantela a ideia de que Rousseau cede ao fascínio da utopia e se perde em sonhos. O pensador de Genebra idealiza sua cidade para apontar os limites de sua concepção da política; ele a critica vigorosamente nas três últimas cartas para demonstrar seu conhecimento profundo do estado real da vida política em seu tempo. Entre a utopia e a idealização do passado interpõe-se um pensador realista, que não descura de nenhum dos aspectos fundamentais da conturbada existência política de Genebra.

Assim, contrariamente ao que deixavam entender os elogios da *Dedicatória*, o que avulta nas *Cartas* é a consciência de que o processo de corrupção ganhara a cidade e trabalhava para destruir a Constituição, a qual havia garantido por alguns anos a ordenação das instituições e a igualdade entre os cidadãos. Aos que continuavam a ver a cidade com as lentes do passado, Rousseau adverte: "Explora-se com erudição na obscuridade dos séculos, passeia-se com fausto nos povos da Antiguidade. Apresentam-se sucessivamente Atenas, Esparta, Roma, Cartago; joga-se nos olhos a areia da Líbia para impedir-vos de ver o que se passa sob vossos olhos".[81] Desaparecem os belos traços de uma Constituição ideal para emergir o processo real de disputa pelo poder. Genebra continua sendo a mais sábia e livre república de seu tempo, se considerada do ponto de vista da natureza de suas instituições primiti-

80 Idem, ibidem, p. 119.
81 Idem, *Lettres écrites de la Montagne*, IX, p. 871.

vas, mas a "mais serva" se olhada pela ótica do estado real de sua vida política.[82]

A corrupção das instituições genebrinas não ocorreu por meio de um ato revoltante e explícito, mas por um processo subterrâneo de mudanças que, deslocando progressivamente o eixo da república em favor de seus membros mais poderosos, acabou por abalar toda a estrutura republicana.[83] Porém, ao contrário do que poderíamos acreditar, o atentado à liberdade não aparece aos povos imediatamente como tal. Se não há bem maior na terra do que a liberdade, a consciência de que as mudanças institucionais são perigosas para sua conservação só surge quando o processo de sua destruição está avançado. O mais grave é que, em geral, não são percebidas por si mesmas, mas pelo fato de que os interesses pecuniários foram atingidos.[84]

Conservar um regime sadio é tão difícil quanto erigi-lo. Para Rousseau, "a Constituição democrática é certamente a obra-prima da arte política, mas quanto mais seu mecanismo é admirável, menos os olhos de todos conseguem compreendê-lo".[85] Os fundamentos da liberdade e da soberania do povo são passíveis de ser ensinados para todos, mas dificilmente mobilizam a atenção dos cidadãos ocupados em garantir a sobrevivência e obter satisfação para seus interesses particulares. Os políticos habilidosos servem-se de todos os meios para aumentar seu poder e não se detêm diante de nada para assegurar a realização de suas vontades particulares às expensas das instituições mais fundamentais para a ga-

---

82 Idem, ibidem, VII, p. 813.

83 "Voilà, Monsieur, la politique de vos Magistrats. Ils font leurs innovations peu--à-peu, lentement, sans que personne en voye la conséquence." Idem, ibidem, VII, pp. 819-20.

84 "Par tout pays le peuple ne s'apperçoit qu'on attente à sa liberté que lorsqu'on attente à sa bourse." Idem, ibidem, VII, p. 821.

85 Idem, ibidem, VIII, p. 838.

rantia da liberdade e da igualdade da cidade. Em Genebra, cidade louvada na *Dedicatória*,[86] todo um cortejo de qualidades, que seria o esteio de uma forma política elevada, desaparece no jogo dos interesses e de conquista do poder. Longe dos elogios rasgados aos magistrados de sua terra natal, Rousseau constata que a realidade da vida política de seu tempo, mesmo lá onde menos se esperaria, está longe do ideal que o encanta. Genebra é a prova viva do poder da corrupção e não o modelo de uma felicidade terrena alcançada.

As *Cartas escritas da Montanha* oferecem ao leitor um exemplo da combinação entre um modelo de cidade republicana, tomado em seu aspecto ideal, e as críticas a uma vida política degradada, a partir de uma teoria republicana baseada na estrutura conceitual do *Contrato social* e das outras obras teóricas de Rousseau. Elas nos permitem constatar o que já havíamos afirmado antes, a saber, que o recurso à utopia em Rousseau é uma ferramenta que permite ao leitor medir a distância entre as potencialidades da natureza humana e sua condição atual. Mas essa perspectiva não desvela toda a complexidade da filosofia de nosso autor. A crítica à sua época vai de par com a consciência de que os homens são a um só tempo prisioneiros de sua natureza e da relação que têm com a história, a qual os afasta continuamente de suas qualidades primeiras. A corrupção inevitável das instituições é o pano de fundo sobre o qual todas as formas políticas evoluem. Deixá-la de lado implica perder-se nas brumas de um ideal que, por si só, não é capaz de frear a marcha inexorável da história.

No terreno das instituições ideais, uma outra polaridade comanda os desenvolvimentos de seus argumentos. Assim como o cidadão tem no indivíduo solitário o contraponto de sua qualidade de membro de um Estado, que reclama seu pleno devotamento à causa pública, o ideal da pequena república encontra na pequena

---

86 Idem, ibidem, VIII, p. 863.

comunidade rural e doméstica o polo complementar de suas possibilidades. Para estudar esse ideal, o melhor exemplo é o da comunidade da família Wolmar na *Nova Heloísa*.[87]

Ao lado da história de amor e dos complexos jogos sentimentais, Rousseau nos dá, nesse que é um de seus livros mais conhecidos,[88] uma descrição detalhada do funcionamento de uma comunidade autárquica, capaz de devolver ao homem a plena posse de seus sentimentos e do uso da razão. O retrato de Clarens é tanto mais convincente que suas características principais não são absurdas e parecem estar ao alcance de todos. Essa impressão se desfaz, no entanto, quando nos damos conta dos verdadeiros desafios escondidos na manutenção de um domínio cuja ambição ultrapassa o da simples eficiência na ordenação dos negócios domésticos.

O grande tema da *Nova Heloísa* é o da virtude e dos meios para alcançá-la. Julie, em uma de suas últimas cartas a Saint-Preux, declara: "Eu amei a virtude desde minha infância e cultivei sempre a razão".[89] Os dois eixos da vida de Julie são também aqueles do livro, que parecem girar de forma quase obsessiva em torno das dificuldades para se seguir um caminho virtuoso e sobre as diversas configurações sociais que impedem o retorno dos homens à transparência da condição original.[90] Diferentemente de outras obras, nesse romance Rousseau investe na busca dos caminhos si-

87 Para uma análise interessante de Clarens, ver Bronislaw Baczko, op. cit., pp. 350-63.

88 Sobre a recepção de suas obras antes da Revolução, ver Raymond Trousson, *Rousseau et sa fortune littéraire*, pp. 36-68.

89 Rousseau, *Julie ou La Nouvelle Héloïse*, VI, VIII, p. 527.

90 Não há como falar dessa questão sem assinalar a contribuição definitiva de Starobinski para a elucidação das grandes articulações do problema da transparência perdida na passagem da natureza para a história e de sua sobrevivência como ideal na obra de Rousseau. Jean Starobinski, *Jean-Jacques Rousseau. La transparence et l'obstacle*.

nuosos que deveriam conduzir o homem a ele mesmo. Não se trata, *a priori*, de isolá-lo de seu meio, ou de esquecer o convívio com os outros, mas de esclarecer a natureza dos obstáculos que impedem a realização de um ideal que, à primeira vista, depende apenas de um movimento da vontade para se realizar.[91] Ainda no começo de sua história amorosa, Julie exorta Saint-Preux a observar o caráter íntimo da busca de uma vida virtuosa: "Se você ama sinceramente a virtude, aprenda a servi-la à sua moda e não à moda dos homens".[92] Com isso, ela afasta a ideia de que existam fórmulas capazes de nos fazer respeitar a virtude para além do fórum interior no qual têm seu meio de existência. Essa afirmação ganha todo o seu significado se lembrarmos que o século XVIII foi o século das máscaras e das convenções sociais. As sociedades de corte transformavam tudo em regras de comportamento. Pouco importava o que os homens sentiam, desde que soubessem se comportar e divertir os outros. O mundo complexo da interioridade era visto quase como uma barreira ao bom convívio entre os homens, que deveriam saber se desvencilhar de seus tumultos interiores para aprender o jogo das conveniências sociais, suas hierarquias e seu modo de funcionamento.

Rousseau foi um crítico feroz dessa sociedade das máscaras e dos jogos de palavras.[93] Para ele, o verdadeiro obstáculo que o homem encontra ao buscar a virtude é justamente a sociedade, a qual se distanciou de tal maneira da natureza que os homens não sabem mais reconhecer seus traços originais. Nas muitas vezes em que os personagens esbarram em seus condicionamentos históricos, é o apelo à natureza que exprime o desejo de encontrar o ca-

---

91 Conservamos aqui voluntariamente a terminologia de Starobinski, que nos parece a melhor para compreender o projeto de Rousseau.

92 Rousseau, *Julie ou La Nouvelle Héloïse*, I, LVII, p. 104.

93 Referindo-se à sua primeira visita a Paris, Saint-Preux afirma: "Até aqui vi muitas máscaras; quando verei visagens humanas?". Idem, ibidem, II, XIV, p. 167.

minho para a virtude: "Natureza, ó doce natureza — exclama Julie —, retoma todos os teus direitos; eu abjuro as bárbaras virtudes que te aniquilam. Os pendores que me deste serão mais enganadores que uma razão que tantas vezes me perdeu?".[94] A dúvida persistente quanto à possibilidade de levarmos uma vida virtuosa vai de par com a consciência de que o passar dos tempos distanciou-nos da fonte original e erigiu obstáculos até mesmo ao conhecimento de nosso próprio eu. Por isso, a busca da virtude é tudo, menos o desejo de se conformar às regras do bom comportamento social. O ideal de Rousseau é o homem sem máscaras.

Esse ideal se exprime pelo constante apelo à sinceridade.[95] O imperativo moral por excelência é, pois, o da transparência dos atos e dos pensamentos. O desejo de um homem de "coração sensível" será o de que suas ações possam ver vistas e compreendidas sem que, para isso, tenha de utilizar artifícios e desvios, os quais só servem para alimentar vícios e distanciar ainda mais o homem de sua natureza primitiva. O ponto fundamental do enunciado dos fundamentos da verdadeira moralidade é que ele revela o caráter necessariamente intersubjetivo do ato moral.

Encontramos um exemplo interessante de como Rousseau pensava o combate pela virtude e sua relação com seu tempo na descrição da visita de um de seus personagens na *Nova Heloísa* — Saint-Preux — aos habitantes do Haut-Valais. Esse lugar é uma alta montanha que, por suas características geográficas especiais, contribui para manter os moradores afastados dos costumes vigentes nos vales, que são locais de passagem e de comércio contínuo com todas as sociedades.[96] Simplicidade, generosidade, ausência de circulação monetária e hospitalidade fazem das montanhas do Valais

94 Idem, ibidem, III, XV, p. 246.
95 Idem, ibidem, IV, VI, p. 317.
96 Idem, ibidem, I, XXIII, pp. 46-8.

o lugar de equilíbrio entre o ideal da casa e a república. O marco principal dessa experiência é justamente a coincidência da virtude moral com a virtude cívica: "a mesma liberdade reina nas casas e na república e a família é a imagem do Estado".[97] Poderíamos dizer que o Haut-Valais representa a síntese entre os dois ideais de Rousseau, combinando a esfera pública e a esfera privada. Mas quão frágil é o equilíbrio conseguido! Longe do mundo, protegidos pelas montanhas e pelo pouco interesse que despertam no estrangeiro, os habitantes desse lugar simples podem conservar seus costumes e seu modo de vida. Entretanto, basta que, por uma razão qualquer, o mundo venha a se interessar por eles, e a corrupção logo se introduz em seu cotidiano.

O próprio Saint-Preux, personagem atormentado pela vontade de ser fiel à sua consciência, não pôde continuar morando nas montanhas que tanto admirou, pois a realização de seu desejo e os impulsos de sua vida interior obrigam-no a voltar ao vale e partir em busca de seus sonhos. Os personagens da *Nova Heloísa* não se cansam de fazer uma verdadeira exploração de seus sentimentos e ações, a tal ponto que o leitor moderno se sente incomodado com as repetições e retornos aos mesmos problemas. Rousseau, no entanto, parece estar consciente da necessidade de repetir os caminhos da busca de uma vida virtuosa, pois, perdida a transparência inicial, o homem não pode mais se reencontrar sem esbarrar na dúvida quanto à natureza do que sente e deseja fazer.

Contrariamente ao que alguns pensadores utópicos farão no século XIX, atribuindo à organização social a capacidade de devolver aos homens a inocência original, o pensador genebrino expõe com maestria o confronto contínuo ao qual estão submetidos aqueles que desejam alcançar uma vida virtuosa. A vontade é cer-

---

97 Idem, ibidem, I, XXIII, p. 47.

tamente a maior arma na luta pela sinceridade e pela transparência originais, mas ela pode muito pouco diante dos obstáculos erigidos pelos desejos, pelos interesses e pelas condições sociais.[98] Julie e seu amante talvez pudessem descobrir no Haut-Valais um idílio para seus amores. A busca pela virtude e o amor encontrariam nesse reino de simplicidade o lugar ideal para sua realização.[99] Mas o homem não consegue escapar inteiramente de seu destino e de sua história e por isso, se quiser descobrir um caminho que pelo menos o afaste das mazelas da civilização, deve enfrentar obstáculos muito maiores que o da escolha de uma montanha.

O ideal de uma vida protegida do mundo é muito mais exigente do que poderíamos acreditar. O Haut-Valais representa uma indicação preciosa do que pode ser a vida dos homens, mas devem-se encontrar os meios para que ele deixe de ser uma exceção produzida pelo acaso para se transformar no produto da pura vontade. Ora, Rousseau sabe que não se pode exigir demais dos homens quando eles estão submetidos às condições históricas de sua época. Por isso, o ideal da vida doméstica deve ser construído por meio de um trabalho contínuo tanto interior quanto materializado em ações virtuosas.

O ideal doméstico de Rousseau não tem nada de extraordinário, mas reflete as dificuldades que enxerga para a realização de uma vida simples e verdadeira. Para compreender o apelo de uma vida destituída de artifícios, é necessário lembrar as condições reinantes nas cidades europeias. Do ponto de vista social, Rousseau afasta a ideia de um igualitarismo radical para apostar na força de relações tecidas por valores guiados pelo ideal da

---

98 Utilizamos aqui a terminologia de Starobinski, que nos parece a mais adequada para expressar a luta travada pelo homem para reencontrar sua natureza original.

99 Rousseau, *Julie ou La Nouvelle Héloïse*, I, XXIII, p. 49.

transparência. A antecipação do Romantismo, encontrada em Rousseau por muitos intérpretes, tem na comunidade de Clarens — com sua vida simples, a preferência pela natureza e por suas belezas, em detrimento das construções sofisticadas de cidades como Paris e dos costumes dissolutos das cortes — um ponto de referência importante. Esse retrato se completa com a descrição do jardim construído por Julie, o Eliseu.[100] Nele, a mão do homem contribui para manter a natureza em seu estado primeiro. A aparência de equilíbrio e perfeição é conseguida pela intervenção astuciosa de um jardineiro, que sabe que o acesso à ordem primitiva pelo homem é fruto do artifício e não do puro abandono às sensações e aos desenvolvimentos espontâneos do mundo exterior. Esse lugar especial serve como quadro adequado para a meditação e promete ao visitante o repouso que a condição humana nega-lhe na vida cotidiana.[101]

Genebra e Clarens são ideais contrapostos da busca de um equilíbrio sempre instável e precário.[102] Querer resumir o pensamento de Rousseau indicando sua preferência por uma república espartana ou por uma comunidade doméstica fechada corresponde a perder a riqueza de um olhar que, no desejo por um mundo melhor, nunca perde de vista os efeitos terríveis da corrupção sobre a vida dos homens. É claro que os dois modelos são importantes para nosso autor e não podemos desprezar a influência que tiveram sobre a posteridade. Mas não devemos tomá-los isoladamente e ignorar a tensão que os habita e o fato de que o pessimismo de Rousseau nunca o deixou afastar-se inteiramente das para-

---

100 Idem, ibidem, IV, XI, pp. 361-5.

101 "Je m'étais promis une rêverie agréable; j'ai rêvé plus agréablement que je ne m'y étais attendu. J'ai passé dans l'Elysée deux heures auxquelles je ne préfère aucun temps de ma vie." Idem, ibidem, IV, XI, pp. 365-6.

102 Referência à ideia de "gravidade" do pensamento de Rousseau feita por Alain Gosrichard.

gens do realismo político para mergulhar nas terras brumosas da pura utopia. É na tensão e no equilíbrio precário que reside o núcleo da filosofia política de Rousseau e não em seus extremos ideais.

NATUREZA E POLÍTICA

Rousseau ainda estava vivo e o debate sobre a relação entre natureza e história em sua obra já era dominado por posições extremas e antagônicas. É verdade que a preocupação quanto ao papel da natureza na concepção da vida política estava presente na obra de quase todos os contratualistas e também na de seus críticos, que se serviam da ideia de direito natural ou de natureza original do homem para criticar o caráter pouco realista de suas concepções e suas fragilidades teóricas. Em Rousseau as coisas eram muito mais radicais. Isso se dava pelo fato de que os ideais de transparência e de sinceridade, comumente a ele associados, pareciam indicar o homem natural como o modelo por excelência da humanidade. A nosso ver, essa interpretação está longe de ser verdadeira, mas não podemos simplesmente deixá-la de lado se quisermos entender a complexidade e a riqueza do pensamento do genebrino e a contribuição fundamental que ele deu para o desenvolvimento do republicanismo na França e na Europa. Por isso, para seguirmos em frente em nosso projeto, não há como escapar desse debate.

Para tratar a questão, uma estratégia comum entre os intérpretes é acompanhar o desenvolvimento do *Segundo Discurso* e mostrar suas conexões com os temas do *Contrato social*.[103] Ainda

---

103 Esse é, por exemplo, o caminho seguido por Goldschmidt em seu clássico livro já citado anteriormente. É também o caminho de Masters, Melzer, Goyard-Fabre e muitos outros.

que esse caminho tenha se mostrado fecundo, ele não é o único e nem necessariamente o mais fértil. Embora não nos pareça necessário realizar um estudo exaustivo de todas as passagens nas quais o problema aparece, vale a pena lembrar alguns tópicos que, dentre outros textos, estão presentes no segundo capítulo da primeira versão do *Contrato social*.

Nosso ponto de partida é o fato, afirmado por alguns, de que o homem poderia hipoteticamente permanecer em seu estado natural, pois possui as faculdades necessárias para sobreviver. Nesse sentido, a história é contingente, na medida em que não nos obriga a criar formas de agregação com os outros membros da espécie. Uma vez perdida essa condição natural — que serve muito mais como um marco regulador do que como um elemento real capaz de aumentar nossa compreensão sobre os estados primitivos do homem —, a natureza perde seu caráter absoluto para dar lugar à história. A filosofia política pode se valer da hipótese de um estado de natureza primitivo como instrumento para pensar os passos de fundação de nossa sociabilidade, mas seu verdadeiro objeto nasce apenas quando a inocência inicial já se perdeu.

De maneira simplificada, podemos dizer que o objetivo de Rousseau é expor as dificuldades e as soluções possíveis para a situação criada pela introdução da figura da intersubjetividade e, consequentemente, da história na vida dos homens. Para ele, "a sociedade geral, tal como ela pode ser engendrada por nossas necessidades mútuas, não oferece assistência eficaz ao homem que se tornou miserável".[104] Ou seja, diante do fato de que, uma vez iniciada, a passagem da natureza para o mundo da intersubjetividade não pode ser detida, é preciso pensar o que pode ser feito para minorar a "miséria" resultante desse movimento. Para isso, é necessário levar em conta tanto as condições naturais dos homens

104 Idem, ibidem, p. 282.

quanto as possibilidades derivadas de sua capacidade de se aperfeiçoarem.[105] De modo geral, essa é apenas uma forma de apresentar o tema da fundação dos corpos políticos presente em toda a tradição republicana e nos pensadores contratualistas do século XVIII com os quais Rousseau dialoga. O importante é notar as diferenças que o separam desses dois grupos de pensadores.

Na tradição republicana, para pensadores como Maquiavel e para toda a Antiguidade, a questão da condição política do homem não se colocava. O homem, animal político, deveria buscar a melhor maneira de viver com seus semelhantes, mas não precisaria se preocupar com a fonte desse impulso, que lhe é inato. Rousseau, ao contrário, pretende indicar como uma natureza solitária e autônoma transforma-se em política sem que isso cause uma catástrofe.[106] Para ele, aliás, o desastre abate-se sobre os homens quando estes começam a viver juntos, submetidos apenas a regras ocasionais que mais se parecem com o caos do que com uma ordem qualquer.[107] A passagem da natureza à política não traz consigo sentido nenhum de preservação ou de ordenação. Algumas características que, na natureza, são estéreis, mas não necessariamente nocivas à preservação da espécie — como o egoísmo —, mostram-se danosas para a sobrevivência dos homens unidos por algum tipo de vínculo político.

Outro ponto deve ser observado. Nos clássicos da Antiguidade,

---

105 Sobre a ideia de perfectibilidade do homem, ver Henri Gouhier, *Les Méditations métaphysiques de Jean-Jacques Rousseau*, p. 22.

106 Dos intérpretes contemporâneos, Masters foi o que mais se preocupou com as consequências e os limites da antropologia rousseauniana. Roger Masters, *La Philosophie politique de Rousseau*, pp. 481-4.

107 "De ce nouvel ordre de choses naissent des multitudes de rapports sans mesure, sans règle, sans consistènce, que les hommes altarent et changent continuellement, cent travaillant à les détruire pour un qui travaille à les fixer." J.-J. Rousseau, *Du Contrat social – première version*, p. 282.

assim como para os pensadores republicanos do Renascimento, o tempo era circular e a fundação dos corpos políticos se dava dentro de uma natureza que, além de fechada, permitia o retorno de suas formas, mesmo daquelas que diziam respeito à organização das sociedades humanas. Para Rousseau, o desafio de pensar o aparecimento de novas sociedades vai de par com um tempo linear, que condena as formas políticas à degeneração. A passagem da natureza à história implica um risco para a própria preservação dos homens, pelo menos enquanto indivíduos. Mesmo que o tema do desaparecimento da espécie humana não faça parte do repertório rousseauniano, é certo que o desenvolvimento das modernas tecnologias de destruição e as dificuldades encontradas pelos homens para lidar uns com os outros e também pelas nações para encontrar um campo de entendimento mútuo servem para demonstrar o caráter radical das reflexões de um pensador que, como poucos, se dedicou a mostrar a necessidade de um contrato que ofereça um mínimo aos homens; não o retorno às suas condições primordiais, pois isso é impossível,[108] mas a garantia de sobrevivência e a possibilidade de buscar a felicidade num mundo cuja hostilidade se generalizou, deixando o árduo — mas coerente — terreno da natureza para mergulhá-lo no pântano das relações sociais não reguladas pela lei.

Os estudos das relações de Rousseau com os autores contratualistas de seu tempo desenvolveram-se muito desde o aparecimento da obra clássica de Derathé.[109] Não há razão para voltarmos a eles neste momento, mas apenas lembrar que são o pano de fundo dos comentários que se seguem e que são guiados pelo texto do

---

108 Nesse ponto, compartilhamos da opinião de Gouhier, para quem a ideia de retorno ao estado de natureza é derivada de uma leitura incorreta do *Segundo Discurso*. Henri Gouhier, *Les Méditations métaphysiques de Jean-Jacques Rousseau*, p. 23.

109 Nossa referência é ao clássico R. Derathé, *Jean-Jacques Rousseau et la science politique de son temps*. Ver especialmente o cap. IV, pp. 223-44.

próprio Rousseau, que tinha muito de seus contemporâneos em mente quando escrevia as páginas iniciais de seu texto. O objetivo do pensador genebrino parece ser o de mostrar que a passagem da natureza à política não oferece aos homens um terreno sólido para evoluir e que quase nada do que eles trazem de seu estado original pode ajudá-los em sua nova condição. Essa percepção é importante porque, com isso, ele deixa de lado tanto uma visão idealizada da natureza, como depositária de qualidades que podem servir de guia na história,[110] quanto a ideia de que o convívio com os outros nos leva a buscar imediatamente as melhores formas de vida em comum. Ao contrário, o instinto de sobrevivência se traduz na história por uma forma de egoísmo e por um estado no qual "cada um permaneceria isolado no meio dos outros; cada um pensaria apenas em si mesmo; nosso entendimento não se desenvolveria; viveríamos sem nada sentir; morreríamos sem termos vivido".[111] A passagem pura e simples da natureza para a história não nos conduz ao bem supremo. Este, que podemos almejar, é uma vida conduzida por regras morais e pelo sentimento mais agradável: "o amor à virtude".[112] O resultado da perda de nossa condição original não é um contrato baseado na Lei natural, mas o caos e a confusão. Para Rousseau não há uma passagem automática e necessária de um estado de equilíbrio para outro. Perdida a inocência natural, a bondade original, o homem tem de criar seus meios para desejar algo melhor do que um estado de conflito permanente, tal como descrito por Hobbes.[113] Como resume Rousseau: "De

110 "Ainsi la douce voix de la nature n'est plus pour nous un guide infaillible, ni l'indépendance que nous avons recue d'elle un état désirable." J.-J. Rousseau, *Du Contrat social – première version*, p. 283.
111 Idem, ibidem, p. 283.
112 Idem, ibidem, p. 283.
113 Para um estudo da relação entre os dois pensadores, ver Lelia Pezzillo, *Rousseau et Hobbes*.

onde se vê que um pretenso tratado social ditado pela natureza é uma verdadeira quimera".[114]

As ideias de Diderot no verbete sobre o direito natural na *Enciclopédia* são o alvo principal do pensador genebrino nessa passagem. No entanto, se pensarmos no debate sobre o papel que o mercado parece ocupar para alguns pensadores liberais como regulador da relação do interesse individual com o interesse público, as considerações de Rousseau são de uma grande atualidade. Com efeito, a livre concorrência e o entendimento da liberdade como ausência de interferência constituem o núcleo do credo daqueles que creem ser possível uma regulação natural das relações humanas. Para esses pensadores, se formos capazes de deixar o livre jogo das forças econômicas ser exercido sem grandes ingerências além daquelas acordadas pelas leis dos diversos Estados, obteremos uma sociedade mais justa e mais livre. Ora, contrariamente aos que afirmam que o núcleo dessa concepção é o respeito às leis e a manutenção do Estado de direito, cabe notar que o ponto central de seus argumentos é uma compreensão da natureza humana baseada no interesse individual e na luta por sua prevalência. Para os novos ideólogos, quanto menos interferirmos no jogo de interesses mais facilmente eles se acordarão. Ou seja, a transformação da filosofia de Adam Smith — que não é visada diretamente no capítulo que estamos analisando — em pura ideologia abre as portas para o uso de uma antropologia segundo a qual a natureza humana, quando deixada a si mesma ou a seus interesses primários, pode encontrar um ponto de equilíbrio.

Falando daqueles que propugnavam a existência de uma "sociedade geral" baseada nas leis da natureza, Rousseau afirma:

---

114 J.-J. Rousseau, *Du Contrat social – première version*, p. 284.

É falso que no estado de independência a razão nos leve a concorrer para o bem comum pela consideração de nossos próprios interesses. Contrariamente à ideia de que o interesse particular alia-se ao bem geral, eles se excluem na ordem natural das coisas e as leis sociais são um jugo que cada um quer impor aos outros, mas do qual quer se livrar.[115]

O que Rousseau ressalta — e, nesse ponto, em consonância com Hobbes — é que, ao deixar o estado de natureza, o homem depende do artifício para sobreviver à história e a seus efeitos devastadores para os indivíduos. Uma concepção de autorregulação dos interesses é uma quimera tão perigosa quanto a ideia de que um retorno ao estado de natureza seja possível, mesmo quando supomos que os homens não são naturalmente bons. O aspecto propriamente republicano do projeto de Rousseau é a afirmação de que, sendo a vida social um artifício, terá ela de ser criada e pensada segundo critérios morais, os quais não são dados aos homens quando ainda vivem isolados e independentes. Assim, sendo artificiais as formas políticas, cabe perguntar pelos pressupostos antropológicos das afirmações do mercado como panaceia para os males do mundo, se quisermos evitar a transformação do pensamento político em mera ideologia.

Nesse ponto, ao contrário dos que acusam Rousseau de querer suprimir o indivíduo em nome da construção de um corpo político uniforme povoado por cidadãos virtuosos, devemos lembrar que em momento nenhum ele afirma que os desejos individuais podem ser subsumidos pelo interesse público sem que isso provoque uma alteração na relação entre os membros do corpo político. O caráter artificial do contrato e a dificuldade de realizá-lo derivam do fato de que o indivíduo não pode ser fundido no

115 Idem, ibidem, p. 284.

cidadão. No pensamento do genebrino convivem, portanto, um individualismo extremo e uma vontade de fundar um corpo político uniforme.[116] (Assim como, por exemplo, no caso dos modelos contrapostos de comunidades, em que é impossível escolher Genebra contra o domínio de Clarens por critérios claros e definitivos.) A plena realização do cidadão destrói o indivíduo, da mesma maneira que o indivíduo entregue à busca de satisfação pessoal destrói o exercício da cidadania.

Rousseau tendia a acreditar que a construção de um corpo político harmônico era um objetivo superior ao da realização da soma dos interesses particulares. Nesse sentido, ele se inscreve plenamente na tradição republicana. Uma coisa muito diferente, no entanto, é pensar que os indivíduos concretos deixarão de querer suplantar os outros e realizar seus desejos se não forem levados a crer que sua adesão ao pacto vai livrá-los das ameaças à vida decorrentes da irrupção da história. Se há no pensador genebrino o risco de uma cidadania exacerbada e de um encantamento excessivo com algumas formas de vida de cidades da Antiguidade, é preciso lembrar que essa tendência é contrabalançada pela consciência do lugar do indivíduo e de seus desejos na história. A preferência de Rousseau por certos modelos políticos não apaga a tensão que domina seu pensamento e o fato de que não há instituição política capaz de superar de maneira definitiva a oposição entre o cidadão e o indivíduo. Usando a linguagem de Kantorowicz, podemos dizer que, uma vez mergulhados na história, todos temos um duplo corpo, que traduz em sua inconstância e insegu-

116 Baczko já observou que a grande dificuldade de Rousseau é conciliar o indivíduo e o cidadão. Bronislaw Baczko, op. cit., p. 365. Melzer, de sua parte, fala do confronto do modelo de um individualismo extremo contraposto ao patriotismo exacerbado. Arthur M. Melzer, *Rousseau. La bonté naturelle de l'homme*, p. 158. Para um estudo centrado na questão do indivíduo, ver Paul Audi, *Rousseau. Éthique et passion*, pp. 305-46.

rança a condição humana surgida com a perda da natureza original. À luz dessa cisão, torna-se incoerente a ideia de uma sociedade natural, pois esses são polos que nunca se combinam perfeitamente na filosofia de Rousseau.

Com relação a uma outra questão, o pensamento de Rousseau mantém uma grande atualidade. Trata-se do papel que a religião pode ter na agregação dos homens e na criação de um corpo político. Em primeiro lugar, devemos deixar de lado a ideia de que o tema tratado é aquele extremamente complexo da relação entre religião e política. É verdade que, também nesse terreno, a filosofia de Rousseau oscila entre a fé interiorizada do *Vicaire Savoyard*[117] e a religião civil do *Contrato social*,[118] mas não é isso o que o preocupa em todos os momentos de sua vida, sobretudo quando pensa a criação dos corpos políticos. Rousseau quer afastar a ideia de que a religião possa servir como elemento primeiro de ligação entre os homens. Da mesma forma que não há uma lei natural que nos conduza a bem viver em conjunto, não há uma religião derivada da natureza capaz de formar uma sociedade humana verdadeira. Se ela existisse, a questão mesma de sua eficácia seria supérflua, uma vez que, sendo da ordem do necessário, nada impediria sua ação.[119] O grande problema é que os homens não podem contar com as crenças religiosas para fundar uma sociedade harmônica, da mesma maneira que um indivíduo isolado não é capaz de encontrar, olhando apenas para seu interior, os princípios morais que devem estruturar o convívio com os outros.[120] Se no século XVIII essas afirmações abriram as portas para um republicanismo que

117 Rousseau, *Émile ou de l'éducation*, pp. 345-464.
118 Rousseau, "Du Contrat social". *Oeuvres complètes*, pp. 460-70.
119 "En effet, si les notions du grand Être et de la loi naturelle étaient innées dans tous les coeurs, ce fut un soin bien superflu d'enseigner expressement l'une et l'autre." J.-J. Rousseau, *Du Contrat social – première version*, p. 287.
120 "(...) combien de fois n'arriverait-il pas à un homme bien intentionné de se

formularia claramente o princípio da laicidade, o retorno da crença nos dias de hoje e o debate que ocorre em vários países sobre a religião como fundamento do Estado, assim como a pressão que os diversos grupos religiosos exercem sobre as organizações políticas nas sociedades ocidentais, demonstram que a questão da religião e da política guarda toda a sua atualidade. O capítulo ao qual nos referimos não permite avançar muito no tratamento geral do tema, mas fornece armas preciosas contra os que pregam o regresso dos modelos teológico-políticos. Como observa Rousseau, o recurso às religiões particulares como forma de legitimação da política produziu com frequência ao longo da história mais "mortes e massacres do que a concórdia e a paz".[121]

Para o filósofo político, resta então voltar ao problema da criação das sociedades políticas e da busca dos argumentos racionais, o que pode nos ajudar a compreender esse momento fundamental da passagem da natureza para a história. O *Contrato social* oferece o melhor meio para estudarmos o caráter original de sua obra e sua contribuição para a formação do republicanismo francês. Vamos nos dedicar a ele no próximo capítulo.

---

tromper sur la règle ou sur l'application et de ne suivre que son penchant en pensant obéir à la loi?" Idem, ibidem, p. 287.
121 Idem, ibidem, p. 286.

A gramática republicana: o *Contrato social*

Às vésperas da Revolução de 1789, o *Contrato social* era uma obra conhecida, mas estava longe de ter a repercussão de outros livros de Rousseau. Considerado enigmático por muitos, ele era lido e discutido em círculos bem mais restritos do que os daqueles que veneravam a *Nova Heloísa* e *O Emílio* e que se digladiavam diante do escândalo provocado pelas publicações dos escritos autobiográficos do pensador.[1] O tema de maior impacto da filosofia do genebrino era o da virtude e do caminho para alcançá-la, mas é preciso ter em vista que esse conceito não tinha primeiramente uma conotação política nem podia ser separado do complexo equilíbrio entre opostos que dominava a filosofia de Rousseau. Para um público mais amplo, a virtude era um conceito da moral, mesmo se a busca por ela repercutisse, por um lado, no comportamento dos indivíduos tomados isoladamente ou reunidos em pequenas comunidades, ou, por outro lado, nas ações dos cidadãos de uma república. Num primeiro momento, Rousseau não era

1 Raymond Trousson, *Rousseau et sa fortune littéraire*, p. 37.

percebido como alguém que pleiteava um regime republicano baseado nas virtudes cívicas contra a monarquia despótica, mas como um homem sincero, que sofrera as perseguições destinadas a todos os que acreditavam que a natureza do homem era constantemente corrompida e destruída pelo andamento da história. Exaltado como um novo Sócrates, sua virtude era um valor moral elevado e complexo, que se ancorava numa alma equilibrada e sadia e não na simples ordenação das instituições, embora ela fosse importante para a ponte entre a moral e a política.[2]

Os acontecimentos extraordinários do final do século XVIII na França e na Europa guindaram Rousseau ao centro da cena e contribuíram para a multiplicação de interpretações de seus escritos e para a identificação do autor do *Contrato social* com a Revolução e, mais tarde, com o republicanismo surgido da queda definitiva da monarquia. Seria inútil, entretanto, tentar descobrir o sentido exato de sua filosofia a partir do uso que lhe foi dado após os eventos revolucionários. De forma simplificada, poderíamos dizer que a Revolução tomou muitos espíritos de surpresa e descobriu o grande despreparo da sociedade — a qual levara à queda o antigo regime — para pensar sua nova situação. É nesse contexto que o *Contrato social* ganhou um espaço importante nas mentes inquietas que primeiro tomaram conhecimento da extensão do abalo que fora produzido pela queda da Bastilha. Nesse sentido, é significativa a iniciativa de Claude Fauchet, que, junto com Nicolas de Bonneville, fundou o Círculo Social, onde as ideias de Rousseau seriam estudadas e discutidas como forma de ajudar na condução pelos novos caminhos que se abriam.[3]

Tem razão La Kanal quando, em seu discurso de 18 de setem-

2 James Miller, *Rousseau: Dreamer of Democracy*, p. 136.
3 Carol Blum, *Rousseau and the Republic of Virtue. The Language of Politics in the French Revolution*, p. 147.

bro de 1794, afirma: "Foi a Revolução que de alguma maneira nos explicou o *Contrato social*".[4] Para muitos revolucionários, os acontecimentos que eles estavam vivendo e as imensas dificuldades que surgiram para dar continuidade ao primeiro momento de revolta não podiam ser pensados com as ferramentas conceituais mais imediatas, que haviam servido para fazer a crítica ao despotismo. A criação de uma nova sociedade, baseada em valores como liberdade e igualdade, necessitava de um guia conceitual à sua altura. Muitos homens de ação e pensadores acreditaram encontrar no *Contrato social* o livro que estavam buscando. Por essas vias, as sofisticadas e muitas vezes complexas concepções sobre a política iriam dar um rosto — mas não o único — para o republicanismo francês. Independentemente da interpretação que tenhamos de suas obras, Rousseau se transformou num passo essencial, num polo incontornável da história do republicanismo moderno.

A análise detalhada do *Contrato social* revela o projeto rousseauniano de fundar sobre bases sólidas uma sociedade republicana, a única, a seus olhos, capaz de assegurar a plena legitimidade das relações sociais. Como uma leitura exaustiva da obra escapa aos propósitos deste capítulo, procuraremos destacar os aspectos originais do pensamento de nosso autor, conscientes de que estamos deixando na sombra problemas que uma análise global de sua filosofia poderia ajudar a esclarecer. Ao escolher alguns temas, no entanto, não estamos sendo infiéis à sua démarche, mas valorizando os aspectos especificamente republicanos de seu pensamento, o que constitui o objetivo central deste livro. Nesse sentido, conceitos como os de liberdade, igualdade e vontade geral, assim como a figura do legislador, serão tratados de forma prioritária, deixando em segundo plano temas que dizem respeito ao funcionamento das diversas formas de governo

4 Raymond Trousson, op. cit., p. 64.

e da religião civil, que teriam um lugar garantido num tratamento amplo da filosofia de Rousseau.

A NECESSIDADE DO PACTO

Antes de iniciarmos o percurso por algumas passagens do *Contrato social*, é preciso lembrar que Rousseau define a república como um regime legítimo, instituído em conformidade com a liberdade e com a necessidade de sobrevivência imposta pela natureza, e não como uma forma particular de governo. Vale a pena citar integralmente a passagem na qual ele se refere à república, pois ela nos ajuda a evitar muitos equívocos na interpretação do conjunto do texto. No capítulo VI do segundo livro do *Contrato social*, Rousseau declara: "Chamo de República todo Estado regido por leis, sob qualquer forma de administração que possa ser, pois somente então o interesse público governa e a coisa pública é importante. Todo governo legítimo é republicano".[5]

A distinção inicial que devemos fazer é entre o republicanismo de Rousseau — nutrido por seu amor pelos clássicos, pelos heróis de Plutarco e por seu apego a algumas instituições de sua cidade natal — e sua definição de república. No primeiro caso, seu sentimento se alimenta de uma relação imaginária com o passado e de uma experiência limitada que seu tempo oferecia da república. Nos horizontes europeus da primeira metade do século XVIII até a Revolução Francesa não existiam grandes Estados republicanos e nem mesmo cidades efetivamente governadas por princípios que pudessem servir para compará-las às cidades da Antiguidade. Nesse ambiente, era natural que o desejo de ver nascer uma república nos moldes clássicos fosse temperado pelo ceticismo quanto

5 Rousseau, "Du Contrat social", em *Oeuvres complètes*, vol. III, pp. 379-80.

às reais condições reinantes nas diversas sociedades políticas da época. Nos horizontes limitados das possibilidades que se ofereciam aos olhos republicanos de Rousseau, a crítica da corrupção se fazia com muita frequência através do apelo à virtude das repúblicas antigas, o que tinha um alcance político real, mas uma importância teórica limitada. No caso do *Contrato social*, o espaço da pesquisa se deslocou para os fundamentos de toda experiência política e, por isso, as exigências são de outra ordem. As armas da crítica dirigidas à sua cidade em determinados momentos, ou a outras nações em outros momentos, nada têm a fazer de início, pois o que se quer é compreender como a política nasce na história. Nesse contexto, a definição de república como regime de leis ganha um significado muito mais amplo. O desafio de Rousseau e da geração que adotaria sua obra como referência para pensar as grandes transformações que a Revolução trouxe foi o de migrar do terreno dos princípios para o da ação. Sem uma análise dos princípios, entretanto, não há como entender a importância da contribuição de Rousseau.

Nesse sentido, o trecho citado é fundamental, porque contraria os que acreditam que a definição rousseauniana de república é a de uma sociedade exclusivamente baseada na virtude dos cidadãos. Como já mostramos, a virtude é parte essencial da filosofia de nosso autor, mas seria simplista acreditar que ele apenas transportou para o terreno da ordenação institucional um conceito que tem uma gama ampla de significados e que tira sua validade, primeiramente, da relação dos indivíduos com os outros, em qualquer instância da vida associativa. O ideal de cidade para Rousseau é a fusão entre Genebra e Clarens, um local onde o indivíduo moralmente desenvolvido encontra na obediência às leis o modo de vida correspondente à sua ambição por uma vida guiada por valores como os de solidariedade, liberdade e igualdade.[6] Nessa sociedade ideal, certamente a virtude tem um lugar importante. Mas antes de chegar a ela, num mundo no qual a bondade natural é apenas uma estrela polar, há um longo caminho a ser percorrido, e ele se inicia não pela busca do cidadão virtuoso, ou do indivíduo liberado dos impedimentos que o processo de civilização lhe impõe, mas pela procura dos fundamentos das leis.

No mesmo registro, a referência ao interesse público e à lei não permite a interpretação de Melzer, que vê Rousseau como defensor de uma concepção puramente "estatista" da política e partidário da ideia de que a força deve ser empregada para que o Estado atinja sua meta de unificar os cidadãos em uma *polis* voltada para a salvação dos homens.[7] Entre o indivíduo e o Estado existe uma tensão permanente. Rousseau nunca acreditou que a vitória de um dos polos pudesse trazer felicidade. Em vez de buscar aporias inexistentes e concepções radicais que se espelham na recepção da obra e não no texto, talvez seja mais prudente seguir o próprio Rousseau e aceitar que há em seu pensamento tensões e contradições que não podem ser resolvidas por uma interpretação redutora de sua obra teórica mais importante.

Ora, o ponto de partida exposto no início do *Contrato social* é de natureza realista e não deixa supor que o autor procurará mostrar os caminhos para a construção de uma sociedade ideal ou utópica. Os dois polos em questão são a natureza do homem, tal como é, e as leis, tais como deveriam ser. A concepção de natureza humana em Rousseau não nos permite reduzir o problema à caricatura do bom selvagem buscando formar laços para viver

6 Bronislaw Baczko, op. cit., p. 313.

7 "En fait, c'est pour cette raison que l'essence de la politique (et de la morale) est selon Rousseau la force." Arthur Melzer, *Rousseau. La bonté naturelle de l'homme*, p. 167.

em sociedade. A questão do pacto e da criação das leis se coloca quando a natureza humana abandonou sua face primitiva e, por isso, Rousseau acredita que uma filosofia política tem por objeto a busca do que torna legítima uma associação humana, e não o que a torna perfeita.[8] A definição de república que adiantamos é importante, pois ela revela o eixo das preocupações do pensador de Genebra — qual seja, a legitimidade das instituições —, que só pode ser atingido se a natureza do homem for considerada corretamente.

No estado de natureza, a liberdade serve à conservação da espécie, mas não tem conotação política. Dizer que o homem nasce livre não implica afirmar que uma determinada forma de governo é mais natural que outra, ou mesmo que permita o exercício da liberdade em continuidade com a natureza primitiva. É verdade que, como afirma Rousseau, "essa liberdade comum é uma consequência da natureza do homem", mas é preciso interpretá-la corretamente para não deduzirmos que o impulso para a sobrevivência seja uma regra para as sociedades organizadas. O grande problema da afirmação da primazia dos interesses individuais sobre os interesses coletivos não é que a proposição seja falsa, ou baseada numa descrição antropológica errônea, mas sim que ela supõe a continuidade entre a liberdade primitiva e a liberdade política, o que para Rousseau é impossível.

O homem leva para a vida social seu desejo de preservação e seu sentido de independência, mas isso, longe de contribuir para o bom funcionamento das sociedades políticas, torna o conflito entre seus membros inevitável. Imaginar que um corpo de leis, adequadamente instituído segundo as regras formais do direito, fornece um quadro perfeito para a administração dos confrontos entre os interesses particulares é abordar o problema da legitimi-

8 Rousseau, "Du Contrat social", I, I, p. 351.

dade pelo avesso. De fato, os desejos dos indivíduos farão parte das relações sociais, mas é por não poderem ser suprimidos que se necessita de um pacto, e não para satisfazê-los em primeira instância ou para dar-lhes livre curso.

Desse ponto de vista, é necessário sublinhar a diferença entre a liberdade do estado de natureza, que é vivida como independência, e a liberdade das sociedades civis.[9] As duas coexistirão em uma sociedade legitimada por um pacto, mas seus efeitos serão muito diferentes. Quanto à primeira, suas consequências fora do estado primitivo tenderão a dificultar a vida dos homens e não a favorecer a sobrevivência, tal como acontece quando vivemos isolados.[10] Ao querer sobreviver e impor seus desejos, os homens estão expressando algo de sua independência natural, que os coloca em rota de colisão com os outros membros da espécie, mas que, objetivamente, os distancia de seus objetivos primeiros. Quanto à segunda, ela só existe uma vez firmado o pacto e, por isso, não pode se referir a nada que advenha diretamente da natureza. Sua existência depende do aparecimento da história. No entanto, mesmo se constatamos essas dificuldades e se em alguns casos podemos encontrar exemplos — como pretendia Grotius[11] — de pessoas que aceitaram trocar a liberdade pela vida, o fundamental é que a liberdade é algo inalienável, pois, como afirma Rousseau, "renunciar à sua liberdade é renunciar à sua qualidade de homem, aos direitos da humanidade e mesmo a seus deveres".[12]

Nesse momento do texto não estão em questão nem mesmo a natureza e a função do pacto, mas os fundamentos primeiros de uma associação legítima. Se levarmos em consideração o que foi

9 A esse respeito, ver Jean-Fabien Spitz, *La Liberté politique*, pp. 369-74.
10 Como observa com pertinência Spitz: "Il est évident qu'une telle coexistence fondée sur l'indépendance est un désordre." Idem, ibidem, p. 374.
11 Rousseau, "Du Contrat social", I, IV, p. 355.
12 Idem, ibidem, I, IV, p. 356.

mostrado, veremos que, para Rousseau, a simples suposição de que uma forma de governo republicana possa estar baseada na servidão, na submissão total a uma forma política qualquer, contraria os princípios básicos de sua filosofia — em particular o lugar que ele atribui à liberdade —, independentemente das dificuldades que encontramos em separar seus diferentes significados. Para Rousseau, portanto, não se trata da proclamação de fé no governo republicano. Tal preocupação só será possível uma vez constituída a sociedade política. O importante, contradizendo muitos pensadores que acreditavam ser possível fundar na natureza a renúncia à liberdade,[13] é a afirmação de que ela é um bem inalienável e que terá de estar presente em qualquer forma legítima de governo.

Rousseau não contesta a possibilidade de que um homem possa eventualmente se colocar à frente de muitos homens e até mesmo de comandá-los. O que lhe interessa é saber se essa é uma associação política, e se pode aspirar à legitimidade. Ora, uma associação política depende da constituição da identidade primária de seus participantes, que podem até decidir se submeter a um só, mas, como diz Rousseau, criticando Grotius, "antes de examinar o ato pelo qual um povo elege um rei, seria bom examinar o ato pelo qual um povo é um povo; pois esse ato, sendo necessariamente anterior ao outro, é o verdadeiro fundamento da sociedade".[14] A afirmação da anterioridade do contrato é importante por apontar com clareza que a preocupação de Rousseau não é, pelo menos nesse momento do texto, com as formas históricas da política, mas com os fundamentos do político, para empregar uma distinção

---

13 Idem, ibidem, I, IV, p. 358. "Ainsi, de quelque sens qu'on envisage les choses, le droit d'esclave est nul, non seulement parce qu'il est illégitime, mais parce qu'il est absurde et ne signifie rien."
14 Idem, ibidem, I, V, p. 359.

cara a Claude Lefort. Nesse sentido, ele demarca o território de suas pesquisas como sendo o de uma verdadeira filosofia política e se coloca no mesmo patamar dos pensadores que, não sendo legisladores, tiveram a ousadia de conduzir sua reflexão para o fundamento último da vida em comum.

A literatura sobre o pacto social em Rousseau é tão vasta que ocuparia sozinha todo um volume.[15] Vamos nos limitar a apontar alguns elementos que estão no centro da constituição do republicanismo na França do século XVIII. A fórmula com a qual Rousseau pretende resumir a essência do pacto nos fornece alguns indícios preciosos e teve uma longa posteridade, mesmo que a compreensão dos termos em que foi formulada esteja longe de ser simples. Para evitar equívocos, Rousseau dá ao leitor uma definição do pacto que só contém seus elementos essenciais, e a resume da seguinte maneira: "Cada um de nós coloca em comum sua pessoa e toda a sua potência sob a suprema direção da vontade geral; e recebemos em corpo cada membro como parte indivisível do todo".[16]

Se a fórmula é sintética, seu entendimento está longe de ser simples. Sem pretender resolver as dificuldades inerentes a esse tipo de proposição, e sem desconhecer todas as críticas que se acumularam contra a concepção contratual das sociedades políticas, acreditamos ser possível indicar os pontos de inflexão do pensamento de Rousseau a respeito da constituição das diversas formas legítimas de agregação entre os homens. Antes de qualquer coisa, é preciso levar em conta o fato, tantas vezes repetido

15 Sem entrar na discussão da bibliografia e das várias correntes de interpretação que em momentos variados dominaram a cena intelectual, acreditamos que as obras já citadas de Victor Goldschmidt e de Robert Derathé servem como uma introdução equilibrada para os múltiplos aspectos envolvidos na análise do problema.
16 Rousseau, "Du Contrat social", I, VI, p. 361.

146

por Goldschimidt[17] e outros intérpretes,[18] de que o pacto rousseauniano é um puro artifício que retira seus elementos constitutivos da natureza, mas não seu princípio de operação. Nesse sentido, como mostramos anteriormente, ele não é necessário e podia até mesmo não existir, caso os homens não fossem compelidos a sair de seu estado natural por forças exteriores à vontade individual. Uma vez iniciado o processo, começa o verdadeiro problema para os teóricos da política.

Para compreender de que forma o pacto se torna necessário é preciso voltar ao início do texto e prestar atenção às condições enunciadas por Rousseau. A questão da associação entre os homens se coloca quando

> os obstáculos que impedem a conservação no estado de natureza se sobrepõem, por sua resistência, às forças que cada indivíduo pode empregar para se manter nesse estado. Então esse estado primitivo não pode mais perdurar, e o gênero humano desapareceria se não mudasse sua forma de ser.[19]

Há, portanto, uma necessidade do pacto, mas ela é produzida por fatores externos à vontade dos indivíduos tomados isoladamente. Não se trata de uma escolha, tal como na vida social, uma vez que a natureza não permite a uma espécie decidir entre extinguir-se e conservar-se. Posto dessa maneira, o problema não faz sentido. Da definição de base devemos reter o fato de que o pacto conduz à constituição de um corpo unitário capaz de nos livrar do risco de extinção, e que, sem isso, não há razão para supor que

---

17 Victor Goldschmidt, *Anthropologie et politique. Les principes du système de Rousseau*, pp. 569-71.
18 Mauricio Viroli, op. cit., p. 46; Judith Shklar, op. cit., p. 208.
19 Rousseau, "Du Contrat social", I, VI, p. 360.

abriremos mão de nossa condição natural. Mas se nossa argumentação anterior é correta, o pacto não pode ser contornado.

Ora, muitos críticos de Rousseau pretenderam deduzir da necessidade de criar um corpo unitário através do pacto uma ameaça às sociedades democráticas. Essas análises partem da constatação correta de que a sobreposição total do Estado ao indivíduo é uma ameaça ainda mais terrível do que aquela sentida num pretenso estado de natureza no qual cada um tem de assegurar a própria sobrevivência. A questão que se coloca é se isso pode ser deduzido do pensamento de nosso autor e de sua concepção do que seja uma república. Se lembrarmos que a condição de legitimidade de uma república é a conservação da liberdade, veremos que dificilmente poderíamos atribuir a Rousseau a inconsciência quanto aos riscos de uma eliminação total das vontades particulares nas sociedades políticas. Esse será nosso tema no próximo item. Por enquanto, vamos nos deter no significado primeiro da associação pelo pacto.

Um ponto deve ser observado e ele concerne ao núcleo da filosofia do pensador genebrino. Se o pacto se tornou necessário, o que lhe interessa não são todas as formas possíveis de associação, ou mesmo os desvios que determinados grupos humanos podem cometer ao se associar. Ao olharmos nossas sociedades, podemos suspeitar que o verdadeiro objeto de nosso autor é quase tão distante quanto um hipotético estado de natureza. As nações modernas oferecem um cortejo de misérias que deixa pouca esperança de que uma sociedade republicana — e, portanto, baseada em leis e unida num corpo coerente — possa existir. O verdadeiro objeto de suas investigações, como ele mesmo declara no começo do *Contrato social*,[20] são os fundamentos de uma associação legítima. Esta só existirá se algumas condições

20 Idem, ibidem, I, I, p. 351.

148

forem respeitadas, como, por exemplo, aquela que caracteriza o estado primitivo: a conservação da liberdade dos indivíduos, mesmo quando submetidos a uma lei que lhes tolhe a independência total.

As críticas que desde o século XVIII foram endereçadas aos contratualistas nos ajudam a pensar as limitações de suas concepções sobre a origem da vida política. Segundo Rousseau, a referência aos elementos centrais do pacto pode ser útil para pensar alguns problemas das sociedades políticas atuais. Em muitas nações modernas, a existência de um Estado central é contrabalançada por poderes e associações intermediárias que impedem que a vontade de um só ou de um grupo se sobreponha às diversas comunidades que compõem o corpo social. Para alguns, essa situação parece demonstrar a atualidade do pensamento de Montesquieu e os pretensos riscos do republicanismo de Rousseau. Todo o problema consiste em saber se os argumentos dos dois pensadores, para ficarmos nos limites do século XVIII, concernem aos mesmos objetos.

A nosso ver, é nesse ponto que reside o engano de muitos críticos. Rousseau não estava preocupado, no momento em que falava do ato de instituição do político, com o funcionamento da máquina governamental. Esse tema está presente em seu livro, mas só depois de ele ter colocado as bases de seu pensamento. Sua questão principal no começo de sua obra diz respeito aos fundamentos de uma associação legítima, seja ela uma grande nação, seja uma pequena cidade. Invertendo os argumentos dos críticos do pensador genebrino, podemos dizer que ele nos ajuda a pensar a situação vivida por muitos países em que uma parte da população reivindica como fonte de legitimidade um conjunto de leis diferente, ou mesmo discordante, daquele que rege o conjunto dos cidadãos, exatamente por colocar o acento na unidade do corpo político. Na lógica de Rousseau, os grupos que se associam dessa maneira estão na verdade criando um novo pacto e escolhendo uma nova totalidade, ou um novo corpo político, como referência. A questão que se coloca é se uma sociedade republicana pode conviver com duas fontes de legitimidade. Enquanto as comunidades se reconhecem como membros particulares do todo, não há contradição entre a afirmação das identidades parciais e a república — esta, no caso, sempre tomada no sentido primeiro em Rousseau, isto é, como governo das leis. Se, por exemplo, a referência a uma religião se sobrepõe ao corpo fundamental das leis, podemos dizer que o pacto inicial não existe mais, ou se encontra ameaçado. A unidade requerida por Rousseau para a constituição de uma sociedade republicana diz respeito, portanto, à unidade de suas leis fundamentais, as quais dão nascimento a um corpo político capaz de suprimir os riscos da condição miserável na qual nos encontramos quando não temos mais as forças necessárias para vivermos solitários. O problema das formas de governo e das sociedades parciais é de outra natureza. No tocante às religiões, vale a pena lembrar que o pensador genebrino nunca acreditou que elas pudessem servir de fundamento primeiro do corpo político, mesmo reconhecendo a enorme importância que têm na manutenção dos costumes e de outros laços sociais. De maneira simplificada, podemos afirmar que uma sociedade republicana não poderá jamais ser instituída por um princípio teológico. Essa constatação tem um valor inconteste no mundo atual, em que os diversos fundamentalismos pretendem ocupar o terreno de unificação dos membros do corpo político.[21]

---

21 Estamos nesse ponto em perfeito acordo com as ideias expostas por Sérgio Cardoso, em "Por que república?", *Retorno ao republicanismo*, pp. 45-66.

OS FUNDAMENTOS DO PACTO

Uma vez compreendida a necessidade do pacto, resta determinar as ações e obrigações de seus constituintes. O núcleo do problema está localizado na dupla natureza de cada um de seus participantes. Como já mostramos, ao participar de um corpo político, somos dotados de um duplo corpo — composto de indivíduo e cidadão — que será fonte de conflito e tensão ao longo de toda nossa existência e ao longo de toda a existência do corpo político.[22] Para Rousseau, nada mais normal do que isso, pois, não sendo natural a condição política, não há como suprimir definitivamente a particularidade de cada um dos membros do Soberano, mesmo se, para alguns, isso possa parecer algo desejável. Ao aceitar o pacto, o indivíduo compromete-se a seguir leis, que não serão necessariamente o reflexo de seus desejos e contra as quais ele será tentado a agir a cada vez que sua vontade particular o colocar em contradição com a vontade geral. Mas ao aceitar fazer parte de um corpo, ou de uma totalidade, que retira sua identidade do ato mesmo de sua constituição, ele responde à necessidade de sobreviver num meio que se tornou hostil, adquirindo uma segunda identidade, ou seja, torna-se membro de um corpo que o ultrapassa, mas não o contradiz. A vontade de contrariar as leis é ao mesmo tempo a vontade de agir contra si mesmo, uma vez que a participação no corpo político como membro do Soberano não se deu sem consentimento. O caráter artificial do Soberano deve ser levado em conta para compreendermos que a dificuldade do pacto advém justamente do fato de que ele só faz sentido se for produtor de unidade, de um todo que encara sua sobrevivência do mesmo

22 "En effet chaque individu peut comme homme avoir une volonté particulière contraire ou dissemblable à la volonté générale qu'il a comme Citoyen." Rousseau, "Du Contrat social", I, VII, p. 363.

ponto de vista que aquela de seus membros. A existência do contrato implica que ele deixará de existir se perder sua unidade primeira e que "a potência Soberana não tem necessidade de garantias contra os súditos, porque é impossível que o corpo queira prejudicar a todos os seus membros".[23]

Isso explica a expressão "santidade do pacto" empregada por Rousseau. O que está em jogo é seu caráter fundador e o fato de que, se entrar em contradição com o ato que o criou, ele simplesmente deixará de existir. Não se trata de uma entidade que não poderá sofrer modificações ou que obrigará seus membros a praticar atos ou a sofrer sansões com as quais não estão de acordo. Como sublinha Rousseau, "é contra a natureza do corpo político o Soberano impor uma lei que não possa ser alterada".[24] Enquanto corpo que retira sua legitimidade das leis que inventa, ele poderá o tempo todo alterar suas diversas ordenações, sem com isso ameaçar sua constituição. Para compreender a natureza do pacto, devemos ter em mente que não passamos a fazer parte de um Soberano para respeitar um conjunto de regras que retirariam sua existência de uma fonte externa e anterior ao corpo político. Do ponto de vista do Soberano, essa fonte externa não existe e, se algo for introduzido nesse sentido, a consequência será a destruição do corpo político, seja em proveito de um novo corpo político, seja pelo retorno a um estado de anarquia e de miséria. Pactuamos para fugir de uma situação que se tornou insustentável.

A linguagem conceitual, que serve para definir a condição de constituição do Soberano por sujeitos livres e dotados de instinto de sobrevivência, criou um grande número de problemas de interpretação e sugeriu caminhos que, para muitos, pareceram uma ameaça à liberdade do homem. Já fizemos referência a essa dificul-

23 Idem, ibidem, I, VII, p. 363.
24 Idem, ibidem, I, VII, p. 362.

dade e voltaremos a ela, mas gostaríamos de destacar uma das contribuições que seus argumentos deram à teoria política.

Toda a tradição contratualista esbarrou na dificuldade de dizer de que forma um contrato possibilita a seres isolados e separados encontrar uma linguagem comum, potente e clara o suficiente para permitir um engajamento recíproco que está longe de poder ser entendido pelo simples instinto, ou até mesmo por um suposto e hipotético bom senso natural. O pacto comporta tamanha mudança na vida dos indivíduos particulares que a compreensão dos mecanismos por meio dos quais um artifício do homem altera uma condição primitiva derivada da natureza desafiou muitos pensadores e criou muitos impasses. Não podemos esquecer que a possibilidade de aperfeiçoar, tal como descrita por Rousseau no *Segundo Discurso*,[25] não pode ser compreendida como uma capacidade inata para realizar a passagem da solidão inicial à condição de intersubjetividade implicada no corpo político. É claro que não podemos adiantar uma resposta sem introduzir alguns fatores como o uso da razão e seus efeitos sobre a condição humana, mas isso só aumenta as dificuldades em vez de afastá-las. Para os pensadores da Antiguidade e para a tradição republicana do Renascimento, a crença na natureza política do homem permitia escapar desse debate situando o problema das formas políticas como algo diretamente derivado da necessidade de nossa natureza. Hobbes entendeu bem a dificuldade de conciliar a hipótese de um estado de natureza com a hipótese da formação do Estado por meio de um pacto. Por isso dedicou todo o primeiro livro do *Leviatã* ao estudo do homem e da formação e operação de suas faculdades. Tal estratégia não o livrou das críticas posteriores, mas revela a cons-

---

25 Idem, "Discours sur l'origine et les fondements de l'inégalité parmi les hommes", em *Oeuvres complètes*, vol. III, p. 162.

ciência que tinha da necessidade de mostrar os passos que conectam a situação solitária da natureza ao estado político. Rousseau também compreendeu que a passagem ao estado político confere à razão um papel que antes não tinha e altera os termos da questão, mas também para ele isso só aumentou as exigências para o correto entendimento da condição do homem depois do contrato.

O pacto de Rousseau não é da mesma natureza que o hobbesiano, pois não implica a relação entre indivíduos que se engajam uns com os outros, e sim o "engajamento recíproco do público com os particulares".[26] Seja como for, ele estava convencido dos benefícios que o contrato trazia para homens cuja situação era de submissão à necessidade e não mais de contato contínuo e equilibrado com a natureza. No capítulo VIII do primeiro livro, ele afirma, sem ambiguidades, referindo-se ao novo estado dos homens depois do pacto, que "se os abusos da nova condição não o jogassem com frequência para um nível inferior àquele do qual partiu, ele deveria abençoar sem parar o feliz instante que o retirou de sua condição primitiva para sempre e que fez de um animal estúpido e limitado um ser inteligente e um homem".[27] Ao deixar para trás suas origens, o homem abandona uma maneira de se relacionar com seu meio e a forma de liberdade que está associada a essa condição: a independência. Depois do pacto, penetramos no mundo moral no qual ações virtuosas são possíveis assim como seu contrário. Essa constatação é importante porque nos lembra que a política virtuosa deriva diretamente da capacidade adquirida pelos homens que contrataram, e não da natureza. Mas, para considerar o lugar que a virtude ocupa no pensamento de Rousseau, é preciso lembrar o alerta que ele lança no *Emílio*: "Eis-

26 Idem, "Du Contrat social", I, VII, p. 362.
27 Idem, ibidem, I, VII, p. 364.

-nos no mundo moral, eis a porta aberta para os vícios".[28] Ou seja, imaginar que Rousseau tenha feito o elogio da virtude na política sem conhecer os riscos de sua prática e, sobretudo, seu caráter antinatural, é recusar a base realista sobre a qual ele pretendia assentar sua gramática das formas legítimas de poder.

É possível agora analisar um trecho referente ao pacto social, que tem servido de ponto de apoio para muitos críticos do pensador de Genebra. Para compreender os termos da questão, vale a pena citá-lo integralmente. No final do capítulo dedicado ao Soberano, ele afirma:

> A fim, pois, de que o pacto social não seja uma formulação vã, ele contém esse engajamento tácito, o único que confere força aos outros: que aquele que se recusar a obedecer à vontade geral será obrigado a fazê-lo por todo um corpo, o que não significa outra coisa senão que ele será forçado a ser livre. Pois, essa é a condição que, tendo sido cedida pelos cidadãos à sua pátria, o garante contra toda dependência pessoal. Essa condição constitui o artifício e o jogo da máquina política, que torna legítimos os engajamentos políticos, os quais sem isso seriam absurdos, tirânicos e sujeitos aos maiores abusos.[29]

O ponto principal apontado por muitos comentadores é a aparente contradição entre o uso da força e a liberdade. Melzer, por exemplo, acredita que essa forma de abordar a liberdade permite deduzir que a principal tarefa de um Estado constituído segundo os moldes de Rousseau é "eliminar completamente a individualidade e o egoísmo natural do homem",[30] ou, pelo menos,

28 Idem, *Émile ou de l'éducation*, II, p. 123.
29 Idem, "Du Contrat social", I, VII, p. 364.
30 Arthur Melzer, *Rousseau. La bonté naturelle de l'homme*, p. 163.

evitar seus efeitos nefastos para o corpo político. Da tensão resultante entre a natureza e o Estado, a solução de Rousseau implica grandes riscos e, segundo o intérprete, acaba abrindo o caminho para a instituição totalitária do poder.[31] O projeto de Rousseau seria o de "promover o reino absoluto e invencível da lei, de substituir o homem pela lei, de estabelecer a soberania da vontade geral".[32]

Melzer, a exemplo de outros estudiosos, confere um papel central à contraposição entre liberdade e a obrigação de obedecer em todas as ocasiões ao Soberano, pelo simples fato de que ele toma esses dois termos como contraditórios e incompatíveis e, portanto, inconciliáveis, quando se trata de definir os objetivos de uma associação civil. Em alguma medida, ele esposa a definição hobbesiana de liberdade como ausência de constrangimento, mostrando que uma lei cujo alcance ultrapassa a possibilidade de resistência dos indivíduos só pode conduzir a formas radicais de governo, ou a uma concepção filosófica da condição do homem vivendo em sociedade como a de um "humanismo radicalizado".[33]

A ideia segundo a qual a liberdade se confunde com a obediência às leis é uma constante do pensamento de Rousseau e fornece a chave para a interpretação do trecho que citamos. Em primeiro lugar, é preciso lembrar que quando nosso autor afirma que "a obediência à lei que nós nos prescrevemos é liberdade",[34] o acento está colocado na questão da lei e não, como Rousseau chama a atenção do leitor, no problema da definição filosófica da li-

---

31 Idem, ibidem, p. 164.

32 Idem, ibidem, p. 172.

33 "Peut-être la meilleure formule qui convienne à la pensée de Rousseau est-elle celle-ci, un humanisme radicalisé qui cherche à transposer tous les prétendus avantages du divin et du transcendant — de la dimension verticale — au niveau du purement humain et de l'horizontal." Idem, ibidem, p. 194.

34 Rousseau, "Du Contrat social", I, VII, p. 365.

156

berdade.[35] O que interessa é saber de que forma nos relacionamos com uma lei da qual somos os autores. Ou seja, a discussão só faz sentido se tomarmos como adquirido o fato de que, enquanto membros do Soberano, participamos da feitura da lei. Caso contrário, haveria realmente uma contradição entre os termos do problema e não poderíamos falar de liberdade. Várias passagens de Rousseau confirmam o lugar central que a liberdade ocupa em seu pensamento e nada nos autoriza a pensar que um regime baseado na força e que aja contra o Soberano possa ser legítimo aos olhos de nosso autor.[36] Por outro lado, a natureza da lei como um produto necessário do pacto faz dela o centro de gravitação de todos os regimes legítimos e, se deixarmos de lado o aspecto retórico da frase, podemos lê-la simplesmente significando que, uma vez tendo voluntariamente contratado com todo o corpo político, e somente nesse caso, sou forçado a manter meu engajamento e, portanto, a respeitar a lei, o que faz de mim um ser livre.

Spitz tem razão quando afirma, contrariamente a Quentin Skinner, que nada no trecho que estamos analisando sugere que o Estado forçará os homens a agir virtuosamente. Até aqui a palavra virtude não foi pronunciada por Rousseau e não teria uma função em seu argumento.[37] O núcleo da questão permanece sendo o da relação entre coação e liberdade. Mas a ideia adiantada pelo intérprete — segundo a qual a frase significaria que a punição daqueles que violam a lei é a verdadeira maneira de obrigar alguém a ser livre —, embora correta, reduz o alcance da proposição de nosso autor.[38]

O problema que estamos enfrentando é o do fundamento do

35 "[...] le sens philosophique du mot liberté n'est pas ici de mon sujet." Idem, ibidem, p. 365.
36 Ver, por exemplo, idem, "Discours sur l'économie politique", pp. 248-9.
37 Jean-Fabien Spitz, *La Liberté politique*, p. 407.
38 Idem, ibidem, p. 408.

contrato social. Ele implica a perda da condição de independência que caracteriza o estado de natureza e, com isso, cria uma tensão entre algumas características do indivíduo — que serão postas em xeque no momento em que muda de condição — e as exigências do pacto. Nesse movimento de criação do que Rousseau volta a chamar de uma "máquina política", a exemplo da primeira versão do texto, a lei é a alavanca principal que permite o jogo e o funcionamento desse novo ser artificial. O recurso a esses termos nesse momento do texto não é anódino, pois lembra o fato já anunciado de que estamos falando de um mecanismo cuja existência altera de forma decisiva a relação do homem com sua natureza primitiva, mas que só pode existir se contar com a adesão explícita dos homens. Ou seja, por mais complexo que seja o entendimento dos caminhos que nos levam ao contrato, eles passam todos pelo consentimento. Se nos concentrarmos nesse ponto, veremos que a liberdade moral é um artifício e precisa de peças e encaixes para se colocar em movimento. Em sua essência, ela possui um caráter negativo, que não combina com a função repressiva que alguns intérpretes querem atribuir às concepções de Rousseau.

Um trecho das *Cartas escritas da Montanha* ajuda-nos a esclarecer nossas observações anteriores. Comentando as leis que, na primeira metade do século XVIII, haviam ajudado a estabilizar a vida política de Genebra, Rousseau insiste na distinção entre liberdade e independência para dizer em seguida: "A liberdade consiste menos em fazer o que dita nossa vontade do que em não ser submetido à vontade dos outros; ela consiste ainda em não submeter a vontade dos outros à nossa. Quem é senhor não pode ser livre; reinar é obedecer".[39] O pacto social visa exatamente a fornecer o meio artificial, a mediação para fugirmos de uma condição que, de outra forma, tenderia a perpetuar a ideia de independên-

---

39 Rousseau, "Lettres écrites de la Montagne", pp. 841-2.

cia, herdada da natureza, como modelo da relação com o outro. A prova disso é que, na ausência de constrangimento externo, é exatamente o que fazemos quando na vida social vemos nossos interesses particulares serem contrariados.

A esse respeito, estamos em perfeito acordo com Baczko, quando afirma que a encarnação da liberdade na lei é o centro da filosofia política de Rousseau e que "obedecer à lei moral não em virtude da autoridade, da revelação ou de uma obrigação qualquer, mas em virtude de sua própria razão e de sua consciência, eis no que consiste a virtude".[40] Querer fazer do cidadão virtuoso o centro das preocupações de Rousseau é esquecer-se que sua intenção original é encontrar os fundamentos últimos do político e que, nesse sentido, não há nem mesmo como falar de cidadania quando ainda estamos pesquisando a criação das formas políticas. O problema nuclear, ao qual voltaremos, é o da natureza do soberano, de suas prerrogativas e de seus limites, e não o dos efeitos posteriores aos de sua constituição. Tomando esse ponto de partida, compreendemos que a questão da virtude é um derivado do problema dos fundamentos da política, e não seu eixo. Porém, não estamos negando com isso que Rousseau tenha se preocupado com o problema da ação virtuosa e seu papel na manutenção do pacto. O que temos de entender é que essa preocupação diz respeito à manutenção do pacto, e não à sua formação. Ora, a força da obra que estamos analisando está justamente em que ela enfrenta as questões que desafiaram os grandes pensadores políticos da história de um ponto de vista que combina uma visão moderna do contrato com a herança conceitual da tradição republicana cujas raízes remontam à Antiguidade.

Antes de seguirmos nossa investigação sobre a natureza do soberano e seus meios de efetivação do contrato, vale a pena retor-

---

40 Bronislaw Baczko, op. cit., p. 308.

nar aos fundamentos da vida política para descobrir se as referências anteriores à liberdade e à lei são suficientes para seguirmos viagem. O leitor do *Segundo Discurso* se espantaria com a ausência de referência até aqui ao problema da igualdade. Afinal, toda a reflexão de Rousseau foi marcada pelo fato de que a passagem do estado de natureza ao estado social gerou uma tamanha desigualdade que às dificuldades provocadas pelas alterações nas condições naturais de sobrevivência acrescentaram-se outras, fazendo da diferença natural entre os homens — fenômeno quase imperceptível por seus efeitos no estado de natureza — um verdadeiro motor das diversas formas de domínio arbitrário do homem pelo homem, caracterizando assim as formações históricas.[41]

Em sua busca pela república, não faria sentido Rousseau deixar de lado essa questão, a qual se encontra na raiz de suas reflexões sobre a política.[42] Nossas considerações anteriores mostraram de que maneira Rousseau inicia sua pesquisa sobre a natureza da liberdade política associando-a aos vínculos que os homens estabelecem com as leis às quais aderem voluntariamente através do pacto. Resta compreender como a igualdade é um fator decisivo na construção de uma sociedade legítima.

Desde o *Segundo Discurso* Rousseau insistiu que a criação das diversas sociedades tende a instituir uma diferença entre o forte e o fraco, ou, mais tarde, entre o rico e o pobre, e que isso estará na origem de uma boa parte dos tumultos e massacres que, com frequência, habitam a história dos povos.[43] Essa observação serve para guiar suas reflexões sobre a origem das sociedades civis e das desigualdades resultantes da agregação anárquica que preside as

41 Rousseau, "Discours sur l'origine et les fondements de l'inégalité parmi les hommes", p. 187.
42 Idem, "Du Contrat social", II, XI, p. 391.
43 Idem, "Discours sur l'origine et les fondements de l'inégalité parmi les hommes", pp. 188-9.

primeiras formas de sociabilidade, mas está longe de perder sua pertinência quando se trata de analisar as nações e cidades modernas. Ao contrário, é a ela que ele recorre quando explica o estado no qual se encontrava sua cidade natal no momento em que se desenvolveram os conflitos entre uma parte da classe dirigente, o povo, e um grupo pequeno que usurpara o poder.

A análise dos conflitos sociais, porém, não nos autoriza nenhum tipo de maniqueísmo, que associaria os males das sociedades apenas ao comportamento de uma das partes envolvidas nas lutas intestinas. De forma contundente, Rousseau mostra que os dois extremos do espectro social tendem a trabalhar para a destruição do corpo político e não para sua manutenção: "Os ricos conservam a Lei dentro da bolsa de dinheiro; o pobre prefere o pão à liberdade".[44] Deixando de lado os casos extremos, o corpo político continua ameaçado pelas lutas que o consomem. Assim, a boa resposta aos que se preocupam com sua sobrevivência não deve nem abandonar o realismo, que preside a análise histórica sadia, nem se esquecer dos princípios que fundam uma república legítima, único guia do qual não podemos nos separar se não quisermos cair no jogo infrutífero das disputas partidárias.

Ao lado da liberdade, primeiro fundamento da república, Rousseau acrescenta a igualdade, que encontra seu terreno no artifício humano por meio da justiça: "O primeiro e maior interesse público é sempre a justiça. Todos querem que as condições sejam iguais para todos, e a justiça nada mais é do que essa igualdade".[45] Se aceitarmos que a justiça das sociedades históricas só pode existir através de um corpo de leis partilhado, veremos que é em torno dessa engrenagem frágil e complexa que ganham realidade os dois princípios fundamentais da república: a liberdade e a igualdade.

44 Idem, "Lettres écrites de la Montagne", p. 890.
45 Idem, ibidem, p. 891.

Sem o pacto e sua expressão sob a forma de leis, esses princípios permanecem abstratos e incapazes de fornecer aos homens uma saída para o estado miserável que decorre de seu abandono da natureza. A lição de Rousseau é que a busca pelos princípios, a qual ele define como meta de toda filosofia política,[46] é a ferramenta principal a ser usada pelos que se dispõem a compreender as fraturas produzidas nas sociedades históricas pelas diversas forças em competição. Sem essa constante referência aos fundamentos não seria possível, por exemplo, que Rousseau concluísse em sua *Carta* que os poderosos de Genebra eram os maiores responsáveis pelos riscos que a cidade corria de se ver envolvida em conflitos sem solução, pois nada em sua condição os levava a amar a igualdade.[47]

O direito é, na lógica de Rousseau, o artifício capaz de restituir a igualdade perdida na passagem do estado de natureza ao estado político.[48] Se ele fracassa, a riqueza se converte na principal fonte de poder e a desigualdade se institui como regra de distribuição da justiça, o que mina a legitimidade do sistema político. Em seu *Projeto de Constituição para a Córsega* ele retoma o tema da divisão da sociedade entre ricos e pobres e afirma: "Nesse caso, a potência aparente está nas mãos dos magistrados e a potência real nas mãos dos ricos. Em tal governo, tudo funciona ao sabor das paixões dos homens; nada converge aos objeti-

---

46 Idem, "Discours sur l'origine et les fondements de l'inégalité parmi les hommes", p. 123.

47 "Chez les Chefs c'est toute autre chose: leur état même est un état de préférence, et ils cherchent des préférences partout." Idem, ibidem, p. 891.

48 O final do primeiro livro do *Contrato social* afirma exatamente a tese segundo a qual o pacto cria uma verdadeira igualdade moral. Idem, "Du Contrat social", p. 367. A esse respeito, ver Robert Derathé, *Jean-Jacques Rousseau et la science politique de son temps*, p. 242.

vos da instituição".[49] O objetivo de Rousseau não é, como afirmaram alguns, o estabelecimento de um sistema igualitário radical, mas sim a instituição de um poder legítimo e, portanto, justo,[50] Em seu *Discurso sobre a economia política*, ele mostra que o simples apelo para que o povo seja virtuoso e que ame sua pátria é algo ridículo quando ela nada tem a oferecer-lhe a não ser um sistema discriminatório de leis. A igualdade é, em primeiro lugar, igualdade real diante do Estado e de suas leis, e não uma ficção que apenas afastaria os cidadãos.[51] Liberdade e igualdade formam um par inseparável na constituição de um Estado republicano e são um termômetro fiável para medir sua corrupção. A ausência de um desses fundamentos é um sinal claro da ausência do outro e, consequentemente, dos riscos efetivos que corre o pacto social. Nessas situações é que aquilatamos o quão difíceis são a construção e a manutenção de um Estado republicano e, ao mesmo tempo, o quão desejável ele é para a sobrevivência de seus membros.

O PODER SOBERANO E A VONTADE GERAL

Identificados os fundamentos de um pacto legítimo, nada garante que saibamos o caminho para torná-lo efetivo. O primeiro obstáculo vem da dificuldade em compreender a natureza do soberano e sua forma de operação. Antes de avançar no conhecimento das instituições, como procedem com frequência as ciências sociais, Rousseau acredita que é preciso analisar as principais características do soberano e seus limites. Em outras palavras, ele

49 Rousseau, "Projet de Constitution pour la Corse", em *Oeuvres complètes*, vol. III, p. 939.
50 Mauricio Viroli, op. cit., p. 100.
51 Rousseau, "Discours sur l'économie politique", em *Oeuvres complètes*, vol. III, p. 256.

segue sua busca pelos fundamentos, deixando o estudo do funcionamento das sociedades históricas para mais tarde. Nesse sentido, sua démarche se diferencia muito da de Montesquieu, identificado por Raymond Aron como o pai da sociologia moderna.[52] O pensador de Genebra permanece nas águas da filosofia política.

O ponto de partida de Rousseau é a identificação do exercício da vontade geral com a soberania. O enunciado desse que é um operador central na gramática republicana vem acompanhado de uma primeira complicação, que está no fato de que nosso autor não se contenta com a aproximação entre a soberania e a ação da vontade geral, mas acrescenta que ela é inalienável.[53] Essa referência, longe de resolver o problema da definição do conceito, torna-o ainda mais complexo, pois vincula uma ação exercida pela totalidade do corpo político a uma condição que limita sua forma de operação. Dizendo de outra maneira, ao identificar o exercício da vontade geral à soberania, Rousseau abre as portas para a difícil questão de saber como e quando a vontade geral se manifesta e quais são os caminhos que garantem a legitimidade de sua atuação.

O termo "vontade geral" era usado desde o século XVII por pensadores como Arnauld, Pascal, Malebranche e outros. Para Malebranche tratava-se de algo natural e, por isso, podia se tornar geral sem que os homens tivessem de interferir.[54] Já em Rousseau a vontade geral é, como todo o pacto, artificial. A questão de como torná-la efetiva não pode se servir de nenhum mecanismo herdado pelos homens de sua natureza primeira. Uma das características do contratualismo de Rousseau é justamente a de nunca se

---

52 Raymond Aron, *Les Étapes de la pensée sociologique*, pp. 27-66.
53 Rousseau, "Du contrat social", II, I, p. 368.
54 Patrick Riley, "Rousseau's General Will", em Patrick Riley (org.), *The Cambridge Companion to Rousseau*, p. 125.

afastar do princípio que faz de toda associação um processo de distanciamento da natureza e um artifício. Mesmo quando essa separação se tornou irreversível, ela não opera a partir de dados *a priori*.

É necessário lembrar que, para Rousseau, o que garante a possibilidade de existência de uma vontade geral não é uma concepção finalista da natureza humana, mas a constatação de que, se os homens não conseguissem encontrar um terreno comum de entendimento, a vida política seria impossível. Ou seja, de um lado há a constatação de que os interesses divergem naturalmente; de outro, há o fato de que existe um interesse comum, que pode ser reconhecido por todos.[55] A conclusão é que "é unicamente sobre esse interesse comum que a sociedade deve ser governada".[56] A ideia, portanto, de que o objetivo do exercício da vontade geral é a extinção das vontades particulares em proveito de um Estado absoluto não faz sentido algum, uma vez que não existe um terreno global que possa recobrir todos os interesses e se transformar em interesse comum. Os interesses particulares continuam a existir depois do pacto. Por isso, também seus limites têm de ser definidos pelas leis fundamentais, pois, caso contrário, o desejo de cada particular será sempre uma ameaça para a integridade do soberano.

A novidade do pensamento de Rousseau não está no apelo ao tema da soberania e nem mesmo na identificação do povo como elemento central do soberano. Desde Marsílio de Pádua, a ideia de uma fundamentação "ascendente" do poder, para usar o termo de Ullman,[57] tornou-se uma das variantes possíveis para se pensar a questão da soberania e para definir seus mecanismos de operação.

55 Jean-Fabien Spitz, op. cit., p. 388.
56 Rousseau, "Du Contrat social", ii, i, p. 368.
57 W. Ullmann, *Principios de gobierno y política en la Edad Media*, 1961, pp. 235-72.

Ao mostrar, entretanto, que a única fonte de legitimidade do poder era o povo, Marsílio de Pádua esbarrou no problema de encontrar uma definição precisa do elemento popular e da maneira como ele se manifesta para constituir as bases do poder legítimo. Recorrendo à noção de que basta a manifestação de sua *parte preponderante*,[58] ele procurava uma solução para o problema de uma escolha que engloba o conjunto dos membros do corpo político e toma como referência a opinião de sua parte dominante, e não apenas de seus membros mais poderosos.[59] Contudo, a modernidade do pensamento de Marsílio de Pádua não pode nos levar a esquecer que sua filosofia mantém viva a ideia da existência de uma fonte transcendente de legitimação da vontade popular, única capaz de conferir sentido ao poder estruturado pela "via ascendente".

Rousseau apela para a vontade geral, mas não conta nem com a ideia de uma sociabilidade natural, presente em Marsílio de Pádua, nem com a possibilidade de que o poder seja garantido por uma fonte transcendente. Ao contrário, sendo o pacto puro artifício, só pode retirar sua legitimidade da manifestação explícita da totalidade de seus participantes.[60] Qualquer infração a essa regra destrói a coerência do corpo político e torna o contrato inicial nulo. Essa coerência é tão mais difícil de ser obtida que, para o pensador de Genebra, "se o povo promete simplesmente obedecer, ele se dissolve por meio desse ato e perde sua qualidade de povo".[61] Ou seja, um pacto de submissão[62] não funda um governo legítimo.

---

58 Marsilie de Padue, *Le Défenseur de la Paix*, p. 155.

59 Cary Nederman, *Community and Consent*, pp. 53-73.

60 Rousseau afirma em uma nota: "Pour qu'une volonté soit générale il n'est pas toujours nécessaire qu'elle soit unanime, mais il est nécessaire que toutes les voix soient comptées." Rousseau, "Du Contrat social", II, I, p. 369.

61 Idem, ibidem, p. 369.

62 Para uma tipologia dos pactos e seus usos no tempo de Rousseau, ver Robert Derathé, *Jean-Jacques Rousseau et la science politique de son temps*, p. 223.

Apenas quando a vontade geral se manifesta livremente, e do ponto de vista da totalidade de seus membros, o pacto é válido e dá origem a uma república.

Um pacto legítimo é algo difícil de se realizar. Para compreender as dificuldades, é preciso estar atento para os níveis diferentes em que se estruturam conceitos como os de soberania e vontade geral. Ao perder de vista a intenção original do autor, corremos o risco de criticar Rousseau pelo que ele não disse e deixar de lado os pontos nevrálgicos de sua filosofia. Encontramos um exemplo interessante desse risco na afirmação de que o soberano não pode se fazer representar.[63] O fato de Rousseau dizer que o soberano não pode ser representado deu nascimento, ainda no curso da Revolução Francesa, à interpretação de que ele era contra a ideia de representação e, por isso, acreditava ser impossível a república em grandes Estados.

Rousseau realmente tinha dificuldades com a ideia de que um regime republicano, tal como a Antiguidade conhecera, pudesse ser instalado nas grandes nações europeias. Além do mais, dividia com muitos de seus contemporâneos a desconfiança quanto à eficácia dos mecanismos de representação. O ponto é saber se sua opinião sobre as duas questões serve como chave de interpretação para o problema que anunciamos. O soberano a que se refere Rousseau retira sua identidade da capacidade de existir como uma totalidade, como um ser nascido do artifício, que deve romper o isolamento próprio do estado de natureza. A constituição de um corpo político é o resultado da congregação de muitas vontades particulares em torno do que elas foram capazes de figurar como sendo um bem comum.[64] Para que exista

---

63 Rousseau, "Du Contrat social", II, I, p. 368.

64 Sobre a noção de bem comum em Rousseau, ver Jean-Fabien Spitz, op. cit., p. 377.

representação é necessário que exista um "outro", exterior ao que se faz representar. Rousseau insiste que a manifestação da vontade geral é o momento zero do corpo político e que tudo o que lhe é exterior representa uma ameaça a ser conjurada ou um objeto indiferente. Por isso, não há um "outro" capaz de representar o corpo político em sua totalidade, pois sua simples existência indicaria que a fonte do poder legítimo se encontra fora do corpo constituído. O desafio conceitual enfrentado pelo genebrino foi o de pensar esse marco zero, essa tábula rasa a partir da qual as leis humanas são instituídas. O fato de os revolucionários de 1789 terem tomado Rousseau como guia naquilo que era uma aventura excepcional na história prova que muitos compreenderam a ideia de que o *Contrato social* fornecia uma gramática nova para uma situação que era vivida como uma criação absoluta da vontade livre dos homens.

A explicitação da segunda característica essencial da soberania ajuda na compreensão de sua inalienabilidade. Ao defender a ideia de que a soberania é indivisível, nosso autor retorna à noção de que, no momento da constituição do corpo político, a regra de ouro que preside seu aparecimento é a necessidade de conservar seu caráter unitário. Daí a radicalidade de sua formulação: "Pois a vontade ou é geral, ou não existe".[65] O objeto de sua manifestação é o que chamamos de leis fundamentais, que são aquelas que conferem identidade aos corpos políticos e os fazem existir. Isso não quer dizer que na vida política normal as vontades particulares não se manifestem e produzam regulamentos. A generalidade da vontade é uma exigência do momento de fundação do corpo político, e não uma característica de seu funcionamento ordinário. Por essa razão, não devemos confundir o problema da representação em um regime, que venhamos a chamar de republicano, com sua

---

65 Rousseau, "Du Contrat social", II, I, p. 369.

impossibilidade no momento de criação de uma república, tomada no sentido primeiro que lhe confere Rousseau. Essa observação não resolve a questão da representação. De alguma maneira ela permanece intacta, mas, ao perdermos de vista o objeto de investigação de Rousseau, acabamos misturando tópicos fundamentais do pensamento republicano moderno e contribuindo para sua incompreensão.

Em outros termos, podemos dizer que o que Rousseau investiga são os caminhos de criação de um corpo unitário, que será ele mesmo particular em relação aos outros corpos políticos. Criar a unidade a partir da particularidade e recusar a ideia de uma totalidade que possa abarcar o gênero humano é o imenso desafio a que se propôs o pensador de Genebra. Criticando aqueles que não entendem o caráter unitário do organismo que é produzido pelo pacto, ele diz que eles "fazem do Soberano um ser fantástico formado por peças que foram acrescentadas para completá-lo; é como se eles compusessem um homem de vários corpos dos quais um teria os olhos, outro, os braços, outro, os pés, e nada mais".[66] Se lembrarmos o recurso ao transcendente e a crença em formas de governo universais — que dominou boa parte da história dos séculos que antecederam Rousseau — e, ainda, a pretensão de muitos de seus contemporâneos de legitimar governos despóticos em nome da razão,[67] podemos medir o alcance de sua filosofia. Em que pesem os problemas criados pelo apelo ao conceito de vontade geral, é preciso reter o fato de que ao nos ensinar o caráter artificial e unitário da criação do corpo político, Rousseau nos previne contra a tentação, ainda corrente nos dias de hoje, de que os problemas da política podem ser resolvidos simplesmente dando livre curso à natureza humana. A história está cheia de regimes que

66 Idem, ibidem, p. 369.
67 Idem, ibidem, p. 370.

garantiram o poder para uma parte da população e alienou a outra de quase tudo em nome da natureza. Isso não quer dizer que sejam legítimas por existir. Do ponto de vista de Rousseau, elas não formarão um corpo político enquanto não for encontrado um denominador comum das vontades.

A busca por esse denominador comum, que também podemos chamar de bem comum, explica a afirmação de que a vontade não pode errar. Não se trata, é óbvio, de dizer que o povo não se equivoca em suas decisões — o que, aliás, parece sugerido quando o pensador diz que "não corrompemos jamais o povo, mas com frequência ele é enganado".[68] Se conferirmos à frase uma interpretação sociológica, teremos muita dificuldade para compreender seu significado na história, ou estaremos diante de uma forma de populismo radical de difícil sustentação. Como essa hipótese nos parece pouco provável, talvez seja mais razoável recuperar os termos do problema para deslindarmos o sentido da proposição. O povo a que se refere Rousseau não pode ser um aglomerado dividido por grupos de interesses e organizado segundo desejos particulares. Ao contrário, ele nos diz que é exatamente nessa condição de agrupamento parcial, em que as vontades particulares se sobrepõem ao Estado, que ele se encontra mais exposto às manipulações. O povo ao qual Rousseau se reporta é uma espécie de magma primitivo no qual entram apenas os elementos mais essenciais de constituição do corpo político: a necessidade de sobreviver, as vontades individuais, os sentimentos de cada um e o impulso para formar um todo que nos libere da incerteza de uma vida ameaçada. Nesse estado em que a vontade de se associar ocupa o lugar da tendência natural à solidão, a vontade geral pode se manifestar plenamente. Ora, nessa região, o ponto de convergência, o interesse comum é o único verdadeiramente visado pela vontade geral.

68 Idem, ibidem, p. 371.

Todas as outras regiões de convergência parcial de interesses são o território da vontade da maioria, "que diz respeito ao interesse privado e nada mais é do que uma soma das vontades particulares".[69]

É claro que nas sociedades democráticas atuais nos confrontamos o tempo todo com manifestações de vontades particulares e somos frequentemente submetidos a decisões resultantes da vontade da maioria. Não há nada de errado nisso e seria impossível exigir uma expressão contínua da vontade geral. A questão é saber se uma sociedade democrática republicana pode se constituir sem a expressão inicial da vontade geral e sem a identificação do bem comum como polo central de construção da cidadania. Nesse caso, a resposta é negativa. Segundo Rousseau, o grande risco que encontramos em muitas sociedades é o da organização parcial de seus membros em grupos de poder, que acabam impedindo a formação da vontade geral ou destruindo o acordo inicial que as fez existir. Para ele, a condição para a existência da vontade geral é "que não haja sociedades particulares no Estado e que cada Cidadão opine apenas a partir de si mesmo".[70] O Estado em Rousseau resulta dessa curiosa combinação entre um individualismo radical e a necessidade de criar um corpo político unitário.[71]

Mas é preciso lembrar mais uma vez que essas considerações dizem respeito à criação do Estado, à instituição de suas leis fundamentais, e não servem para descrever todos os aspectos de uma sociedade particular em seu funcionamento cotidiano. No máximo, podemos nos servir das proposições enunciadas como uma

---

69 Idem, ibidem, p. 371.

70 Idem, ibidem, p. 372.

71 Encontramos em Melzer uma discussão interessante a esse respeito, mesmo se discordamos de sua afirmação de que a vontade geral pode se confundir com um "código ancestral de leis". Arthur Melzer, *Rousseau. La bonté naturelle de l'homme*, pp. 270-95.

ferramenta de crítica e análise de uma situação precisa, mas não podemos transformar em sociologia o que tira sua validade de uma discussão sobre o fundamento de todas as sociedades políticas. Em outras palavras, não podemos fazer de uma filosofia política, e de sua procura pelos fundamentos do político, uma sociologia, sem prestarmos atenção às mediações necessárias para encontrar a zona de convergência dos saberes.

Uma primeira conclusão serve para guiar nossas reflexões. Se nossa análise anterior está correta, podemos afirmar que o debate sobre a vontade geral concerne à fundação das sociedades, à essência do pacto, e tem por objeto a situação inicial de criação de um ser artificial: o corpo político. Mas essa delimitação do problema não apaga o fato de que se a referência ao bem comum não se fixar como o objetivo central da associação entre os homens, e se a vontade geral não puder ser evocada depois do momento de fundação através do emprego de leis fundamentais, o Estado não fará mais sentido. Rousseau resume maravilhosamente esse ponto ao dizer:

> Se o Estado ou a Cidade nada mais é do que uma pessoa moral cuja vida consiste na união entre seus membros, e se o mais importante de seus cuidados é o de sua própria conservação, é necessária uma força universal e compulsiva para mover e dispor cada parte da forma mais conveniente para o todo.[72]

O difícil na efetivação do pacto é que o Soberano deve retirar de cada participante tudo o que lhe for necessário, e nada mais.[73] Isso significa, em primeiro lugar, que ao cidadão de um Estado

72 Rousseau, "Du Contrat social", II, I, p. 372.
73 "On convient que tout ce que chacun aliène par le pacte social de sa puissance, de ses biens, de sa liberté, c'est seulement la partie de tout cela dont l'usage importe à la communauté, mais il faut convenir aussi que le Souverain seul est juge de cette importance." Idem, ibidem, p. 373.

restarão bens e direitos que lhe são próprios, mas, ao mesmo tempo, que o que for colocado à disposição do Soberano o será de forma absoluta. O critério para definir o que é útil para a comunidade será estabelecido pelo Soberano, mas é preciso lembrar que o Soberano nada mais é do que a reunião dos que aceitaram fazer parte do pacto. A tarefa de criar um corpo político é algo extremamente delicado e exige, diríamos hoje, uma engenharia sutil e refinada. Mas Rousseau não se cansa de mostrar que os fundamentos do pacto são inalteráveis em qualquer situação. Ou seja, um acordo que destruísse a liberdade e negasse a igualdade entre os participantes não seria válido.[74] O Soberano é absoluto apenas dentro de suas fronteiras e elas são fixadas pela lei fundamental: "Vemos dessa forma que o poder Soberano, mesmo sendo absoluto, sagrado e inviolável, não ultrapassa os limites das convenções gerais".[75]

Rousseau se filia a uma longa tradição do pensamento republicano ao fazer da liberdade e da igualdade os fundamentos da vida política e ao demonstrar que a república é essencialmente um regime de leis. Sua grande contribuição ao republicanismo moderno está em que, tendo conservado os eixos da tradição, soube pensá-los à luz de uma época que recusava a fundamentação transcendente do poder e assumia como uma de suas conquistas a ideia de indivíduo e de direitos individuais. O desafio que ele enfrentou, e que repercute até hoje nos debates sobre as sociedades democráticas, foi o de conservar o lugar do indivíduo e ao mesmo tempo apontar para o que ele tem de alienar se quiser viver em uma sociedade capaz de levar em conta o interesse de toda a co-

---

74 "Par quelque côté qu'on remonte au principe, on arrive toujours à la même conclusion: savoir, que le pacte social établit entre les citoyens une telle égalité qu'ils s'engagent tous sous les mêmes conditions, et doivent jouir tous des mêmes droits." Idem, ibidem, p. 374.

75 Idem, ibidem, p. 375.

munidade e não apenas sua soma. Como já dissemos, muitos pensadores liberais contemporâneos viram em Rousseau o pai de algumas formas de autoritarismo. Eles o fizeram simplesmente porque não levaram em conta o fato — tantas vezes afirmado pelo filófoso — de que não há regime político legítimo onde não há liberdade e igualdade entre os cidadãos do ponto de vista da lei fundamental. Longe de ter deixado de lado o direito e de ter descurado de sua importância para as sociedades livres da modernidade, ele foi um dos primeiros a afirmar o papel das constituições num mundo em que o poder se assume como laico e como produto do artifício humano. É óbvio que o republicanismo de Rousseau comporta muitos problemas complexos, dentre os quais aquele da explicitação dos mecanismos que, em momentos históricos concretos, tornam possível a realização do pacto segundo os critérios exigidos por ele. No entanto, dificilmente poderíamos acusá-lo de desconhecer essas dificuldades ou de não ter compreendido a tensão que a modernidade criou entre os desejos individuais e a sociedade política.

Como observou Baczko, ao fundar a lei na vontade geral e ao indicar o interesse comum como sua baliza principal, Rousseau pretendia conferir "uma tonalidade afetiva ao laço social".[76] O Estado é o lugar de realização dos ideais de cidadania que, em sua plenitude, devem repetir a transparência manifesta no ideal de solidão defendido em outras obras.[77] É por meio da correspondência entre esses dois ideais que compreendemos o papel que o amor à pátria tem em seu pensamento. Se a relação com o corpo político for incapaz de ultrapassar o movimento inicial provocado pela necessidade de sobrevivência, a permanência dos interesses particulares no interior do novo organismo acabará por destruí-lo

76 Bronislaw Baczko, op. cit., p. 331.
77 Idem, ibidem, p. 372.

ao torná-lo incapaz de conjurar as ameaças que presidiram seu nascimento. Os riscos representados pelos conflitos inerentes aos membros da sociedade civil explicam, para Rousseau, a necessidade da virtude para a manutenção das leis fundamentais. Voltaremos a esse tema no final do capítulo, mas gostaríamos de assinalar que a virtude não é o que funda o corpo político e, nesse sentido, não é a fonte de sua legitimidade. Se ela se torna necessária para a vida das repúblicas, isso se deve menos ao seu papel ativo no momento da fundação — pelo menos no tocante ao cidadão comum — e mais ao fato de que o pacto não anula os desejos particulares, que continuam vivos e atuantes em um sentido diferente daquele que se tornou essencial para a conservação da vida, quando as condições naturais forçaram os homens a se associarem. A virtude requerida no momento da instituição das leis fundamentais concerne apenas à figura extraordinária do legislador. Ela é diversa daquela que os cidadãos podem vir a desenvolver. Antes de abordar o tema da virtude em seu aspecto ordinário, é preciso passar pelas águas profundas do criador de leis.

O PROBLEMA DO LEGISLADOR: A HERANÇA DA ANTIGUIDADE

Definidas as características essenciais do Soberano e as condições do pacto, resta o problema de sua efetivação. Desde Maquiavel, a diferença entre o momento de criação do corpo político, ou mesmo da ocupação do poder, e aquele da conservação das sociedades políticas teve um lugar importante na história do republicanismo moderno. Mas o secretário florentino partia da concepção do homem como animal político e do tempo circular, o que facilitava o entendimento das condições que presidem os momentos de profunda transformação ou de criação de novas formas políticas. Rousseau parte da ideia de que toda fundação é uma tábula rasa e que as leis devem ser inscritas em uma natureza que pode muito bem existir sem elas. Para pensar esse momento extraordinário, Rousseau recorreu à figura do legislador.

Nathalie-Barbara Robisco tem razão quando afirma que "a figura do legislador é a contribuição mais decisiva do pensamento político de Rousseau àquele dos revolucionários".[78] Talvez por isso esse conceito tenha produzido mal-entendidos e críticas violentas tanto pelos que se opuseram à Revolução em sua época quanto por estudiosos que viram nele a prefiguração do ator político virtuoso e tirânico, que dominaria a cena francesa durante a fase do Terror.

Para compreender a questão do legislador rousseauniano, vale a pena começar pela menção à herança da Antiguidade, que ele mobilizou em seu texto e que contribuiu de forma decisiva para muitas das críticas recebidas pelos seus escritos. Nossa hipótese é que, para expor seu pensamento, ele se serve de um lugar--comum da tradição republicana, exatamente por se encontrar diante de um fenômeno para o qual a modernidade não havia fornecido nenhuma pista. Nesse movimento ele encontra, de um lado, os exemplos da Antiguidade, usados largamente em seu tempo, como já mostramos, e que facilitam o entendimento de suas análises; de outro lado, há o problema conceitual do criador das leis e de suas funções. Esse segundo aspecto finca suas raízes na Grécia antiga e se transmitiu ao longo dos séculos com notável fidelidade. Embora não possamos dizer que Rousseau tenha se servido de todos os aspectos dessa tradição, devemos identificar primeiramente o léxico que tinha à sua disposição para depois compreendermos o uso que ele deu a alguns de seus termos. Com essas referências pretendemos esclarecer o aparelho conceitual

---

78 Nathalie-Barbara Robisco, *Jean-Jacques Rousseau et la Révolution Française*, p. 113.

subjacente às análises do pensador de Genebra, embora acreditemos que também nesse domínio ele contribui para a criação de uma matriz original francesa do pensamento republicano.

A primeira tópica que devemos recordar é a dos fundadores de cidades, o *oikist*.[79] Desde Homero, o discurso sobre as origens das cidades ocupou um lugar importante e se constituiu numa tópica essencial da cultura grega arcaica. Encontramos na *Ilíada*,[80] quando Eneas fala com Aquiles no momento em que os dois se preparam para um novo combate, um modelo desse gênero de discurso. O troiano insiste em defender sua cidade, apelando para sua origem divina e para o caráter nobre de seus fundadores. No caso, Eneas mostra que Troia nasceu do trabalho de Zeus, o qual, ao criar a Dardânia, lançou as bases de uma linhagem que daria em Ilos, fundador e herói mítico da terra troiana. Quanto ao culto a esse iniciador da raça troiana, basta lembrar a reunião dos chefes com Heitor nos pés do túmulo de Ilos[81] para termos uma ideia de como se procedia para realizar a ponte entre o passado glorioso e o presente. Cada cidade buscava se diferenciar relacionando sua origem com um nome do passado erigido em um marco inicial de uma história cujos traços se perdiam no tempo. Mais concretamente, isso era feito através do estabelecimento de um lugar na cidade que servia como repouso dos restos daquele a quem a cidade devia sua formação.

É preciso observar que essa maneira de proceder — a designação de um herói fundador e a marcação de sua presença na vida da cidade através da delimitação de seu túmulo — não ocorre apenas no interior do discurso poético, ou descreve uma

79 Retomamos aqui algumas partes de nosso estudo sobre Sólon publicado em Newton Bignotto, "A solidão do legislador", em *Kriterion*, nº 99, pp. 7-37 (1999).
80 Homère, *L'Iliade*, xx, pp. 200-47.
81 Idem, ibidem, x, pp. 412-30.

situação particular de um número reduzido de cidades. Como mostra Polignac,[82] estamos, na verdade, na presença de uma estratégia que foi a base dos discursos de constituição da identidade de muitas das cidades gregas.[83] O herói fundador, normalmente um personagem lendário, estabelecia a ponte entre uma fase pré-política e uma fase humana e civilizada. Sua função era a de apagar os traços de um mundo dominado por monstros e criaturas terríveis, que impediam a vida humana de progredir, para forjar um lugar em que os homens assumiam o controle de suas ações e a responsabilidade pela manutenção de seus laços originais.[84] O fundador mítico realizava uma unificação não só da pré-história com a história, mas também do próprio território, unindo o centro urbano aos confins rurais com seus cultos e lendas.[85] A transferência de seu poder se dava exatamente da forma descrita por Homero: um conselho nobre, reunido em torno de seu túmulo, recebia o poder político por ele instituído.[86]

O processo de criação das cidades descrito acima implica a transferência das raízes da *polis* para longe das disputas que consumiam os diversos segmentos da sociedade grega na época arcaica. A função da figura do herói fundador era a de distanciar a origem da *polis* dos acontecimentos nos quais as forças em luta eram incapazes de produzir uma imagem da unidade, que devia presidir sua existência. Nesse sentido, como mostra McGlew, "as lendas de fundação eram carregadas de significado enquanto modelos de narração da fundação da cidade e não podem ser

---

82 F. de Polignac, *La Naissance de la cité grecque*. Paris: Éditions de la Découverte, 1984, p. 133.
83 Para o caso de Atenas, ver N. Loraux, *Les Enfants d'Athéna*, cap. 1.
84 F. de Polignac, op. cit., p. 136.
85 Idem, ibidem, p. 139.
86 Idem, ibidem, p. 140.

consideradas simples produtos de um desejo inocente de relembrar o passado".[87]

Uma outra tópica da cultura grega do período arcaico, mas que permaneceu viva na época clássica, foi a do legislador — *nomothetés*.[88] Ela nos interessa de perto na medida em que Sólon e Licurgo foram exemplos importantes na Antiguidade deste tipo de ator da vida política. Num artigo famoso, Adcock chamou a atenção para o fato de que essa tópica era utilizada no mundo antigo tanto para figuras históricas quanto para mitos.[89] Ele sugeriu, assim, que os historiadores deveriam adotar uma divisão entre os legisladores verdadeiros, cujo trabalho aparece documentado em fontes históricas confiáveis e cuja obra legislativa é coerente com o período histórico ao qual pertence, e os legisladores, que foram o produto da imaginação poética da época e cuja obra tem um caráter mais ético do que prático.

Essa divisão nos parece de todo coerente e é certamente útil não só para o estudioso da Grécia antiga, mas também para a compreensão da propagação desse aspecto da cultura política grega ao longo dos séculos. Do nosso ponto de vista, no entanto, tem pouca eficácia, pois o que nos preocupa é a maneira como os legisladores eram pensados pelos gregos e como essa tópica se incorporou à cultura política do Ocidente, permanecendo viva até o século XVIII.

As duas tópicas gregas a que fizemos referência se transmitiram e influenciaram diretamente a constituição da tradição republicana desde suas raízes romanas. Cícero refere-se à criação de novas formas políticas como a ação mais elevada a que pode aspi-

---

87 James F. McGlew, *Tyranny and Political Culture in Ancient Greece*, p. 18.
88 Ver a esse respeito M. Gagarin, *Early Greek Law*, pp. 58-60.
89 F. E. Adcock, "Literary Tradition and the Early Greek Code-makers", em *Cambridge History Journal*, 2 (1927), pp. 95-109.

rar o homem. No Renascimento italiano, a referência aos legisladores antigos e aos novos regimes era uma constante. Maquiavel recorre ao modelo do legislador grego e à tipologia dos fundadores para abrir as portas a uma nova reflexão sobre a política.

Rousseau foi o herdeiro direto da tradição republicana clássica e renascentista no que concerne à figura do legislador. Ao tratar do tema, ele se serviu de uma linguagem largamente conhecida de seus leitores e de todos os que cultivavam o amor pela Antiguidade. Há, indiscutivelmente, um anacronismo no léxico escolhido pelo pensador de Genebra para falar da criação das formas políticas, e isso, por sua vez, evitou algumas dificuldades que poderiam aparecer caso ele tentasse expor seu ponto de vista em uma língua totalmente desconhecida. O grande problema é que, mesmo resolvendo uma dificuldade inicial, o recurso ao anacronismo criou um enorme terreno de confusões. A linguagem mítica, que servira tão bem a pensadores de outras épocas, esbarrava nas exigências de clareza e precisão que a modernidade passara a cobrar dos filósofos. Além disso, havia o fato fundamental de que o genebrino era um inovador na matéria e o recurso ao passado acabou sendo uma faca de dois gumes. Se a referência ao momento inaugural das sociedades e ao ator privilegiado, assim como às etapas de sua atuação, servia para guiá-lo e fornecia uma estrutura conceitual básica, havia elementos nas tópicas do passado em profunda contradição com o pensamento filosófico de Rousseau. Para ficarmos no mais óbvio, basta lembrar que a referência a uma origem mítica estava em flagrante contradição com a teoria do pacto social. Além do mais, a noção de história subjacente aos vários modelos teóricos não era a mesma, o que desqualificava certas analogias que poderiam ser tentadoras. Tudo isso não o impediu de recorrer ao legislador como agente de uma transformação que não cabia nos quadros da vida política ordinária. Os revolucionários acabariam se colocando nesse lugar e seguiriam muitos dos passos recomendados pelo pensador de Genebra. Antes de abordarmos o tema da Revolução, continuaremos analisando a maneira como Rousseau formulou seu pensamento sobre a matéria e como produziu uma nova visão do legislador, usando livremente os elementos de uma linguagem do passado.

O LEGISLADOR DE ROUSSEAU

Rousseau formula em termos simples o que é um verdadeiro quebra-cabeça em sua filosofia: o problema da passagem do estado de natureza para a vida em sociedade. De maneira quase singela, ele diz: "Pelo pacto social conferimos existência e vida ao corpo político: trata-se agora de conceder-lhe movimento e vontade pelo legislador".[90]

No *Segundo Discurso*, o tema da saída do estado de natureza é tratado de forma exaustiva, o que nos ajuda a compreender o desafio a ser enfrentado por aqueles que desejam entender os passos necessários para a fundação de uma sociedade justa. Essa estratégia de análise, no entanto, não resolve todos os problemas. O que devemos reter do texto citado é que, para Rousseau, não há passagem direta da natureza para uma república. O processo de corrupção do ser primitivo, ou a perda da transparência da condição original, é o fato que cria a necessidade de associação, mas ele não traz consigo a solução para o problema que fez aparecer. Ao contrário, deixado à sua própria sorte, o gênero humano degenera-se até o grau máximo de desigualdade. Nesse contexto de inépcia de todos diante da necessidade de encontrar o bom caminho, e também diante da necessidade de um talento fora do comum para

90 Rousseau, "Du Contrat social", II, VI, p. 378.

conduzir à instituição de um regime de leis fundado na liberdade e na igualdade, a figura do legislador se impõe como o único meio capaz de produzir o corpo artificial de uma república.[91]

Antes, entretanto, de tentar compreender a figura extraordinária do legislador, duas observações nos parecem necessárias. Em primeiro lugar, devemos lembrar que o recurso a essa figura não resolve de imediato o problema da efetivação de um pacto entre os homens. Se a liberdade civil é o produto artificial da vontade de um legislador, somos obrigados a concluir que, como sugere Rousseau no *Segundo Discurso*,[92] os homens lutam para preservar sua independência, mas não são capazes de dar o passo decisivo em direção a uma associação política livre e justa. Assim, o pensador de Genebra acaba retomando o velho tema platônico do conhecimento e da virtude, fazendo eco às dificuldades que o pensador grego via no reconhecimento pela multidão dos méritos e da sabedoria do homem político, que deve guiá-la em direção à justiça.[93] Essa referência não resolve o problema, mas nos permite sugerir que é possível continuar investigando a natureza do republi-

91 Shklar chega a afirmar que: "The people, as Rousseau never forgot, are not very intelligent. It may know its own interests, but it needs help if it is to defend them effectively. Without a legislator to guide men, they will never acquire a character or become aware of themselves as a people, who 'collectively' are citizens subject only to laws they have made for themselves". Judith Shklar, op. cit., p. 170. Gouhier também observa que, para redimir o erro da criação da propriedade privada sem a afirmação da liberdade, é necessária a intervenção de um legislador. Henri Gouhier, *Les Méditations métaphysiques de Jean-Jacques Rousseau*, p. 33.

92 Rousseau, *Discours sur l'origine et les fondements de l'inégalité parmi les hommes*, p. 181.

93 Platon, "Le Politique", em *Oeuvres complètes*. Paris: Gallimard, 1964. Masters observou com pertinência a proximidade da problemática dos dois filósofos, mas notou que eles não compartilhavam da mesma concepção do saber. Roger Masters, *La Philosophie politique de Rousseau*, p. 414.

canismo de Rousseau e suas peças principais, mesmo tendo consciência de suas tensões e pontos cegos.

O segundo eixo refere-se à herança da Antiguidade. Como sugeriu Robisco,[94] o recurso a uma tópica do passado é capaz de gerar grandes dificuldades de compreensão para o leitor moderno, embora seja passível de conduzir o olhar para um tema que, de outra forma, permaneceria obscuro nas circunstâncias em que escrevia Rousseau. Esse obstáculo deriva em grande medida dos paradoxos suscitados pelo simples apelo a um ser excepcional para formar a lei. Porém, se não levarmos em conta que nosso autor se apropria de uma tópica do passado e de seu léxico — mas que também mistura seus elementos para melhor servir à construção de sua gramática —, corremos o risco de propor uma interpretação errônea do problema que estamos analisando.

Em um texto dedicado à análise do espírito das instituições antigas, Rousseau faz uma observação interessante. Dirigindo seu olhar para a situação contemporânea, ele afirma: "Olho as nações modernas: vejo muitos criadores de leis e nenhum legislador".[95] Na sequência do texto, ele identifica nas figuras de Moisés, Licurgo e Numa os exemplos de homens que souberam ocupar o lugar do legislador. Nessa lógica, os legisladores se destacam menos pela qualidade das leis que criam e mais pela capacidade de reunir os homens em um corpo político único, usando para seus "usos particulares e suas cerimônias religiosas" características locais.[96] Criar a unidade do corpo político, conferir-lhe duração ao longo do tempo, dar identidade ao que estava disperso, são todas tarefas do

94 Nathalie-Barbara Robisco, *Jean-Jacques Rousseau et la Révolution Française*, pp. 114-5.
95 Rousseau, "Considérations sur le gouvernement de Pologne et sur sa réformation projetée", em *Oeuvres complètes*, vol. III, p. 956.
96 Idem, ibidem, p. 958.

legislador que, de alguma maneira, ultrapassam o ato positivo de codificar a conduta dos homens.

Olhando com cuidado a argumentação de Rousseau, percebemos que ele mistura as tópicas gregas e, com isso, indica o caminho para a compreensão do uso que pretende lhes dar. Para os gregos, o legislador é necessariamente um criador de leis. Da mesma forma que os fundadores de novas cidades devem implantar instituições e leis capazes de enraizar o novo agrupamento em sua nova terra, e, para isso, recorrem às cerimônias religiosas e aos costumes transplantados da antiga pátria, os legisladores devem prestar atenção à particularidade da comunidade para a qual trabalham, embora sua tarefa se conclua sempre pela criação de leis. Se há um ponto de clivagem entre fundadores e legisladores, ele não coincide com a divisão proposta por Rousseau entre criadores de leis e legisladores. Ao contrário, o que nos permite tratá-los como parte do mesmo problema de filosofia política é o fato de que o elemento central de sua ação é a criação de um código legal.

Ao separar o que estava junto na tópica grega, Rousseau chama a atenção para uma das dimensões da fundação — seu aspecto mítico e simbólico — e, no plano da ação, dá ao criador de leis de seu tempo um estatuto inferior ao que acredita ter sido aquele dos grandes personagens do passado. É claro que o legislador de Rousseau também deverá criar leis, pois essa é uma de suas funções principais e não é à toa que o capítulo dedicado a ele é precedido por um estudo sobre a natureza da lei. Entretanto, o importante é que, ao dar um uso original a um léxico ao qual recorre repetidamente, ele acaba sinalizando que o simples processo de ordenação legal e de criação de códigos não pode ser confundido com o trabalho do legislador. Nesse sentido, é como se ele realizasse a fusão entre o *oikist* e o *nomothetés*, a fim de reter dos dois, sobretudo, a dimensão simbólica da ação de criar leis e a necessidade, para o legislador, de incorporar a particularidade dos povos em seus códigos legais no momento em que confere unidade a um grupo humano antes disperso ou dividido. Ao criticar sua época e ao manifestar seu pessimismo, ele criou — ou atualizou para um tempo que acreditava estar corrompido — uma tópica que fazia apelo ao extraordinário e que, como tal, cabia tão bem em uma revolução radical.

A questão de saber se Rousseau teria apoiado a Revolução ou que posição ele teria tomado diante dos acontecimentos é ociosa e não ajuda em nada na compreensão de sua obra.[97] Mas se considerarmos a importância que a figura do legislador teve durante a Revolução Francesa, vale a pena continuar nossos esforços para entender de que forma ela contribui para a gramática republicana que foi escrita por nosso autor.

Como ocorre com frequência em Rousseau, o caminho que segue para apresentar suas teses é sinuoso e mesmo paradoxal. Se levássemos em conta apenas os trechos analisados anteriormente, seríamos levados a concluir que a obra do legislador se dá antes no plano simbólico e só depois no plano legal. Tal interpretação poderia ser autorizada pelo uso que foi feito em muitos países da doutrina do pensador de Genebra. Na América Latina, a referência ao *Contrato social* foi frequente em países que lutavam para se tornar independentes de suas matrizes europeias e desejavam construir uma nova identidade.[98] Num contexto em que as referências teóricas se misturavam, Rousseau serviu para guiar os

---

97 Nesse sentido nos opomos à démarche de Simon Shama em seu *Cidadãos. Uma crônica da Revolução Francesa*. A interpretação da responsabilidade de Rousseau nos parece exagerada e, sobretudo, calcada numa visão da relação entre teoria política e prática revolucionária que nos parece simplista. Ver Simon Shama, *Cidadãos. Uma crônica da Revolução Francesa*.

98 O México é um exemplo eloquente do que estamos dizendo. A esse respeito, ver Richard Morse, *El espejo de Prospero*, p. 121.

passos dos povos que almejavam criar uma nova unidade política, ao mesmo tempo que não conseguiam se liberar das antigas influências, muitas vezes profundamente contraditórias com o republicanismo do pensador de Genebra.[99]

Antes de continuar a investigar a figura do legislador, é necessário levar em conta os elementos que acabamos de apontar e o fato de que o capítulo precedente é justamente aquele no qual Rousseau define a república como um regime de leis. Nesse sentido, não há como separar a obra do legislador daquela do criador de leis, mas é preciso ver de que leis estamos falando quando nos referimos à fundação do corpo político. De forma simples, Rousseau estima que "as leis nada mais são do que as condições da associação civil".[100] Na linguagem ordinária, podemos dizer que ele chama de leis o que chamamos hoje em dia de Constituição ou de leis fundamentais. Ao reduzir o objeto das leis ao que "é sempre geral", ele dirige nosso olhar para o momento muito especial durante o qual a necessidade do contrato é evidente para muitos, mas faltam os meios para sua concretização.

Mantendo seus vínculos com a tradição republicana, Rousseau afirma que a multidão não possui as condições necessárias para a construção de um sistema legal, mesmo que, num primeiro momento, ele descreva apenas as condições gerais da união de todos. Repetindo Marsílio de Pádua,[101] ele afirma que o legislador vem resolver um problema que, de outra forma, continuaria sem solução, a saber, a passagem das vontades particulares para um sistema legal que seja a expressão da vontade geral.[102]

99 Idem, ibidem, p. 122.
100 Rousseau, "Du Contrat social", II, VI, p. 380.
101 Marsilie de Padue, *Le Défenseur de la Paix*, p. 125.
102 Masters observa com muita propriedade o caráter extraordinário do legislador de Rousseau fazendo o paralelo com os magistrados. Roger Masters, *La Philosophie politique de Rousseau*, pp. 407-9.

Em outras palavras, nas condições ideais para a fundação de um corpo político, é necessário um princípio ativo que permita sair do impasse de um grupo de indivíduos, que não é um corpo coletivo, mas precisa tornar-se um (corpo coletivo) pelo movimento da vontade, não podendo se generalizar pela soma de seus componentes. Servindo-se da fusão entre as duas tópicas gregas, Rousseau chega à constatação de que um ator "externo" ao grupo será a única solução para uma equação que, de outro modo, permanece insolúvel.

Entretanto, a definição que ele dá do legislador deixa dúvidas quanto à natureza da solução que ele apresenta. Esse personagem qualificado de extraordinário[103] deve ter "uma inteligência superior, viver todas as paixões humanas e não experimentar nenhuma".[104] Ele deve se distanciar do que é profundamente ligado à nossa condição para fazer-nos felizes. A tarefa é tão gigantesca que Rousseau conclui: "Seriam necessários deuses para dar leis aos homens".[105] Esse primeiro movimento do texto parece terminar em um paradoxo. Os homens são incapazes, em sua condição primitiva, de encontrar um caminho para a criação de uma forma justa de governo e, por isso, devem apelar para um legislador. Este, por seu lado, necessita de tantas virtudes para realizar sua obra que é pouco provável que possamos encontrá-lo entre os humanos. A equação da fundação parece, pois, destinada a ficar sem solução.

Ora, não seria razoável supor que Rousseau tenha recorrido a essa figura apenas para denunciar sua inexistência. Essa hipótese é ainda menos provável pelo fato de que, longe de abandonar sua

---

103 "Le législateur est à tous égards un homme extraordinaire dans l'État." Rousseau, "Du Contrat social", II, VII, p. 382.

104 Idem, ibidem, p. 381.

105 Idem, ibidem, p. 381.

proposição, ele continua a investigar as possibilidades de que ela se realize. Talvez a interpretação mais equilibrada seja a de que ele escolheu, em primeiro lugar, mostrar a extrema dificuldade que enfrentamos para encontrar um legislador na história, para depois definir os passos necessários para a obra de criação das leis fundamentais. Seja como for, fica a dúvida quanto à natureza de todas as formas políticas que não puderam contar com um legislador quase divino e que são condenadas a degenerar. De maneira simplificada, podemos dizer que, com a formulação do que parece ser o paradoxo do legislador, Rousseau situa seu objeto de investigação muito além da vida política ordinária. De modo radical, ele se põe na posição do analista dos momentos extremos de nossa existência, sabendo que o problema da fundação é dos mais difíceis que o teórico da política terá de enfrentar. Nossa sugestão é que a consciência dessa dificuldade levou-o a buscar apoio na tradição republicana de forma muito mais intensa do que em outros momentos do texto. O que lhe pareceu uma tábua de salvação foi também, nos séculos que se seguiram, uma das fontes mais frequentes de incompreensão de seu pensamento.

Não é nosso propósito fazer o balanço do diálogo de Rousseau com a tradição republicana da Antiguidade e do começo da modernidade, mas algumas observações nos parecem úteis para seguirmos nossas análises. A primeira fonte à qual já nos referimos é aquela das tópicas gregas. Escolhemos dar-lhes um tratamento mais detalhado por terem sido o ponto de partida de muitos pensadores republicanos ao longo da história. A complexidade da démarche de nosso autor convida-nos a prestar atenção às diferenças que com o tempo foram se produzindo.

A primeira referência que ocorre no texto é a Platão. Normalmente não encontramos o nome do pensador grego ligado à tradição republicana, mas é um fato que Rousseau contribuiu em muito para associá-lo a uma determinada visão da política na modernidade, objeto de vivas críticas por parte de pensadores liberais como Popper. Platão serve ao pensador de Genebra menos por sugerir-lhe uma explicação sobre a constituição de um legislador e mais por demonstrar a incompatibilidade entre o saber do legislador e o dos homens em geral. O tema que nos interessa aqui é o da natureza do saber. O eixo das reflexões platônicas é sua conhecida associação entre o sábio e o bom governo, ou entre o governo justo e o governo segundo a filosofia. Em suas análises do *Político*, ele mostra que a correta compreensão do papel do legislador implica levarmos em conta a natureza específica de sua posição na sociedade. O ponto principal é que ele se situa fora do tempo de existência do corpo político e, por isso, beneficia-se de uma liberdade extrema, a qual não pode ser concedida aos outros atores políticos. Ao mesmo tempo, essa sua condição excepcional distancia-o dos homens que irão constituir a cidade, fazendo com que suas ações nem sempre possam ser compreendidas. Olhando do ponto de vista do teórico da política, a questão é analisar a possibilidade de atingirmos por meio da reflexão filosófica o mesmo saber do fundador de cidades. Em Platão, essa é a formulação da equação de uma cidade ideal, isto é, aquela na qual saber e poder coincidem.

Rousseau não quis ocupar ele mesmo o lugar do legislador. Sua biografia e sua concepção do papel do indivíduo na sociedade tornavam esse caminho por demais complexo para ser trilhado por um homem atormentado pelos limites de sua condição. O fato, no entanto, é que ele não abandonou ao acaso o problema sobre a natureza do saber do legislador. Mesmo sabendo das dificuldades de encontrar uma formulação ampla o suficiente para a questão, ele continuou a investigar seus traços principais e os detalhes do percurso dos grandes legisladores históricos. Nesse ponto, vale a pena investigar sua ligação com o pensamento de

Maquiavel — terceiro elemento de sua relação com a tradição republicana.[106]

No começo dos *Discursos sobre a primeira década de Tito Lívio*, Maquiavel aborda a questão do legislador e da solidão de sua posição. Referindo-se à fundação de Roma, ele afirma que o crime de Rômulo, indesculpável em qualquer outra situação, explica-se diante da regra geral de que um corpo político só pode ser corretamente constituído pela vontade de um único indivíduo, o que o leva a concluir que "aquele que concebeu o plano deve ser o único a fornecer os meios de sua execução".[107] Ora, o crime do fundador não deixará de sê-lo por ter sido cometido por um ser extraordinário; apenas sua condenação ou aceitação não será acordada pelos procedimentos ordinários de uma sociedade qualquer. Ao escolher esse caso extremo de um fundador que realiza sua obra depois de cometer um ato indigno, Maquiavel nos alerta para a posição solitária e perigosa ocupada pelo fundador de um novo corpo político. Mas em vez de tentar esclarecer a natureza de seu saber e os motivos de suas ações, ele prefere guardar como referência para o julgamento de seu gesto o lugar do homem comum. Dizendo de outra forma, a criação das leis pelo fundador permanece um ato obscuro, e seu saber, incomunicável. Apenas os resultados de sua ação podem ser conhecidos e somente eles serão julgados. Com isso, ele não pretende dizer que não exista um saber associado à condição do legislador, mas sim que não podemos nos colocar no seu lugar para estudá-lo. O critério nesse caso é pragmático e só pode sê-lo: "Um espírito sábio — diz ele — não acusa-

---

106 Masters foi sensível à importância dessa relação e aponta um caminho que nos parece fecundo para estudar a relação dos dois pensadores ao focar sua atenção no problema do legislador. Roger Masters, *La Philosophie politique de Rousseau*, p. 417.

107 Machiavelli, "Discorsi sopra la prima deca di Tito Livio", em *Tutte le opere*, I, IX, pp. 90-1.

rá um homem extraordinário por ter usado de meios fora do ordinário para a importante tarefa de organizar uma monarquia ou fundar uma república. O que se deseja é que, se os fatos o acusam, o resultado possa absolvê-lo".[108]

Rousseau não podia aceitar a posição de Maquiavel e deixar na sombra o problema da natureza do saber do legislador, abordando apenas os resultados de sua ação. Sua concepção de soberania popular e dos limites que ela impõe a todas as ações levadas a cabo no interior do corpo político levou-o a aceitar as consequências do verdadeiro paradoxo que implica a presença de um ator político excepcional na cena pública. Ao mesmo tempo, ele repete: "Aquele que redige as leis não tem e não deve ter nenhum direito legislativo, e o povo mesmo não pode, ainda que o deseje, despojar-se desse direito incomunicável".[109] O que em Maquiavel é da ordem da prudência, em Rousseau converte-se em obrigação. Ou seja, a condição extraordinária do legislador não pode em hipótese alguma ultrapassar os limites do Soberano, que são aqueles de constituição final das leis. Em sua luta para garantir de forma definitiva a manutenção dos princípios republicanos, Rousseau faz do legislador um personagem quase impossível, e, de sua obra, uma ação que tem de ser levada a cabo nas circunstâncias mais difíceis para um ator político.

O pensador de Genebra tinha total consciência das dificuldades que enfrentava e talvez por isso fosse tão pessimista em relação à política de seu tempo. Mas sua posição teórica manteve-se coerente. Como observa Masters, ele não aceitou nem a visão de uma república ideal platônica como solução, nem o realismo radical de

108 Idem, ibidem, I, IX, p. 91.
109 Rousseau, "Du Contrat social", II, VII, p. 383.

Maquiavel.[110] Ao tentar se equilibrar entre os dois extremos, ele escolheu a posição mais complicada.

Se seguirmos o texto do *Contrato social*, veremos que a cautela de Rousseau dá lugar a uma argumentação sinuosa. No começo do capítulo dedicado ao legislador, ele observa que sua obra principal implica algo extremamente delicado: mudar a natureza dos homens. Mudar a natureza humana significa transformar indivíduos preocupados em defender seus interesses em cidadãos. Poderíamos supor que ele repete aqui os passos da tradição, mas não podemos esquecer que o caminho que leva do indivíduo ao cidadão é bastante complexo e implica uma transformação que está longe de ser anódina. O ideal de uma legislação perfeita é definido pela fusão total das duas figuras e pela concentração máxima do poder coletivo a serviço dos indivíduos.[111] Operando na fronteira entre a natureza e a política, o legislador terá alcançado sucesso quando conseguir desnaturalizar inteiramente o indivíduo, fazendo do corpo político a única realidade e a única força. Rousseau não se preocupa em momento algum em analisar os riscos que esse processo carrega. Se a imagem de um corpo político unitário e solidário preside sua démarche, as possibilidades de que um simulacro possa ser produzido por um ator nas mãos do qual foi concentrada toda a força não fazem parte da argumentação de nosso autor. Voltaremos a esse ponto mais tarde, mas é preciso estar atento a esse aspecto de seu pensamento para compreendermos uma parte das críticas que lhe foram endereçadas.

Ao final de nosso percurso não podemos dizer que chegamos a uma definição absoluta do legislador — e, aliás, talvez essa seja a grande contribuição de Rousseau ao pensamento político moderno. Como vimos, alguns elementos de sua filosofia se esclarecem

110 Roger Masters, op. cit., p. 420.
111 Rousseau, "Du Contrat social", II, VII, p. 382.

pelo uso que ele faz de tópicas do passado, enquanto outros vêm à luz pelo confronto com autores modernos. A maior contribuição que ele dá nesse terreno é justamente mostrar a zona de sombras e incompreensões que ronda o momento da fundação. Sem pretender esclarecer todos os problemas surgidos durante sua investigação, ele nos oferece duas conclusões possíveis. A primeira é derivada de sua visita a pensadores como Maquiavel, levando-o a afirmar que toda abordagem da questão da criação das leis deve levar em conta não somente a força do legislador, mas também os aspectos simbólicos e imaginários contidos em sua obra. Uma segunda conclusão pode ser proveniente de sua discordância da tradição. Para Rousseau não há uma solução realista para o problema do legislador. Em alguma medida, seus atos geram sempre dúvidas e todas as tentativas de desvendar sua natureza última acabam esbarrando em aporias e paradoxos. Essa é uma grande lição. Ao apontar a impossibilidade de se encontrar um legislador no meio dos homens comuns, o pensador de Genebra mostra que o pacto é ao mesmo tempo uma obra da razão e o produto de um acaso que não se deixa controlar. O legislador é a figura que concentra simbolicamente essa tarefa de tornar racional e razoável algo que, em sua origem, não pode ser o resultado de um cálculo, tal como queria Hobbes. Sua obra continua a ser a maior que um homem pode pretender realizar.

RELIGIÃO E FUNDAÇÃO DO CORPO POLÍTICO

Rousseau não abandona, no entanto, sua rota diante das dificuldades e retoma uma direção que foi seguida por Maquiavel. Ao final de sua análise das dificuldades encontradas pelo legislador, ele conclui: "Assim, pois, não podendo o legislador empregar nem a força nem a argumentação racional, é preciso que ele recorra a uma autoridade de uma outra ordem, que possa conduzir sem violência e persuadir sem convencer".[112] Ao apontar a religião como a ferramenta adequada para que o legislador realize sua obra, Rousseau acena explicitamente em uma nota que está tomando a mesma direção do secretário florentino, mas parece não se preocupar com a distância que os separa.

Maquiavel diz nos *Discursos* que os criadores das religiões merecem ser colocados no topo da hierarquia dos homens célebres.[113] Aqueles que criaram Estados ocupam apenas a segunda posição. Já os tiranos e os que abusam do poder e da violência encontram-se no último lugar e devem ser odiados por todos os seus atos. Porém, ao estabelecer essa classificação, Maquiavel não desvela seu pensamento com relação à religião, uma vez que o texto do capítulo é todo dedicado à crítica dos tiranos e dos imperadores que se comportaram como tais. Ao classificar os imperadores segundo os critérios que mencionamos, ele mostra que seu principal objetivo é separar os atores de acordo com dois modelos de ação. Invertendo a ordem que parecia comandar seu pensamento, Maquiavel demonstra que o uso imoderado da força e da violência não é desejável em si mesmo quando enfrentamos o problema da criação do corpo político.

A religião é, para o pensador italiano, o melhor mecanismo para enraizar a obra de fundação. O grande mérito de Numa foi ter convencido os homens rudes de seu tempo de que seu poder e as leis romanas eram fundados em bases muito mais sólidas do que aquelas que um príncipe solitário pode manejar. Tratava-se de criar raízes para um poder que arrisca perder-se ou sustentar-se apenas no medo que o governante inspira, o que é algo muito limitado se pensarmos do ponto de vista da manutenção da vida de

112 Idem, ibidem, II, VII, p. 383.
113 Machiavelli, *Discorsi sopra la prima deca di Tito Livio*, I, x, p. 91.

um corpo político.[114] A crença no transcendente e nas manifestações sobrenaturais é o meio mais eficaz para fazer perdurar a flor frágil das leis inventadas pelo fundador. Maquiavel chega a afirmar que "onde reina a religião, é fácil introduzir a disciplina e as virtudes militares; sem religião seria muito difícil introduzi-las".[115] Com essa afirmação, ele pretende mostrar que o trabalho do legislador só se sustenta se for capaz de ultrapassar os limites impostos pela duração da vida de um homem e isso só pode ser feito no plano simbólico e no imaginário. A força faz parte do arsenal do criador de leis, mas ela é incapaz de fazê-las perdurar. Olhando desse ponto de vista, podemos concluir que o elemento simbólico da fundação e a capacidade de persuadir e manter os homens convencidos da necessidade das leis são mais importantes do que o caráter intrínseco das leis e o medo que um ator solitário pode causar.

Seria tentador aproximar os dois pensadores, mas a concepção que Rousseau tem da religião não pode ser confundida com aquela de Maquiavel, mesmo se aos olhos do genebrino sua função seja aparentemente a mesma quando se trata de pensar os instrumentos necessários para a consolidação da obra do legislador. Essa divergência nos permite avançar em nossa investigação. O caráter instrumental atribuído por Maquiavel às ações de Numa não descreve a essência do legislador para Rousseau, segundo o qual "a grande alma é o verdadeiro milagre que deve provar sua missão".[116] A aproximação entre o legislador e o profeta torna-se assim inevitável para o intérprete.[117] Em suas *Cartas escritas da Montanha*, o filósofo afirma que o profeta se beneficia apenas de sua correção,

114 Idem, ibidem, I, XI, p. 92.
115 Idem, ibidem, I, XI, p. 93.
116 Rousseau, "Du Contrat social", II, VII, p. 384.
117 Leduc-Fayette insiste sobre esse ponto para fazer a crítica do que qualifica como a utopia de Rousseau. Denise Leduc-Fayette, *J.-J. Rousseau et le mythe de l'Antiquité*, pp. 91-4.

de suas qualidades morais e de seu uso da razão para persuadir. Essas são as provas que podem ser apresentadas aos homens por aqueles "que são mais do que homens".[118] Em momento algum o pensador genebrino faz menção de um embuste, ou mesmo de um mero uso retórico do discurso religioso. Para ele, a religião é um fenômeno essencial da condição humana, mesmo quando destituída de seu caráter transcendente e transformada numa parte do corpo político.

O último capítulo do *Contrato social* não resolve os problemas que estamos estudando, mas demonstra como Rousseau imaginava a relação entre política e religião. Para os povos da Antiguidade, religião e política eram faces de uma mesma moeda.[119] Embora o genebrino não sugira que essa seja uma condição ideal, ele nos mostra, pela análise de vários momentos da história antiga, que essa é a situação mais clara. Nela, a identidade do corpo político é garantida pelo elemento positivo e racional — as leis — e pelo elemento afetivo e não racional — a crença nas divindades. Religião e política estavam misturadas de forma natural e o papel simbólico das crenças e dos cultos era exercido sem questionamentos. O fato de que os judeus foram perseguidos por manterem sua religião revela que havia uma clara consciência do lugar da religião na formação da identidade de cada povo.

O cristianismo alterou a face do mundo fazendo conviver duas fontes de legitimação, duas potências, das quais "resultou um conflito perpétuo de jurisdição, que tornou impossível uma boa ordenação política dos Estados cristãos".[120] O que nos interessa aqui é notar que a análise de Rousseau é toda ela conduzida pelo princípio da unidade e da identidade e que a religião cristã é criti-

118 Rousseau, "Lettres écrites de la Montagne", III, p. 728.
119 Idem, "Du Contrat social", IV, VIII, p. 460.
120 Idem, ibidem, IV, VIII, p. 462.

cada enquanto fonte de dupla legitimidade e não por seus fundamentos teológicos. A concordância manifesta com Hobbes sobre esse tema só faz confirmar nosso ponto de vista. Mas a simples constatação de que as pretensões temporais da religião cristã são fonte de graves perturbações políticas e o princípio de que "tudo o que rompe a unidade social não vale nada"[121] não esclarece o sentido da démarche de nosso autor. Ao não aceitar uma compreensão da relação da religião com a política apenas pela ótica do uso das crenças e dos rituais como instrumento de manutenção da identidade do corpo político, Rousseau se lança na busca de uma verdadeira fenomenologia das religiões, levando-o a identificar três formas básicas: a religião interior, centrada no indivíduo,[122] a religião cidadã dos povos pagãos — cujo modelo principal é Roma — e a religião cristã — que em nada contribui para a formação e manutenção do corpo político, deixando às leis o papel de manter os homens no vínculo social.[123] O estudo dessas considerações é de grande importância para a compreensão da filosofia de Rousseau, mas comporta tal complexidade que nos afastaria de nosso objetivo central. Vamos assim nos concentrar em alguns elementos que nos ajudam a esclarecer o papel do legislador na formação das sociedades políticas.

Analisando as teocracias, Rousseau observa que a simples fusão entre o político e o religioso conduz à intolerância, à violência e à guerra, pois os povos, convencidos de que a religião que praticam é a única verdadeira e o elemento central da vida política, são levados a "acreditar praticar uma ação santa matando alguém que não admite seus deuses".[124] Não podemos deixar de admirar a

---

121 Idem, ibidem, IV, VIII, p. 464.
122 Ver em particular o texto "Profession de foi du Vicaire Savoyard", em idem, *Émile ou de l'éducation*, IV, pp. 386-7.
123 Idem, "Du Contrat social", IV, VIII, pp. 464-5.
124 Idem, ibidem, IV, VIII, p. 465.

lucidez de Rousseau diante de um fenômeno que voltou a povoar nosso cotidiano. A reaparição na cena internacional dos fundamentalismos religiosos e do terrorismo como molde de conflito entre povos de diferentes convicções religiosas mostra que o pensador de Genebra compreendeu como poucos os resultados de uma associação política comandada pela crença no transcendente e na verdade.

Da mesma forma, ele foi arguto ao mostrar que um corpo político que aspira à unidade não pode conviver com dois pilares divergentes de legitimação. Referindo-se à possibilidade de fundar um Estado em perfeito acordo com os valores cristãos e povoado por homens que nunca se distanciariam dos artigos centrais da fé, ele conclui de forma muito próxima daquela de Maquiavel,[125] ou seja, que esse Estado se arruinaria rapidamente tornando-se uma presa fácil para povos aguerridos como os espartanos ou os antigos romanos. Pelo excesso de virtudes cristãs, os homens abandonam a cena pública e tomam como referência a vida em outro mundo. Isso acaba tornando-os pouco a pouco indiferentes ao destino do corpo político e à sua sobrevivência. É claro que podemos contestar a fenomenologia que serve de base à análise de Rousseau, mas não há como negar que ela está em perfeito acordo com sua filosofia política e particularmente com sua concepção do que seja uma república. Mais complicado é lidar com a solução que ele apresenta para o problema que estamos analisando.

Num trecho célebre, ele define o que seria essa instituição: "Existe uma fé puramente civil de que pertence ao Soberano fixar as regras, não exatamente como dogmas de uma religião, mas como senti-

---

125 Machiavelli, *Discorsi sopra la prima deca di Tito Livio*, I, XII, p. 95.

mentos de sociabilidade, sem os quais é impossível ser bom cidadão ou súdito fiel".[126]

O correto entendimento da natureza da religião civil implica o reconhecimento que a fronteira comum entre a religião e o Soberano é exclusivamente aquela da moral. Além desse ponto, o Soberano está autorizado a agir em nome de todos unicamente quando a utilidade de seu gesto é reconhecida pelo conjunto dos cidadãos e quando os limites de sua potência são respeitados.

Em que pesem essas ressalvas, não deixou de causar estranheza para seus contemporâneos a formulação de uma religião cujos dogmas misturam a crença em um princípio transcendente, a defesa da mais absoluta liberdade de consciência e a necessidade de conformar seus princípios aos objetivos de um corpo político unitário. Misturar o sagrado e o profano, fazer a crítica da intolerância teológica e ao mesmo tempo proclamar o direito do Estado de excluir os que não se filiam inteiramente a seus objetivos foram algumas das fontes das críticas mais acerbas que Rousseau recebeu de seus adversários no século XVIII e de muitos pensadores liberais desde então. As *Cartas escritas da Montanha* mostram como ele foi afetado pela repercussão de seu pensamento e como tentou dissipar o que acreditava serem mal-entendidos causados por seus ataques à religião cristã e sua ideia de uma religião civil.

Sem procurar resolver o problema da religião em Rousseau, gostaríamos de fazer duas observações. Constatamos aqui a persistência da tensão entre o indivíduo e o cidadão, presente em outras partes de sua filosofia, e não acreditamos que ela possa ser resolvida no interior da questão religiosa. Dito isso, resta estudar algumas das consequências de suas formulações. Uma das contribuições que marcaram o pensamento republicano francês foi o

---

126 Rousseau, "Du Contrat social", IV, VIII, p. 468.

traçado das fronteiras entre religião e política, ou, se preferirmos, a construção de uma concepção laica da república. Seria enganoso supor que o Estado laico, um dos produtos mais vistosos da Revolução de 1789, cuja consolidação se estendeu por mais de um século, foi o resultado direto da aplicação da filosofia de Rousseau. Como procuramos mostrar, suas formulações sobre a questão foram polêmicas e deram margem a debates exacerbados, o que é pouco propício para produzir consensos e comandar a ação dos homens políticos. Resta que a laicidade, associada à república, é um dos eixos do republicanismo francês. Separar a esfera da religião daquela da política e impedir que a crença em dogmas altere a relação do cidadão com o corpo político ou sirva de fundamento para o pacto são elementos importantes de uma concepção republicana da política. O debate atual na França sobre a mistura entre educação e crença religiosa e, ainda, a lei que proíbe o porte de sinais exteriores de adesão a uma religião no seio das escolas públicas mostram que se trata de uma questão extremamente presente e que toca um ponto nevrálgico dos suportes da república francesa. Ao radicalizar o debate sobre o problema da religião e da política, Rousseau prolongou um afrontamento que havia sido iniciado pelos iluministas e que teve muitos desdobramentos. Seja como for, o caminho para a consagração do princípio da laicidade passa por Rousseau e deve a ele a constituição de um de seus tempos fortes.

A segunda observação — a qual iremos desenvolver em nosso próximo item — diz respeito aos riscos que a aceitação dos poderes extraordinários do legislador expõe aos cidadãos. Ao fazer entrar na esfera estatal até mesmo a tarefa de formular uma religião (mesmo limitada a poucos dogmas e de alcance apenas moral), a questão introduz o debate sobre os limites da formulação republicana de Rousseau e sobre os riscos que uma exigência exacerbada de virtude dos cidadãos faz correr ao corpo político. O exame desse território perigoso é parte fundamental do estudo da gramática republicana de nosso autor.

VIRTUDE E CORRUPÇÃO DO CORPO POLÍTICO

Retornando ao problema da fundação do corpo político, constatamos que, ao abordar a figura do legislador usando elementos de um léxico antigo e ao exacerbar seu caráter extraordinário, Rousseau deixou de lado um dos elementos fundamentais da reflexão dos gregos sobre essa estranha figura. Trata-se do fato de que, desde Sólon, muitos reconheceram e temeram que o legislador pudesse se transformar em tirano,[127] dados seu caráter excepcional e seus grandes poderes. Rousseau, mais do que ninguém, fez a crítica da tirania e do despotismo. A definição do tirano como "aquele que se põe a governar contra as leis de acordo com as leis"[128] não acrescenta nada à maneira como os gregos pensavam a tirania. Ao contrário, repete fielmente o núcleo das críticas feitas na Grécia antiga aos que usurpavam o poder. Quanto ao déspota, "aquele que se coloca acima das leis",[129] ele é, aos olhos de Rousseau, a figura mais temida da vida pública, pois a conduz inelutavelmente para a corrupção. O que chama a atenção é que em momento nenhum o pensador de Genebra faz a aproximação entre os riscos da condição extraordinária do legislador, denunciados por ele mesmo, e a figura do tirano. Ao fazer do déspota o personagem mais temido, Rousseau endereça uma crítica veemente não apenas aos governantes de seu tempo, mas também a muitos que

127 Estudamos esse tema de forma mais completa em Newton Bignotto, *O tirano e a cidade*.
128 Rousseau, "Du Contrat social", III, X, p. 423.
129 Idem, ibidem, p. 423.

acreditavam poder legitimar o despotismo por meio de procedimentos racionais e correções ilustradas de seus mentores. Curiosamente, os riscos de um legislador se tornar tirano não fazem parte de sua argumentação. É verdade que ele aponta para o paradoxo de um ator que deve se dedicar "a uma empresa acima das forças humanas e que, para executá-la, possui uma autoridade que não é nada",[130] mas confia no respeito aos princípios republicanos como a arma principal para frear a vontade do legislador.

Maquiavel havia percebido o risco que um ator tão poderoso representa para uma república. Por isso, dentre as qualidades exigidas do legislador estava a correta compreensão da natureza humana que leva "os homens a estarem sempre mais prontos a seguir o mal do que inclinados a agir em conformidade com o bem".[131] Ora, a condição do legislador exige que ele tenha uma grande virtude e um saber seguro exatamente para impedir que seus poderes se transfiram para o corpo político. Como não podemos conhecer a natureza desse saber, e, ainda, constatando que uma virtude tão desmedida desafia a natureza humana, o que podemos esperar é que o legislador confie sua obra "aos cuidados e à guarda de muitos".[132] Maquiavel não nos diz, portanto, como o legislador deve se portar na vida pública, ou como deve lidar com os homens. Sua obra permanece isolada no momento inaugural das sociedades e não pode em circunstância nenhuma migrar para a vida cotidiana das cidades. Como um veneno perigoso, ele deve ser guardado a sete chaves, pois não resta dúvida de que muitos pensariam em usá-lo para fazer valer seus interesses pessoais. A virtude do legislador tem assim um sentido negativo e corresponde menos a

130 Idem, ibidem, II, VII, p. 383.
131 Machiavelli, *Discorsi sopra la prima deca di Tito Livio*, I, IX, p. 90.
132 Idem, ibidem, p. 92.

praticar boas ações e mais a impedir que os membros do corpo político venham a praticar ações danosas aos outros.

Em Rousseau o problema é de outra ordem. Ele divide com muitos autores do passado a percepção do caráter fora da norma do legislador e, nesse sentido, teme por sua ação. No entanto, para analisar corretamente a relação do legislador com o corpo político, é preciso levar em conta a maneira como ele se relaciona com a temporalidade própria das sociedades históricas. Nesse particular, Rousseau inaugura um capítulo especial da tradição republicana, pois, embora retome muitos de seus temas e utilize o léxico herdado da Antiguidade — que já fizera um longo percurso pelo mundo das letras de seu tempo —, ele não compartilha com Maquiavel a ideia do tempo circular dos gregos. Essa diferença é essencial e fornece uma explicação para uma questão que escapou ao pensador genebrino: a proximidade perigosa entre o tirano e o legislador. Na cultura grega, o legislador e o tirano eram figuras especiais, mas de modo algum raras. Dado que as formas políticas se repetiam, ou pelo menos podiam se repetir, era razoável supor que novos regimes políticos seriam criados e também que, no curso de suas vidas, estes podiam degenerar em tiranias. As duas tópicas que analisamos mostram que o problema da criação do corpo político fazia parte de uma reflexão corrente no pensamento grego. Em Rousseau, a reflexão sobre a criação das leis é central, mas a preservação do corpo político se dá num contexto no qual a perda da liberdade pode ser definitiva. Em uma de suas frases mais famosas, ele alerta: "Podemos adquirir a liberdade, mas não a recuperamos jamais".[133]

Uma vez criado, "o corpo político, assim como o corpo humano, começa a morrer".[134] A inexorabilidade da corrupção não é

---

133 Rousseau, "Du Contrat social", II, VIII, p. 385.
134 Idem, ibidem, III, XI, p. 424.

o fato novo; o novo aqui é que ela ocorra num tempo que não se repete. Para compreender a importância dessa formulação, é necessário lembrar que dois fenômenos paralelos — mas não iguais — são objeto dos argumentos que dominam o tema da corrupção. De maneira geral, podemos dizer que ela faz parte da estrutura básica da filosofia política de Rousseau. Nesse sentido, devemos lembrar que tanto a fundação quanto a corrupção dos corpos políticos são fenômenos essenciais do processo global da sociabilidade humana. Por isso, a expectativa de todos os que se preocupam com a vida dos homens em sociedade é que os corpos se degenerem e percam sua energia inicial.

Mas Rousseau não quer oferecer apenas um esquema abstrato, que serviria para a descrição de etapas passadas da história humana. O segundo plano no qual suas análises se desenvolvem é aquele do tempo presente. Sua teoria teria um alcance bem diferente se fosse limitada à genealogia da vida em sociedade. Em que pesem todas as dificuldades, ele mostra que, em certas circunstâncias, é possível que se repitam as condições nas quais os corpos políticos são criados. Nesse momento, mais uma vez a arte do legislador será requerida. Descrevendo o processo de renascimento de um Estado, ele observa que esses momentos são raros e que dificilmente se repetem.[135] Para o leitor contemporâneo, a observação de que uma revolução pode reproduzir no tempo presente as condições de criação do corpo político é suficiente para fazer a ponte entre uma teoria geral e a particularidade da vida das sociedades históricas. Se não há razão para supor que Rousseau tenha antecipado os acontecimentos das décadas seguintes em sua pátria e na França, ele ofereceu um ponto de passagem essencial entre a teoria e a ação dos atores políticos.

Encontramos uma prova de que era essa sua intenção quan-

---

135 Idem, ibidem, II, VIII, p. 385.

do, ao exemplificar os casos revolucionários, ele nomeia tanto Esparta e Roma quanto a Holanda e a Suíça de seu tempo. Não resta dúvida, portanto, de que o legislador é uma figura de nossa vida política, ainda que sua obra esteja destinada a perecer e que as condições para seu surgimento vão se tornando cada vez mais raras. A revolução é a figura histórica de um processo que, de outro modo, ficaria perdido nas brumas de um passado irrecuperável.

Estabelecido esse outro ponto de partida, devemos constatar que nada mudou para Rousseau. Porém, ao trazer para o presente a fundação de um novo corpo político, ele abre as portas para o estudo das diversas formas de legislação e para os mecanismos de sua preservação. Combinando a análise da morte do corpo político com a possibilidade de que uma revolução permita a recuperação de um corpo destinado a se extinguir, ele inicia o estudo dos meandros do funcionamento das instituições políticas.

Vamos deixar de lado essa questão para voltar ao tema capital de nossa pesquisa: a natureza da virtude. Nossas análises da figura do legislador nos conduziram a afirmar não apenas o lugar especial que ele ocupa, mas também o caráter extraordinário de sua virtude. É claro que apenas essa referência não seria suficiente para colocar o tema da virtude no centro do pensamento de Rousseau. A capacidade de fundar um novo corpo político é tão rara que não pode ser reivindicada por aqueles que são parte de um soberano e que se associam para fugir dos perigos engendrados pela perda da condição natural. Podemos dizer, no entanto, que a virtude do legislador define uma forma extraordinária de relacionamento de alguns atores políticos com a sociedade. Nesse sentido, ela faz parte do processo de constituição das diversas formas políticas, mas aparece apenas em momentos específicos, que não se repetem senão em condições especiais. Isso não impediu alguns atores políticos de se identificarem com essa condição e fazer da procura da virtude extrema a mola de atuação na história.

Em nosso capítulo dedicado aos jacobinos, analisaremos como esse modelo de ação pôde se converter na referência de alguns atores políticos no momento em que agiam como cidadãos e, ao mesmo tempo, criavam as leis que deveriam reger a república. Entretanto, cabe notar que dificilmente a questão da virtude teria a importância que teve no republicanismo francês se se referisse apenas a esses extremos. Ao lado do complexo processo de criação das leis está o intricado jogo de manutenção do corpo político e é aqui que o cidadão comum passa a fazer parte do todo.

Já tivemos a ocasião de mostrar de que maneira o tema da virtude colabora para unir política e moral no pensamento de Rousseau e como esse movimento foi responsável pela grande propagação de suas ideias.[136] Na esteira da difusão da filosofia moral de Rousseau, Michelet lembra a tendência de muitos revolucionários de separar o mundo entre virtuosos e viciosos.[137] Mas o fator mais importante a ser observado é menos o apelo moral de obras como o *Emílio* e mais o fato de que Rousseau procurou estabelecer a ponte entre a busca pela virtude individual e a manutenção do corpo político. Sem isso, seu pensamento teria ficado restrito a uma demanda de reforma dos costumes e a uma crítica de seu tempo, o que dificilmente ultrapassaria o terreno da admoestação bem-intencionada. O passo decisivo foi dado no movimento dialético entre virtude moral e virtude cívica. Do ponto de vista analítico, é preciso partir da diferença entre as duas,[138] mas, para compreender a filosofia política de Rousseau e sua influência na formação do republicanismo francês, é necessário lembrar que o indivíduo e o cidadão não existem de forma isolada na sociedade

---

136 Carol Blum, *Rousseau and the Republic of Virtue. The Language of Politics in the French Revolution*, p. 139.

137 Jules Michelet, *Histoire de la Révolution Française*, vol. I, p. 1269.

138 Mauricio Viroli, *La Théorie de la société bien ordonée chez Jean-Jacques Rousseau*, p. 127.

e participam da vida da cidade num eterno jogo de fusão e de resistência aos imperativos das duas dimensões de nossa existência. Se a condição do legislador representa a exceção, a do cidadão é a regra. A vida do corpo político depende da capacidade de todos os seus membros de mantê-lo vivo.[139]

A virtude cívica dos cidadãos incorpora-se à vida da cidade como um instrumento fundamental para deter ou pelo menos frear a decadência natural das formas políticas que, como observa Rousseau, tendem inevitavelmente a se destruírem desde seu nascimento.[140] A virtude não é o fundamento do corpo político. Para existir, ao contrário, ela depende da igualdade entre os cidadãos[141] e da liberdade. Sem esses dois esteios, os vícios inerentes às formações políticas simplesmente as devoram na maior rapidez. Mas o corpo político não pode resistir à corrupção de suas instituições se seus cidadãos não agirem de forma consequente e virtuosa.

Portanto, para compreender o apelo à democracia direta, mesmo conhecendo todas as dificuldades que ele implica, é preciso levar em conta que Rousseau pensa primeiramente na maneira de permitir que um artifício humano resista às forças da natureza e só depois nas estruturas governamentais e administrativas capazes de levar essa obra a cabo. No momento em que ele inicia os estudos sobre a organização dos diversos tipos de governo, ele é obrigado a responder à difícil questão sobre sua resistência ao tempo. De maneira resumida, poderíamos dizer que Rousseau

139 "For the two major bourgeois political organizations in the early years of the Revolution, however, the Gironde and the Jacobins, Rousseau's conception of virtue offered a galvanizing and integrating force, providing its adepts with the audacity to denounce and ultimately destroy the prestige of hierarchy of blood." Carol Blum, *Rousseau and the Republic of Virtue. The Language of Politics in the French Revolution*, p. 139.
140 Rousseau, "Du Contrat social", III, X, p. 421.
141 Mauricio Viroli, op. cit., p. 140.

procura uma resposta convincente para o problema dos fundamentos do corpo político e se dá conta de que, na história, as dimensões da fundação e da manutenção se misturaram e tudo o que afeta uma afeta também a outra. Sob pena de não terminar sua obra, o legislador não deve permanecer ativo, mas para isso é necessário que o cidadão comum passe a agir de forma contínua no interior da cidade. Rousseau escolhe enfrentar a questão da passagem da virtude do legislador para a virtude do cidadão convencido de que esse é o caminhar natural das formas políticas, supondo que a análise do governo, das organizações políticas e das leis se dá sob a égide de um primeiro momento de instituição do corpo político.

A virtude cívica é, pois, a capacidade de agir tendo como referência o bem comum, o que pode muitas vezes estar em contradição com os interesses individuais.[142] Mas antes de constatar os problemas inerentes a essa formulação, é preciso notar que não podemos falar em virtude se ela não implicar ação e escolha, e, em alguma medida, renúncia. Se fôssemos simplesmente capazes de agir corretamente seguindo nossas tendências naturais, na lógica de Rousseau o corpo político teria outros fundamentos e a natureza humana seria muito diferente daquilo que ele acreditava ser.

De forma resumida, ele expõe o problema no *Discurso sobre a economia política*:

> Não é suficiente dizer aos cidadãos: "sejam bons". É preciso ensinar-lhes a sê-lo. O exemplo — que, a esse respeito, é a primeira lição — não é o único meio que se deve usar: o amor à pátria é o mais eficaz, pois, como já disse, todo homem é virtuoso quando sua vontade particular é em tudo conforme à vontade geral, e

142 Roger Masters, op. cit., p. 435.

nós queremos voluntariamente o que querem as pessoas que amamos.[143]

À definição geral da virtude cívica acrescentam-se aqui os meios para sua promoção: a educação e o amor à pátria. Rousseau nunca acreditou que os homens serão levados a agir corretamente em favor do bem comum simplesmente porque as leis são boas. "Um homem que não tivesse paixões — diz ele — seria um péssimo cidadão."[144] Para que os homens amem a pátria e ajam virtuosamente, é preciso que eles sejam educados. Renunciar à educação é devolver todos a um mundo sem diferenciação moral. Para ele, o respeito aos valores só nasce se for inculcado desde a infância; o processo de formação dos costumes atinge sua meta quando os homens passam a "se identificar em alguma medida com o grande todo e a se sentirem membros da pátria, a amá-la com um sentimento refinado que todo homem isolado tem apenas por si mesmo".[145] A dimensão afetiva do pacto combina-se com a formação moral para dar aos homens os meios para preservar o corpo político do qual passaram a depender depois que decidiram pactuar.

Rousseau filia-se a uma longa tradição que, desde os gregos, insistiu no papel da educação para a formação de homens virtuosos e bons. Para ele, no entanto, a própria virtude cívica é um artifício. Diferentemente de Platão, que desejava conduzir os homens a um saber, que tinha um fundamento objetivo fora dos homens, o pensador de Genebra sabia que a vida política é frágil exatamente por depender da ação dos homens e de suas invenções. O amor à pátria é um fim desejável por favorecer a conservação do corpo político, mas ele mesmo se esfacela diante das

143 Rousseau, "Discours sur l'économie politique", p. 254.
144 Idem, ibidem, p. 259.
145 Idem, ibidem, p. 259.

ameaças internas e externas. Para que o corpo político cumpra suas promessas é preciso que cada um seja capaz de se interessar ao mesmo tempo pela criação das leis e por sua conservação. Como resume Baczko: "Participar da soberania do povo é participar da autodeterminação não somente política, mas também moral da comunidade".[146]

A participação dos cidadãos não é um remédio miraculoso que extingue as ameaças que pairam sobre a cidade. Do ponto de vista de Rousseau, não há como entregar o curso da política aos impulsos dos governantes e ao conflito interminável entre os interesses particulares sem obter como resultado a corrupção do corpo político e sua posterior destruição. A natureza humana não produz a regulação natural dos desejos e não pode contar apenas com a enunciação formal de boas leis para garantir a sobrevivência da comunidade política. Os homens podem não participar da vida pública, abrindo mão do exercício da soberania e confiando na capacidade operativa dos governantes. O produto será sempre uma cidade corrompida e ameaçada, e não uma forma livre de vida em comum. Por outro lado, a tensão entre o legislador e os cidadãos encontra na disputa de competência entre o cidadão e o governante um paralelo que expõe a vida política a constantes paradoxos.[147] Para Rousseau, a forma republicana é difícil de ser posta em prática — o que explica seu pessimismo persistente ao longo de sua existência quanto à possibilidade de se viver uma vida política plena nas condições de sua época. Ao mesmo tempo, a república pode ser expressa em termos compreensíveis para todos, e seus fundamentos podem ser estudados com a clareza exigida pela argumentação racional. O *Contrato social* pretende fornecer aos leitores os

146 Bronislaw Baczko, op. cit., p. 330.
147 Judith Shklar, op. cit., p. 20.

princípios de uma gramática que terá de encontrar uma comunidade histórica e as condições necessárias para sua expressão como língua viva de um corpo político. A Revolução Francesa forneceu o terreno fecundo para o exercício de uma nova forma de ver e pensar o político.

Republicanismo e revolução

A afirmação atribuída a Camille Desmoulins de que não havia em Paris nem mesmo uma dezena de republicanos no momento da queda da Bastilha reflete o estado de organização das forças políticas em 1789, mas pode obscurecer o fato de que a Revolução trouxe consigo a necessidade de se pensar a ordenação da vida política de uma maneira totalmente nova e que, nesse momento, a referência à república pareceu a muitos homens de ação e a alguns pensadores uma opção importante. Foi nos pensadores das Luzes — particularmente em Rousseau — que homens e mulheres surpresos e por vezes atônitos com a força dos acontecimentos foram buscar refúgio para tentar entender o que se passava e, ao mesmo tempo, para encontrar soluções para os imensos problemas que se apresentavam. O republicanismo não foi a primeira solução para a questão da reorganização das forças políticas e tampouco encontrou guarida imediata nos poderes constituintes. Diante da imensidão da tarefa, entretanto, conceitos como os de soberania popular, democracia direta, representação e tantos outros foram trazidos para o meio dos debates que ocorriam nos jornais, nos clubes e nas ruas e abriram as portas para o rápido desenvolvimento de uma cultura política republicana, a qual seria decisiva nos anos que se seguiram à primeira tentativa de reorganizar a vida institucional francesa.

Seguir os meandros da aventura republicana na França revolucionária é tarefa que escapa a nossos propósitos. Por isso, manter-nos-emos fiéis à estratégia anunciada na Introdução e procuraremos explicitar os pontos fortes do debate teórico que secundou e acompanhou o ritmo frenético das transformações que marcaram os primeiros anos revolucionários. Nesse período, no entanto, o recurso a fontes mais amplas é uma ferramenta necessária até mesmo para compreender os textos de autores como Condorcet, que estarão no centro de nossas preocupações neste capítulo. Com efeito, os escritos desse pensador — que é considerado o último dos grandes iluministas e que participou de maneira tão intensa da criação de um novo referencial para o republicanismo revolucionário — tornam-se claros quando colocados ao lado dos debates que procuravam resolver o problema da soberania popular e, ao mesmo tempo, encontrar uma forma estável de governo.[1]

A ASSEMBLEIA NACIONAL CONSTITUINTE

A experiência vivida pelos mais de mil representantes que em 1789 se dirigiram a Versalhes para compor a Assembleia dos Estados-Gerais e que depois viriam a elaborar a primeira carta constitucional francesa é um dos eventos mais importantes da história política moderna. Como afirma Timothy Tackett, ela foi o palco da transformação de representantes escolhidos dentro da

---

1 A referência obrigatória para o estudo desse tema é a obra de Pierre Rosanvallon *La Démocratie inachevée. Histoire de la souveraineté du peuple en France*, pp. 43-91.

lógica do Antigo Regime em autênticos revolucionários.[2] Um olhar mais acurado sobre as origens e as trajetórias dos deputados mostra que, no início dos trabalhos em 1789, não é possível encontrar critérios de unificação dos diversos grupos que sejam diferentes daqueles ligados ao seu pertencimento a um dos agrupamentos sociais ou a uma região da França. A Assembleia é, num primeiro momento, o retrato da diversidade do país, e não o local de fermentação de ideias novas e radicais. Como diz Tackett:

> As escolhas ideológicas que serão predominantes no curso da Revolução se desenvolveram, de um lado e antes de tudo, em função das contingências políticas e das interações sociais no seio da Assembleia, e, de outro lado, entre a Assembleia e o conjunto da população.[3]

Seria vão, nas condições mencionadas, buscar na Constituinte um republicanismo formado como doutrina política, oposta à defesa do papel do monarca como núcleo do Poder Executivo. De toda evidência, a república não parecia ser uma solução para a tarefa a que se propuseram os deputados de 1789, nem mesmo quando as circunstâncias os obrigaram a assumir uma função no governo da França à qual não estavam originalmente destinados. A referência à república aparece esporadicamente nos discursos de deputados ligados à ala direita da Constituinte, e sempre como uma acusação contra seus desafetos radicais que, segundo eles, estariam dispostos a criar uma república a custo do sangue dos franceses.[4] Sua hora ainda não havia chegado.

Esse tipo de ocorrência tem pouco significado para nossos propósitos. O que devemos perseguir são os debates que fizeram

2 Timothy Tackett, *Par la Volonté du peuple*, pp. 11-25.
3 Idem, ibidem, p. 73.
4 Idem, ibidem, p. 182.

aparecer os temas e os problemas do republicanismo que, mais tarde, serão dominantes na língua política francesa. Mas essa pesquisa deve ser conduzida tendo em mente que, no momento da Revolução, os deputados tinham em sua quase totalidade uma crença inabalável na importância da monarquia para a França.[5] Mesmo entre os deputados do Terceiro Estado, a confiança no rei ultrapassava as críticas ásperas acerca do funcionamento da monarquia. Reformar o regime e contar com o apoio do rei era o sonho de todos os representantes, mesmo dos mais radicais. Nos primeiros meses da Revolução, a cada vez que Luís XVI aparentava concordar com a Constituinte e apoiá-la, esse fato era saudado com manifestações de autêntico júbilo.[6] Apesar das profundas mudanças que aconteceram com os deputados no que Tackett chamou de "escola da Revolução", poucos foram os que reivindicaram a instauração de um governo republicano como solução para os graves problemas atravessados pela França nos anos iniciais da Revolução.

Nossa estratégia de análise seguirá a inspiração inicial de nossa pesquisa, isto é, a de que a língua republicana e sua gramática foram sendo implantadas ao longo de décadas pela mobilização de temas, exemplos e questões que aos poucos se transformariam numa peça essencial da compreensão e da ação de muitos dos participantes da cena pública francesa. Na Constituinte, a referência à linguagem do Iluminismo e a presença das ideias de Rousseau são os elementos a serem buscados. Mas não basta apontar para o caminho geral sem especificar suas rotas. Seria inútil, para compreender o avanço das ideias republicanas, buscar no meio de uma retórica por vezes exagerada a menção a um desses tópicos. O mais importante é reconhecer, em alguns dos debates do período, a influência de uma estrutura conceitual que pode efetivamente ser

5 Idem, ibidem, pp. 95-8.
6 Idem, ibidem, p. 190.

remetida à tradição republicana. Essa estratégia de estudo se assenta no fato óbvio de que os pensadores iluministas eram uma referência central na cultura francesa e que Rousseau era um pensador conhecido antes da Revolução, mesmo que devamos ser prudentes para não confundir a fama do filósofo e a exata compreensão do significado de seus escritos políticos.

Um outro fato que corrobora nossa démarche investigativa é a presença, entre os deputados, de autores de brochuras e até mesmo de escritores profissionais como Volney. Como afirma Tackett:

> é evidente que a maior parte dos autores está ao corrente do vocabulário e dos modos de pensamento iluminista. As palavras-chave como "razão", "felicidade", "filosofia" ou "passado gótico e bárbaro" são comumente empregadas por esses homens para analisar os males do presente, prescrever planos de ações futuras e propor uma nova Constituição.[7]

Mais uma vez, porém, é necessário ter cautela, pois o estudo detalhado da constituição da Assembleia mostra que a cultura política da maioria estava muito distante daquela dos mais esclarecidos. Se havia uma linguagem dominante entre os deputados, ela era oriunda da formação jurídica de muitos dos participantes, os quais não tinham necessariamente um conhecimento arraigado das novidades filosóficas e das crenças tradicionais da época.

No entanto, o fato de que não seja possível falar de uma presença massiva das ideias de Rousseau ou daquelas dos pensadores iluministas nos muitos relatos deixados pelos constituintes tem de ser ponderado com a percepção crescente de que as antigas formas de pensamento eram insuficientes para guiar os participantes da Constituinte no curso das difíceis tarefas que tiveram de enfrentar.

7 Idem, ibidem, p. 104.

Além disso, não podemos nos esquecer de que a dinâmica dos trabalhos legislativos acabava dando um lugar de destaque para oradores poderosos, que muitas vezes eram os mais bem equipados em relação às ideias dos filósofos iluministas.[8] Nesse sentido, oradores como Mirabeau, Sieyès, Camus, Barnave e outros tinham uma influência sobre os debates da Assembleia muito maior do que a da maioria dos deputados. Esse dado é importante para compreender não só a dinâmica interna de funcionamento da Constituinte, analisada por Tackett, mas também as mudanças paulatinas no terreno das ideias políticas. A surpresa com os rumos da Revolução foi um fator essencial para a ruptura dos quadros mentais que serviam de guia para a maioria dos deputados quando de sua chegada à reunião dos estados-gerais. Por essa brecha passaram muitas das ideias republicanas, que pouco a pouco foram constituindo um novo manancial para os homens políticos e para a sociedade em geral.

A primeira questão que trouxe à baila temas e conceitos da tradição republicana no curso dos debates da Constituinte foi a dos direitos humanos. Como mostrou Gauchet,[9] as discussões em torno da redação da Declaração dos Direitos do Homem e do Cidadão foram bastante complexas e ajudam a compreender alguns dos impasses aos quais foi confrontada a Assembleia, sobretudo no momento de lidar com a tarefa de instituir uma monarquia constitucional com um rei que já detinha uma parcela importante do poder. Com muita frequência, o nome de Rousseau foi associado a alguns debates ocorridos em 1789 na Constituinte, quando os deputados se debruçaram sobre a redação da Declaração, a qual

8 Idem, ibidem, pp. 214-22. Para um estudo da evolução da retórica parlamentar durante a Revolução, ver Hans Ulrich Gumbrecht, *As funções da retórica parlamentar na Revolução Francesa.*
9 Marcel Gauchet, *La Révolution des droits de l'homme.*

seria um marco da Revolução.[10] Se, no entanto, tomarmos por referência as discussões sobre a Declaração dos Direitos do Homem e do Cidadão, somos forçados a constatar que o apelo à experiência americana desempenhou também um papel relevante no curso do processo legislativo. O fato de La Fayette ter sido um personagem decisivo desde o início dos debates mostra como os Estados Unidos e sua experiência constitucional tiveram um peso importante na formação da cultura política da Revolução. Como veremos mais tarde, esse foi um dos caminhos de consolidação da cultura republicana ao longo dos anos que se seguiram à convocação dos estados-gerais. No momento que estamos analisando, as influências são múltiplas, mas a premência da situação na qual se encontrava a Assembleia de dotar a França de uma Constituição levava os deputados a se servirem dos exemplos e da tradição filosófica disponíveis, ao mesmo tempo que tinham plena consciência dos problemas práticos que deviam resolver. Como sintetizou Gauchet, "os constituintes são ao mesmo tempo governados pelo exemplo americano e dominados pela linguagem do *Contrato social* (e de alguns outros). Mas eles também estão longe dos Estados Unidos e são maus discípulos de Rousseau".[11]

Sieyès foi o autor que melhor espelhou essa situação. Antes da Revolução, a publicação de seu *O que é o Terceiro Estado* chamou a atenção para sua concepção de que uma assembleia popular deveria exprimir a vontade unitária da nação e não a vontade da aristocracia. Essa concepção, defendida antes de 1789, fazia de Sieyès um nome em voga no momento em que os estados-gerais se reuniram. A força de sua palavra se fez sentir quan-

---

10 J. Kent Wright, "Les Sources républicaines de la Déclaration des droits de l'homme et du citoyen", em F. Furet e M. Ozouf (orgs.), *Le Siècle de l'avènement républicain*, p. 128.

11 Marcel Gauchet, "Droits de l'homme", em F. Furet e M. Ozouf (orgs.), *Dictionnaire critique de la Révolution Française*. Idées, p. 129.

do, entre 20 e 21 de julho de 1789, ele leu um longo texto a respeito da questão dos direitos humanos e de sua importância para a Constituição.[12] O texto é de uma complexidade pouco usual em discursos parlamentares, e nada indica que tenha sido inteiramente compreendido por uma parte significativa da Assembleia. De qualquer forma, ele foi um marco na discussão sobre os direitos humanos e uma das portas de entrada do debate a respeito da questão da vontade geral na vida parlamentar. Vale a pena percorrer alguns de seus caminhos.

O autor começa conduzindo seus leitores a rememorar seus vínculos com a grande tradição do racionalismo do século XVIII. O ponto de partida é a ideia de que a Assembleia tinha por responsabilidade dar uma Constituição à França, o que implicaria definir a forma do poder político.[13] Ora, para Sieyès, todo texto constitucional deveria ser precedido por uma declaração universal de direitos, que lhe daria fundamento e o aproximaria de um contrato respeitoso dos vínculos que os homens mantêm com a natureza, afirmando ao mesmo tempo que "o objeto da união social é a felicidade dos associados".[14] Um fato importante a ser recordado é que, antes mesmo do discurso de Sieyès, os defensores mais ardorosos da monarquia já haviam começado a atacar a ideia de que uma Constituição deve ser precedida por uma declaração de direitos. Em 11 de julho, Lally-Tollendal havia afirmado que a aceitação dos direitos naturais sem a correspondência imediata dos direitos positivos era um risco para a nação.[15] Nesse sentido, toda démar-

---

12 Sieyès, "Préliminaire de la Constitution. Reconnaissance et exposition raisonnée des droits de l'homme et du citoyen", em F. Furet e R. Halévi, *Orateurs de la Révolution française*, pp. 1004-18.

13 Idem, ibidem, p. 1005.

14 Idem, ibidem, p. 1008.

15 Lally-Tollendal, "Premier Discours sur la déclaration des droits de l'homme", em F. Furet e R. Halévi, *Orateurs de la Révolution française*, p. 354.

che abstrata deveria ser evitada, pois ela poderia levar os constituintes a esquecer os problemas concretos que deveriam enfrentar. Essa percepção da natureza dos direitos humanos será seguida, em 19 de agosto, por um novo ataque a Sieyès, que era acusado de propor uma metafísica em vez de simplesmente aderir ao modelo inglês, que ajudava a afastar os riscos de um recurso excessivo ao pensamento de Rousseau.[16] O principal medo de parlamentares como Lally-Tollendal era que a ideia de soberania popular fosse levada a sério, o que colocaria em risco a afirmação do poder do rei. Para eles, era preciso seguir "o princípio de fato" para alcançar um modelo político equilibrado.[17]

As críticas a Sieyès, assim como a aproximação de seu pensamento com o de Rousseau, podem nos induzir a uma compreensão errônea de sua argumentação. Num primeiro momento, ele se aproxima da tradição do contratualismo em geral e não de sua forma rousseauniana. Por exemplo, a alusão ao estado de guerra e sua concepção de uma constituição individualista do corpo político lembram muito mais Hobbes — e, em alguma medida, Locke — do que o pensador de Genebra.[18] Sua visão positiva do contrato leva-o a dizer que "longe de diminuir a liberdade individual, o estado social a aumenta e garante seu uso".[19] Sua formulação do problema da liberdade o aproxima muito mais dos pensadores liberais ingleses do que de Rousseau. Além do mais, ele insistia que o poder constituinte, que ele diferenciava do poder constituído,[20]

16 Idem, "Second Discours sur la déclaration des droits de l'homme", em F. Furet e R. Halévi, *Orateurs de la Révolution française*, p. 356.
17 Idem, ibidem, p. 358.
18 Sieyès, "Préliminaire de la Constitution. Reconnaissance et exposition raisonnée des droits de l'homme et du citoyen", p. 1006.
19 Idem, ibidem, p. 1008.
20 Idem, ibidem, p. 1012.

pode e deve ser criado pela representação dos cidadãos.[21] Mais um ponto de confronto com Rousseau.

O conceito que uniu os dois pensadores e contribuiu para a formação da identidade conceitual do republicanismo francês só aparece no final do discurso. Sieyès define a lei como sendo "um instrumento comum, obra de uma vontade comum".[22] Desse ponto de partida, ele deduz que o único objeto pertinente às leis é "o interesse comum", pois "uma sociedade só pode ter um interesse geral".[23] Nessa parte do discurso, um primeiro tópico separa o pensamento de Sieyès do de seus inspiradores ingleses e o aproxima de Rousseau quando ele concede um lugar à ideia de unidade, ausente no pensamento de Locke. "Uma associação política — diz ele — é obra da vontade unânime dos associados."[24] O passo decisivo é dado quando ele define a vontade geral e a coloca como origem e fundamento de toda associação política legítima: "Todos os poderes públicos são, sem distinção, uma emanação da vontade geral; todos vêm do povo, quer dizer, da nação. Esses dois termos devem ser sinônimos".[25]

Estava dada a partida para o longo processo de transformação da paisagem intelectual do mundo político francês. Em particular, a definição da vontade geral tem uma repercussão direta na proposta que Sieyès fez de uma declaração dos direitos humanos. No artigo 26 de seu projeto, ele diz:

> A lei só pode ser a expressão da vontade geral. Em um grande povo, ela deve ser a obra de um corpo de representantes escolhidos por um curto tempo, direta ou indiretamente por todos os cidadãos

21 Idem, ibidem, p. 1013.
22 Idem, ibidem, p. 1014.
23 Idem, ibidem, p. 1014.
24 Idem, ibidem, p. 1014.
25 Idem, ibidem, p. 1015.

que se ligam à coisa pública por seus interesses e capacidades. Essas duas qualidades devem ser positivas e claramente determinadas pela Constituição.[26]

A leitura desse artigo mostra com clareza como se combinaram em Sieyès a herança inglesa e o republicanismo de Rousseau. Fazendo da vontade geral e do desejo de unidade os fundamentos do corpo político, ele se pôs a falar uma língua republicana que tinha a especificidade do lugar que a viu nascer. Ao apelar para a noção de representação, ele procurou sanar um dos impasses mais persistentes na cultura política francesa para aceitar o recurso à tradição republicana como algo mais do que uma bela rememoração das virtudes do passado.

Não podemos subestimar o impacto que as ideias de Sieyès tiveram na Constituinte nem a importância da introdução do tema da vontade geral. Se para muitos seu pensamento era complexo e difícil de ser incorporado na prática diária da Assembleia, alguns perceberam o caráter explosivo que a noção rousseauniana de vontade geral tinha para a vida política. Como mostrou Wright, uma verdadeira batalha se seguiu em torno da adoção da ideia.[27] De maneira geral, ela passou a fazer parte de quase todos os projetos de declaração que foram submetidos à Assembleia, mesmo daqueles de opositores diretos de Sieyès, como Mounier.[28] Pouco consenso havia, entretanto, quanto ao significado que o termo deveria ter. Uma amostra interessante é sua incorporação no projeto apresentado por Mirabeau em nome do Comitê dos Cinco, que havia sido encarregado de tentar reunir em um só os muitos

26 Idem, ibidem, p. 1018.
27 J. Kent Wright, "Les Sources républicaines de la Déclaration des droits de l'homme et du citoyen", em F. Furet e M. Ozouf (orgs.), *Le Siècle de l'avènement républicain*, pp. 158-60.
28 Idem, ibidem, p. 154.

projetos submetidos ao longo dos meses de julho e agosto. Mirabeau era um crítico da maneira como Sieyès havia tratado a questão dos princípios em sua proposta e chegou a atacá-lo em termos próximos daquele de Lally-Tollendal em seu discurso de 18 de agosto.[29] Contudo, o tom rousseauniano de sua proposta mostra que ele incorporou muito do espírito do programa de Sieyès em sua tentativa de criar uma síntese para ser debatida pela Assembleia.

O artigo 2º do projeto do comitê dirigido por Mirabeau afirma, por exemplo, que "todo corpo político recebe sua existência de um contrato social expresso ou tácito".[30] Até aqui, ele fala a linguagem do século. Mas a entonação torna-se francesa quando ele vincula no mesmo artigo a submissão das vontades particulares à direção explícita da vontade geral. Aqui não há mais equívoco: Mirabeau fala a língua de Rousseau, mesmo que nem sempre possamos dizer que ele tenha percebido todas as consequências de se servir dessa matéria-prima. No tocante aos direitos humanos, no entanto, o texto não poderia ser mais explícito ao evocar a ligação entre a vontade geral e a Constituição. Na esteira dessa afirmação, Mirabeau deduz no artigo 5º: "A lei, sendo a expressão da vontade geral, deve ser geral em seu objeto, e assegurar sempre a todos os cidadãos a liberdade, a propriedade e a igualdade civil".[31] A questão estava definitivamente posta na esfera dos enfrentamentos parlamentares. A esse respeito, pouco importa se nem a redação de Sieyès nem a de Mirabeau tenham sido adotadas na versão final. O recurso ao tema da vontade geral alterou o debate sobre a soberania e os limites que o poder monárquico queria impor a

---

29 Mirabeau, "Second Discours sur la déclaration des droits de l'homme", em F. Furet e R. Halévi, *Orateurs de la Révolution française*, p. 668.

30 Idem, "Premier Discours sur la déclaration des droits de l'homme", em F. Furet e R. Halévi, *Orateurs de la Révolution française*, p. 664.

31 Idem, ibidem, p. 664.

essa discussão. Nesse sentido, acompanhamos inteiramente Wrigth quando ele afirma: "A Declaração dos Direitos de 1789 poderia ser considerada um momento pivô na evolução de um republicanismo moderno especificamente francês, cujos últimos frutos serão aqueles da Terceira República".[32]

A introdução na Declaração dos Direitos do Homem e do Cidadão de temas e conceitos oriundos do pensamento de Rousseau e de outros autores ligados à tradição republicana aponta para um dos caminhos seguidos pelas ideias republicanas, ocupando um lugar não apenas na arena dos debates, mas no seio mesmo da vida pública francesa. Esse percurso esteve longe de ser plácido. Algumas discussões mostram como a Constituinte não foi capaz de superar os impasses que essas ferramentas traziam para o centro da política e da Constituição. A tensão resultante do encontro de um pensamento ancorado na ideia de liberdade, que remetia a fundação do poder político à manifestação explícita da vontade geral, com um monarquismo conservador, pouco disposto a ceder no princípio fundador do poder do rei, mostra como foi árduo o percurso do republicanismo nos primeiros anos da Revolução. Uma amostra dessas dificuldades está expressa no debate sobre o veto real.

Sieyès, Mounier e Mirabeau foram nomes fundamentais nesse debate. Mounier havia visto com clareza que, ao negar uma posição de força ao rei diante do Parlamento, a Assembleia estaria de fato instituindo uma república, o que não era o desejo manifesto dos constituintes.[33] A consagração, no artigo 6º da Declaração,

32 J. Kent Wright, "Les Sources républicaines de la Déclaration des droits de l'homme et du citoyen", em F. Furet e M. Ozouf (orgs.), *Le Siècle de l'avènement républicain*, p. 163.

33 Ran Halévi, "La République monarchique", em F. Furet e M. Ozouf (orgs.), *Le Siècle de l'avènement républicain*, p. 187. Ver também F. Furet e R. Halévi, *Orateurs de la Révolution française*, p. 1509.

do papel da vontade geral na instituição das leis de uma nação havia, no entanto, criado uma situação que tornava simplesmente impossível reivindicar direitos históricos como fonte de poder.

Os defensores radicais da monarquia rapidamente descobriram as dificuldades que enfrentariam para sustentar suas posições. Diante da recusa do Parlamento em seguir as teses defendidas por eles, Mounier tentou abordar o tema à luz dos conceitos que haviam se tornado moeda corrente na linguagem da Constituinte. Assim, no começo de sua fala, ele afirma que a liberdade depende inteiramente do Poder Legislativo e que "era uma verdade incontestável que o princípio da soberania reside na nação, e que toda autoridade emana dela".[34] A referência ao povo torna-se inevitável num discurso sobre a soberania, mas isso não significava que ele estivesse disposto a chegar às mesmas conclusões que seus opositores. Aceitando aparentemente os princípios enunciados, ele lança mão do velho argumento da impossibilidade de se instituir uma república num grande território para negar-lhes pertinência prática. Além do mais, Mounier desconfia da multidão e daqueles que querem seduzi-la. Para ele, esse é o obstáculo maior para uma participação direta do povo no processo legislativo. A solução proposta tem o rosto do século: a Constituição inglesa com todo o seu aparato.

Podemos pensar que esse recurso nada mais é do que a repetição de uma tópica batida dos que se opunham aos poderes despóticos dos monarcas europeus mas desejavam preservar a monarquia a qualquer preço. Essa estratégia era sem dúvida conhecida pela Assembleia, e conduziu Mounier a uma exposição detalhada de sua crença nas virtudes de uma estrutura bicameral, assim como na de que um rei deveria ter poderes substantivos que

---

34 Mounier, "Discours sur la sanction royale", em F. Furet e R. Halévi, *Orateurs de la Révolution française*, p. 880.

o tornariam um elemento ativo na busca pelo equilíbrio entre as forças e os poderes constantemente em disputa no corpo político. Esse raciocínio é coerente com as crenças manifestas desse grande defensor da monarquia, mas ele não podia mais ser aceito como uma simples manifestação de um credo político. No interior da Constituinte, o que estava em jogo era muito mais do que uma disputa entre projetos ideais concorrentes. A afirmação do debate sobre a natureza do soberano e sobre a vontade geral mudara a feição das disputas. Um projeto monárquico, mesmo coberto pelo manto da Constituição, não podia deixar de lado esses dois conceitos, que faziam surgir no horizonte das possibilidades um republicanismo que Mounier lutou para afastar do campo dos embates parlamentares.

À questão da soberania o monarquista dá uma solução engenhosa. Assumindo que "o princípio da soberania reside na nação",[35] Mounier se coloca em consonância com a Declaração dos Direitos do Homem e do Cidadão, que devia servir de preâmbulo à Constituição. Mas ele pensa a questão da soberania da nação como um princípio que não pode ter consequências práticas. Na impossibilidade de fazer a nação se manifestar por inteiro, é preciso recorrer à representação; e, para impedir os excessos aos quais os deputados podem se entregar, é necessário dar ao rei algo mais do que um poder simbólico. Ou seja, apenas o direito de veto real conserva, aos seus olhos, a separação de poderes, algo que esse leitor de Montesquieu enxerga como essencial para a felicidade do corpo político. Não se trata de defender um poder ilimitado de veto, mas de fazer pesar nas decisões do Legislativo a mão de um poder que, sem ser absoluto, equilibra aquele dos deputados.

Para Mounier, os deputados escolhidos pelo povo representam apenas em parte a vontade geral. Eles não são a vontade geral.

35 Idem, ibidem, p. 895.

Logo, não é cabível conceder-lhes o poder total com relação às leis, pois isso deveria emanar de algo que eles não encarnam inteiramente. Para ele, o rei também é parte do processo de expressão da vontade geral. Quando há oposição entre o Parlamento e o rei, o correto não é dizer que o rei se recusa a compartilhar a vontade da nação, mas sim que ela ainda não se cristalizou e que, portanto, o debate sobre as leis deve continuar até o ponto em que as resistências mútuas serão vencidas.[36] O veto é, nessa lógica, um instrumento para evitar que os deputados se enganem ou usurpem uma prerrogativa que existe apenas na totalidade da nação.

Essa solução engenhosa da questão da relação entre soberania e vontade geral leva Mounier a enfrentar diretamente o problema da definição desse último conceito. Consciente do papel determinante que ele tinha na elaboração da carta constitucional, mais uma vez ele escolhe um caminho oblíquo para encarar seus adversários. Tendo admitido que se trata de um princípio essencial para a construção de uma nova França, ele dá mostras de seguir sua intuição de que o recurso pleno à vontade geral acabaria com as chances de que o rei fosse necessário à nação. Trata-se, para ele, de evitar a tábula rasa, que tornaria nula qualquer pretensão de antiguidade e todos os direitos fundados na história. Para fugir disso, Mounier escolhe atacar a vinculação entre a antiga virtude das repúblicas e a vontade geral. Em vez de negar que Roma e Atenas eram governos poderosos, ele prefere mostrar que essas repúblicas também não seguiam cegamente os desígnios de uma vontade que, para ele, na maioria das vezes, era a manifestação dos desejos populares, mas não a expressão de sua generalidade. Assim, para adiantar seu último argumento a favor do veto real, ele diz:

36 Idem, ibidem, pp. 898-902.

Terminando, senhores, permitam-me retornar mais uma vez a uma dessas expressões repetidas tão frequentemente: *a vontade geral*. Permitam-me observar que em nenhum governo conhecido se tomou por único guia a vontade da multidão. Nas antigas repúblicas, não se sujeitava jamais o povo a uma lei que ele não desejava, mas também não se considerava como lei tudo o que ele queria. Elas adotavam regras para distinguir uma vontade arbitrária, um movimento apaixonado, de uma vontade refletida, dirigida pelas luzes da razão.[37]

O monarquista se volta para as repúblicas do passado para tentar conjurar uma ameaça que nem todos pressentiam na Constituinte. Se não se falava abertamente em depor o rei, e se o sentimento dominante entre os deputados era favorável à manutenção do monarca, a introdução de uma linguagem republicana parecia, para os defensores do veto, uma ameaça que não tinha nada de abstrata. Talvez antes de muitos futuros republicanos, Mounier soube ver a força irresistível que o recurso às novas ideias portava em si. Antes de sair de cena, ele tentou solucionar uma equação impossível de ser resolvida: ancorar o novo poder na vontade geral e respeitar direitos garantidos pela história da própria monarquia.

No quadro dos debates sobre o veto, Mirabeau alinhou-se aos que o defendiam, sem, porém, esposar os argumentos de Mounier. Servindo-se amplamente de um texto de Charles Casaux, ele pronunciou um longo discurso em 1º de setembro. O fato de não podermos atribuir inteiramente a Mirabeau o texto em questão não quer dizer que ele contrarie suas opiniões. O discurso nos serve justamente por mostrar como ele se alinhava a um grupo de pessoas que se mostrava alerta para as consequências da adoção

37 Idem, ibidem, p. 904.

da ideia de vontade geral como princípio constitucional. Realmente, ele não se debruça sobre o conceito em seu discurso, mas paira sobre suas considerações o tempo todo. Não havia nada de estranho nisso, uma vez que, em sua proposta para uma Declaração dos Direitos do Homem, ele inscrevera a vontade geral no coração de suas proposições. O mais interessante é a solução que Mirabeau apresenta para os impasses que surgiam quando se confrontavam o direito de veto e a questão da origem do poder.

Mirabeau insiste em seu discurso que, para escapar do despotismo tanto do rei quanto do Parlamento, era essencial estabelecer uma clara linha de demarcação entre os dois Poderes. Reconhecendo que os abusos não derivavam necessariamente do uso do poder conferido ao monarca, ele defende que numa monarquia constitucional o Executivo deve ser forte.[38] Nessa lógica, a função principal do rei é a de "completar os atos legislativos declarando-os conformes à vontade geral".[39] O direito de veto não é uma afronta ao poder do povo, pois, como dizia Mirabeau: "Não vejo como se poderia retirar de um povo o direito que ele tem de se dar uma Constituição segundo a qual ele gostaria desde então de ser governado".[40] A questão é de outra natureza. Uma vez que nem o Executivo nem o Legislativo são a vontade geral, é preciso protegê-la contra os abusos que podem ser cometidos em seu nome pelos poderes constituídos. Por isso, um monarca é um aliado do povo contra o Parlamento, e não seu opositor. Desse ponto de partida, é possível elucidar os mecanismos associados ao veto real sem com isso afrontar o princípio constitucional que havia

38 Mirabeau, "Discours sur le droit de veto", em F. Furet e R. Halévi, *Orateurs de la Révolution française*, p. 675. "Essa prerrogativa do monarca é particularmente essencial em todo Estado no qual, sendo impossível que o Poder Legislativo seja exercido diretamente pelo povo, ele é forçado a confiá-lo a seus representantes."
39 Idem, ibidem, p. 675.
40 Idem, ibidem, p. 676.

sido consagrado pela Declaração dos Direitos do Homem e do Cidadão e que ligava a vontade geral à origem do poder.

A posição de Mirabeau era astuciosa, mas não foi capaz de impedir as interpretações mais radicais do conceito que, aos poucos, foram ganhando corpo na cena política francesa. Ele foi um dos mais influentes membros da Constituinte, sobretudo em sua primeira fase. Isso lhe trouxe tanto a admiração de muitos quanto o repúdio de outros. Em suas *Considérations sur la Révolution française* [Considerações sobre a Revolução Francesa], Madame de Staël considera-o um dos responsáveis pela deriva do processo revolucionário, em que pese a posição moderada que ele adotou em questões como a do veto real. Já no século xx, Ortega y Gasset definiu-o como um verdadeiro modelo do homem político, mostrando como seu caráter vicioso nunca foi um obstáculo para sua capacidade de ação na cena pública. No curso dos séculos, sua imagem variou ao sabor das paixões políticas, tanto quanto sob o impacto dos estudos referentes à própria Revolução. O aspecto que nos interessa aqui, no entanto, é menos o da história dos julgamentos de sua pessoa e de sua ação política ao longo do tempo e mais o fato de ele ter sido um dos que, no interior da Assembleia Constituinte, souberam medir o impacto que a incorporação de novos temas e de um aparato conceitual em conflito com a tradição monárquica trazia para os que pretendiam dotar a França de uma Constituição. Sem nunca ter se aproximado verdadeiramente da tradição republicana, ele soube perceber o alcance dos conceitos e das soluções que a ela estavam associados no passado, e que invadiam a cena pública francesa no momento de grande transformação das estruturas de poder do país.[41]

Nos debates sobre a questão do veto real, mais uma vez Sieyès

41 Madame de Staël, *Considérations sur la Révolution française*, pp. 175-8. Ortega y Gasset, *História como sistema. Mirabeau ou o político*, pp. 59-85.

se destaca por meio de um discurso vigoroso lido no dia 7 de setembro de 1789. Nele, o escritor e parlamentar volta a expor muitas de suas ideias, mas, sobretudo, avança algumas soluções para o problema posto pela crítica de Rousseau à noção de representação — pelo menos da maneira como ela era compreendida naquele momento. Sieyès estava consciente de que a correta interpretação da vontade geral tornava impossível a solução adiantada por Mirabeau, que concedia ao rei um lugar à parte na nação. Se o monarca devia ter uma função no processo legislativo, ela deveria ser exercida no interior da Assembleia, e sem que isso lhe conferisse privilégio algum.[42] Qualquer voto que valesse mais do que um no processo de formação da lei implicaria dizer que um só poderia valer por toda a nação, o que era um puro contrassenso. Para o parlamentar, "o rei, considerado como indivíduo, é reduzido à sua vontade individual".[43] É claro que, uma vez escrita a Constituição, o Poder Executivo deve ter prerrogativas diferentes daquelas dos outros poderes, e o rei, um papel diferente daquele dos cidadãos comuns. Mas isso é uma decorrência da instituição da lei, que é o único guia de um povo livre, e não o apanágio de um poder garantido por uma fonte transcendente.

Resolvido esse ponto, Sieyès lança-se ao problema espinhoso da representação. Em primeiro lugar, ele acredita que cada deputado é deputado em nome de toda a nação, e não apenas dos eleitores que o escolheram. Na sequência de seu argumento, no entanto, ele rompe com a mística da democracia direta, que, segundo ele, instituída como um princípio, nada mais faria do que "recortar a França em uma infinidade de pequenas democracias que, em seguida, unir-se-iam por meio de uma confederação geral, como

42 Sieyès, "Sur l'Organisation du pouvoir législatif et la sanction royale", em F. Furet e R. Halévi, *Orateurs de la Révolution française*, p. 1020.
43 Idem, ibidem, p. 1021.

os treze ou catorze Estados Unidos da América se consideraram em convenção geral".[44] Para ele, essa forma de pensar o problema da instituição da lei, longe de conservar o caráter unitário da vontade geral, destrói-o, criando a ilusão de que é realmente possível ouvir a todos em todos os momentos quando se trata de fazer uma Constituição. Se cada cidadão representa apenas a si mesmo no momento em que escolhe seu representante, é impossível, numa grande nação, reproduzir esse mecanismo ao infinito para cada uma das questões que surgirem no processo de escrita das leis fundamentais.

Como resumiu Baker: "Dessa maneira, Sieyès separa a ideia de uma vontade unitária geral do sonho comunitário de uma democracia direta para vinculá-lo à prática da representação como expressão da divisão do trabalho em uma sociedade moderna populosa".[45] Ele procura assim enfrentar a questão da conciliação do pensamento de Rousseau sobre a vontade geral com a realidade francesa apelando para o que o intérprete de seu pensamento chamou de "soberania representativa".[46] Essa não era uma questão nova no interior do pensamento político francês do século XVIII, mas ela adquiriu um sentido radical no interior de uma Assembleia para a qual o problema da soberania não tinha nada de teórico. A crise de 1791 mostrou que a ambiguidade entre representação e soberania nacional não foi resolvida pelos membros da Constituinte de forma satisfatória. O apelo à vontade geral como fonte última de toda legitimidade tinha um alcance que parece não ter sido percebido — e até mesmo por aqueles que enunciaram o problema de forma tão clara, como foi o caso de Sieyès. Uma parte

44 Idem, ibidem, p. 1023.
45 K. M. Baker, "Sieyès", em F. Furet e M. Ozouf (orgs.), *Dictionnaire critique de la Révolution Française*. Acteurs, p. 309.
46 Idem, ibidem, p. 309.

importante da identidade do republicanismo francês encontra-se nesse conflito entre duas noções que não podiam ser perfeitamente conciliáveis sem alterar o sentido de uma delas e que passaram a pesar no curso do processo revolucionário.

O REPUBLICANISMO NAS RUAS: FRANÇOIS ROBERT, LOUIS LAVICOMTERIE

Nos meses que se seguiram à queda da Bastilha, ficou evidente para muitos dos que se envolveram nos acontecimentos de 1789 — ou que foram tomados de entusiasmo pelas perspectivas que se abriram desde então — que antigos referenciais teóricos e morais eram insuficientes para guiar os novos atores na travessia que pretendiam efetuar. Tomados de surpresa pelo que acontecia e pelo caráter inédito das transformações que se anunciavam, os variados atores revolucionários sentiram que precisavam de uma nova linguagem e de uma nova gramática para a vida política. A filosofia do Iluminismo, eivada de críticas ao despotismo, fornecia uma orientação, mas deixava muitas perguntas sem resposta. Nesse contexto, Rousseau ocupou um lugar que não foi atribuído a nenhum de seus contemporâneos. Já célebre e cultuado antes da Revolução, Rousseau era mais conhecido por seus escritos pessoais e filosóficos. Sua obra teórica principal, o *Contrato social*, era admirada, mas pouco estudada. A Revolução trouxe à baila sua importância e sua utilidade.

Encontramos no Círculo Social[47] um exemplo da apropria-

47 Um trabalho de referência sobre esse tema é o de Milton Meira Nascimento, *Opinião pública e revolução*. Para um estudo sobre a importância no Círculo nos primeiros anos da Revolução, ver Gary Kates, *The Circle Social, the Girondins and the French Revolution*.

ção imediata dos escritos do filósofo. Criado logo depois da queda da Bastilha por Nicolas de Bonneville e Claude Fauchet, o Círculo serviu como uma arena de debates e estudos para os que, à luz de uma nova teoria, procuravam entender o que acontecera e quais seriam as saídas possíveis para as muitas dificuldades que se apresentavam. As reuniões do grupo, que podiam reunir até 6 mil pessoas, ocorriam no circo do Palais-Royal e contavam com a presença de espectadores que mais tarde iriam se juntar aos mais diversos agrupamentos políticos, como foi o caso de Brissot e de Condorcet.[48] Ao Círculo se agregaram várias publicações periódicas, dentre as quais o jornal *Bouche de Fer*,[49] sua voz oficial. Nos primeiros anos da Revolução, ele foi o centro de uma intensa atividade de debate e propaganda.

Rousseau era a grande referência dos principais organizadores do Círculo, mas isso não quer dizer que era estudado de forma sistemática e cuidadosa. Os debates eram conduzidos segundo os interesses dos palestrantes e, por isso, o recurso à filosofia do genebrino servia muitas vezes como mero pano de fundo para a exposição de teses novas e controvertidas. Segundo Milton Meira, em Bonneville "notamos uma assimilação da doutrina de Rousseau, a partir de uma interpretação literal de questões tais como a volta à natureza e a realização de um pacto social. A teoria de Rousseau deve ser simplesmente posta em prática, sem nenhum questionamento".[50] Fauchet, por seu lado, foi um admirador confesso de Rousseau e chegou a fazer uma série de conferências sobre o *Contrato social*, mas, como observa Milton Meira, "em suas conferências ficará totalmente à vontade para aceitar ou negar alguns princípios do mestre e até mesmo para

48 Idem, ibidem, p. 30.
49 Idem, ibidem, p. 78.
50 Idem, ibidem, p. 80.

retificar algumas passagens que considerava incompletas. Na verdade, suas conferências são uma espécie de suplemento ao *Contrato social*".[51]

Seja como for, a história da recepção da obra do pensador genebrino é um capítulo à parte dos estudos sobre a Revolução, apontando para uma variedade tão grande de possibilidades que não caberia explorá-las todas aqui.[52] É possível encontrar interpretações muito divergentes da obra de Rousseau, já que ele aparece como inspirador de quase todas as correntes de pensamento que se desenvolveram após o início do processo revolucionário.[53] No entanto, para aquilatar o desenvolvimento do republicanismo francês é preciso evitar a confusão entre o apelo à república como solução para os problemas institucionais franceses e o uso intensivo que foi feito da filosofia rousseauniana. O republicanismo dos primeiros anos revolucionários raramente deixou de fazer referência a Rousseau, mas a influência do pensador genebrino ultrapassou em muito as fronteiras dos debates políticos. Por isso, para nossos propósitos, partiremos de textos nos quais o problema do republicanismo é enunciado de forma direta, mesmo sabendo que a presença do pensador de Genebra era quase inevitável nesses debates. Com isso, evitamos nos distanciar de nosso objeto para mergulhar no oceano altamente complexo dos intensos debates que dominaram a cena pública francesa revolucionária.

O primeiro autor que nos interessa, François Robert, foi redator do *Mercure National* e um dos principais porta-vozes das sociedades patrióticas na crise da primavera de 1791. Com Nicolas de Bonneville, ele aderiu à tese da soberania popular como um

---

51 Idem, ibidem, p. 95.
52 Para um estudo aprofundado da questão, ver Raymond Trousson, *Jean-Jacques Rousseau. Mémoire de la critique.*
53 Milton Meira Nascimento, op. cit., pp. 19-20.

"poder de vigilância", capaz de manter viva a origem da lei pela presença do povo com um olhar sempre presente na cena pública.[54] O que importa, porém, é menos seguir a trajetória desse rousseauniano de primeira hora, que se manteve ativo ao longo dos anos na cena editorial e política francesa, e mais o fato de que, já em 1790, ele se declarava republicano e apresentava uma versão do que seria o republicanismo aplicado às condições francesas. Seu texto *O republicanismo adaptado à França*[55] é uma amostra de como o recurso a Rousseau podia ser uma peça fundamental na propagação da ideia republicana, ao mesmo tempo que apontava para impasses que cabia aos revolucionários resolver. Enquanto a Assembleia Nacional Constituinte se digladiava para encontrar uma fórmula capaz de contemplar os anseios populares e conservar a monarquia sob a égide da Constituição, o republicanismo encontrava seu espaço nos debates travados nos órgãos de imprensa e nas ruas. Nesse sentido, o texto ao qual nos referimos encontra paralelos em escritos posteriores de Brissot e de Billaud-Varenne[56] e também em escritos contemporâneos de Lavicomterie.[57] Sua especificidade está no fato de que foi escrito no momento inicial da Revolução, quando a língua republicana ainda não havia atingido plenamente as esferas legislativas, mas já era parte do universo linguístico que fazia fervilhar a França. O papel desempenhado mais tarde por Robert no seio do clube dos *cordeliers*[58] mostra como a teoria dos mestres do século XVIII foi apreendida no começo da Revolução e como esteve no centro das ações

---

54 Idem, ibidem, pp. 43-4.
55 François Robert, *Le Républicanisme adapté à la France*.
56 A esse respeito, ver o texto publicado em 1793 e que sintetiza muito os debates do período: Jacques Nicolas Billaud-Varenne, *Les Éléments du républicanisme*.
57 Louis Lavicomterie, *Les Droits du peuple sur l'Assemblée nationale*.
58 Timothy Tackett, *Le Roi s'enfuit. Varennes et l'origine de la Terreur*, p. 121.

de muitos dos que a abraçaram nas primeiras horas das grandes transformações sofridas pela França.

Robert, assim como muitos outros antes dele, apelava para a imagem de Brutus, relacionando-o com o momento vivido por sua pátria. Depois de fazer referência ao apego à república manifesto pelo herói romano ao longo de sua vida, o autor clama em alto e bom som: "Que tua voz seja o oráculo da França, que a França seja uma república e que enfim minha pátria diga, considerando os registros da Roma livre: eu também tenho alguns Brutus dentre minhas crianças".[59] O tom retórico da fala não deve nos confundir. Se nele se repete a velha tópica do elogio aos romanos virtuosos, esse apelo não se dirige mais a um público nostálgico da antiga virtude, mas a um país que decide seus destinos em meio a uma luta contínua e a uma participação ampliada dos cidadãos na vida da cidade. Robert fala a língua dos amantes da república para uma plateia que a escuta com a atenção dos que sabem que pensam seu tempo na condição de "homens iguais". Para essa plateia, ele acena com a república como a única solução digna dos esforços que haviam sido feitos pelos que enfrentaram a velha ordem. Para ele, "qualquer outra instituição que não o republicanismo é um crime de *lèse-nation*".[60]

Na língua falada por Robert, a república é a única saída para os impasses vividos pela Constituinte porque ela simplesmente suprime um fator de constante instabilidade num regime que se pretende livre: a presença de um rei. Nessa lógica, a primeira proposição que Robert tenta demonstrar é que as condições objetivas da França não eram um obstáculo à queda da monarquia.[61] O que parece sustentar o medo de uma transformação mais radical do

---

59 François Robert, *Le Républicanisme adapté à la France*, p. 1.
60 Idem, ibidem, p. 1.
61 Idem, ibidem, p. 5.

cenário político é a posição timorata de homens como Bailly e La Fayette e a falta de dignidade da Assembleia Nacional, que continuava a tratar o rei com toda a deferência.[62] Ora, se é verdade que o povo francês desejava ser livre, era então necessário concluir que ele não podia continuar submetido a um Poder Executivo que não emanara de sua vontade.

A argumentação em torno dessa ideia abre o terreno para o confronto entre republicanismo e monarquia, demarcando os limites de uma luta que estava apenas se iniciando. Naquele momento, o apelo à república — com a recusa explícita de Robert de se servir da violência para derrubar o rei — coloca o problema do regime mais apto a responder ao desejo de liberdade do povo quando essa questão ainda podia ser tratada nos limites do debate de ideias e do combate político. Mas a moderação é apenas de fachada, pois o recurso ao republicanismo contra a monarquia e os ataques ferozes à Assembleia já estão inscritos na lógica do conflito que dominará a vida política.

Isso fica claro na segunda proposição defendida pelo autor, na qual ele afirma diretamente que a monarquia é incompatível com a liberdade. Num momento em que a manutenção do rei incluía-se no programa de boa parte dos grupos políticos, Robert se serviu do arsenal conceitual republicano para atacar as prerrogativas reais garantidas pelos representantes do povo. Ele mostra que liberdade e independência do poder real são coisas incompatíveis.[63] Rousseau mais uma vez fornece as armas necessárias para a luta, sendo a principal delas a teoria do contrato social. O movimento argumentativo de Robert parte das considerações feitas pelo pensador genebrino sobre a Polônia, afirma a identidade entre liberdade e igualdade na fundamentação da república e conclui

62 Idem, ibidem, p. 10.
63 Idem, ibidem, pp. 26-85.

com a teoria de que o contrato social é a verdadeira base da vida política — e que, segundo a qual, "toda sociedade que não tem o contrato como base é mal organizada".[64]

No mesmo diapasão, Lavicomterie atacará de forma ríspida a Assembleia por esta permitir que o rei conservasse seu direito de veto sobre questões importantes da vida nacional. No início de um de seus escritos, ele se serve da teoria política de Rousseau ao afirmar que "a lei é a expressão da vontade geral e não de decretos isolados".[65] O texto é recheado de afirmações dessa natureza — por exemplo, quando, ao comentar os tempos em que vivia, ele diz: "Como a sociedade é depravada!".[66] Mas o recurso reiterado ao filósofo de Genebra não visa apenas a propagar sua doutrina. O eixo de suas considerações é um ataque à instituição da monarquia em todas as suas formas. Não importam as qualidades de um rei particular. Para Lavicomterie, todos os monarcas são ruins, pois usurpam o que só pode ser possuído pelo povo em sua integralidade. Num momento em que a maior parte das forças políticas não propugna a destruição total da monarquia, ele investe sem tréguas contra a ideia mesma de preservar traços do Antigo Regime.[67] Em sua argumentação fica claro que a solução buscada para os problemas vividos pela França só pode advir do reconhecimento da oposição frontal entre soberania popular e monarquia. Se nesse escrito o termo república não tem um papel decisivo é porque ele está subsumido pela ideia da vontade geral nos moldes rousseaunianos.

O tema do veto era tão importante para esses primeiros republicanos pelo simples fato de que ele apontava para a impossibili-

---

64 Idem, ibidem, p. 37.

65 Louis Lavicomterie, *Les Droits du peuple sur l'Assemblée nationale*, p. 1.

66 Idem, ibidem, p. 127.

67 Lavicomterie publicou outro livro no qual ataca a monarquia em toda a sua história. Idem, *Les Crimes des rois de France depuis Clovis jusqu'à Louis Seize*.

dade de fazer vingar a solução constitucional defendida pela Assembleia. Ao deplorar a atitude dos representantes que não souberam ver que o rei nada mais poderia ser do que um funcionário público, Lavicomterie exclama: "Um veto atribuído a um homem, a um louco, a um rei, a um tirano!".[68] A nação, e não a monarquia, é a depositária dos direitos. Concedê-los a um indivíduo é uma "confusão estranha, uma ignorância, um desprezo frio e bárbaro do poder inerente de uma nação de se modificar, de melhorar sua sorte, de mudar a forma de seu governo e a comissão que delegou a seu mandatário".[69] A solução republicana é a única que pode ser coerente com os princípios que apareceram com a Revolução.

O importante nas análises das passagens dos dois autores não é buscar um desenvolvimento conceitual original, mas compreender como o republicanismo de Rousseau se converteu na linguagem preferida daqueles que rapidamente perceberam os impasses gerados por uma Revolução que, paradoxalmente, desejava manter intacta uma parte importante das estruturas políticas que haviam sido postas abaixo pela queda da Bastilha. Robert confessa que "não teve sempre a alma republicana e que adorou os reis", mas a Revolução levou-o a abandonar essa posição e a compreender que, se se quisesse manter vivo o patrimônio adquirido com a grande transformação, as mudanças mais radicais eram inevitáveis.[70]

Em seu escrito, vemos como se operou o processo de adoção de uma linguagem republicana que, reivindicando os exemplos da Antiguidade e apropriando-se do patrimônio conceitual forjado

68 Idem, *Les Droits du peuple sur l'Assemblée nationale*, p. 43.
69 Idem, ibidem, p. 43.
70 "Que je bénis la révolution, combien encore elle m'est plus chère qu'à ceux-là qui étaient libres et philosophes avant qu'il fût permis de l'être." François Robert, op. cit., p. 82.

antes da Revolução pelos iluministas, criou uma ferramenta de crítica e de combate para enfrentar os muitos desafios que eram postos pelo processo revolucionário. Podemos dizer que o caráter republicano da obra de Rousseau foi plenamente revelado nesse momento e que a associação entre as Luzes e a Revolução foi o produto de um caminho de busca de novas raízes num mundo que via desmoronar o edifício das antigas referências. A posição de Robert é ainda mais radical e sinaliza para um movimento que paulatinamente seria o daqueles que ingressaram na política depois da Revolução. Para ele, não havia como ficar no meio do caminho. Era preciso concluir o processo de mudanças, mesmo ao preço de um combate radical. Por isso, a reivindicação de laços com o passado mais imediato da França não o levou nem a desconsiderar o fato de que para muitos franceses o republicanismo só se apresentou como uma solução depois da Revolução, nem a priorizar a análise filosófica e teórica em detrimento do combate político. Robert estava mergulhado na luta política; seguia seus imperativos, e não o apelo da teoria. Rousseau o guia; a filosofia iluminista plana no fundo de suas considerações, mas ele não hesita em se distanciar dela quando se faz necessário.

Um bom exemplo desse comportamento está nas considerações que ele faz sobre a Inglaterra. Como mostramos antes, o regime inglês serviu para muitos pensadores anteriores a 1789 como um modelo a ser seguido. Ora, Robert considera "o governo da Inglaterra um composto bizarro de despotismo, de aristocracia e de uma sombra democrática".[71] Em vez de simplesmente adotar como referência a ideia de regime misto, que fazia parte da tradição republicana desde a Antiguidade, ele ataca de frente o que considera um mito nefasto. No contexto em que vivia, o exemplo a ser seguido era o dos "bravos republicanos" america-

71 Idem, ibidem, p. 41.

nos, que haviam de fato realizado um regime sem privilégios para o Executivo.[72]

O republicanismo de Robert é uma mistura de retorno ao passado, filiação à filosofia do século XVIII e invenção de um novo lugar no tabuleiro da política. Ele produz um novo olhar sobre a república simplesmente porque a encara como uma necessidade imediata e não mais como uma possibilidade mais ou menos abstrata. É interessante notar que o recurso a pensadores como Rousseau é guiado pela certeza de que as transformações da monarquia são inexoráveis e que, ao mesmo tempo, têm de ser conduzidas por homens que souberam ver o que não podia ser visto antes da Revolução. Se o passado é idealizado, esse processo é guiado pelo presente e responde a seus imperativos.

Do escrito citado, a terceira parte é a mais cheia de consequências para nosso percurso. Nela, Robert afirma o que talvez fosse impensável para pensadores que não conheceram a Revolução: "É possível introduzir o republicanismo na França".[73] Ele mantém a ideia, comum aos pensadores do século XVIII, de que uma verdadeira democracia — que ele identifica com a república[74] — só é concebível num pequeno Estado, mas, ao contrário de muitos, diz que é possível escolher entre um regime perfeito e uma monarquia, entre a liberdade total e a representação arbitrária. Para Robert, o principal erro de Rousseau foi não ter percebido que há um regime representativo que não trai a vontade do povo, uma vez que mantém o processo legislativo sob sua supervisão.[75]

---

72 Idem, ibidem, p. 40.

73 Idem, ibidem, p. 87.

74 "Le républicanisme ou la démocratie est le gouvernement de tous: pour être parfait, il faut que tous les citoyens concourent personnellement et individuellement à la confection de la loi." Idem, ibidem, p. 87.

75 "Pour concevoir l'idée de liberté avec l'idée de gouvernement représentatif, il faut que les représentants ne puissent pas donner comme loi leur volonté

Aderindo à tese da soberania como um processo de vigilância contínua por parte dos componentes do corpo político, ele dá mais um passo para fugir do impasse criado pela referência às pequenas comunidades e ao governo da Inglaterra, o qual ele mais uma vez critica.[76]

Para se implantar um regime republicano na França era preciso usar dos meios de comunicação impressos para orientar a população sobre as decisões das assembleias, repartir o território em distritos e departamentos para evitar a influência de fatores puramente regionais nas deliberações do legislador, e, sobretudo, era necessário não dar aos representantes um poder excessivo. Sem cair na quimera de achar que um povo é capaz de deliberar sobre tudo o tempo todo[77] — o que, aliás, ganhou a adesão de muitos revolucionários do período —, Robert aposta na ideia de que quando o debate sobre as leis é simplificado e se refere à aceitação ou não de uma proposição, as assembleias são um mecanismo eficaz para traduzir a vontade popular.

As referências ao escrito de Robert mostram que já no curso de 1790 o republicanismo se apresentava na cena pública como uma alternativa viável para a organização institucional francesa. Partindo da herança teórica rousseauniana, Robert foi capaz de adaptar a língua que aprendera a falar com os mestres de antes da Revolução a uma situação dominada pela premência de encontrar soluções para problemas que se tornavam cada vez mais agudos. É nesse contexto que a velha objeção quanto ao tamanho do território de uma república e quanto à impossibilidade de se saber qual é a natureza da vontade geral ganha soluções práticas

---

particulière, mais seulement la volonté de tous, ou de la majorité..." Idem, ibidem, p. 93.

76 Idem, ibidem, p. 89.

77 Idem, ibidem, p. 101.

e coloca o problema da representação no centro dos debates teóricos. Sob a pressão dos acontecimentos, ou se encontrava uma forma de conciliar republicanismo e representação, ou os monarquistas mais uma vez ganhariam a batalha, pelo menos teoricamente. Robert mostra que o republicanismo nascido da Revolução soube fazer face a essa situação, mesmo que suas proposições nos pareçam hoje uma mistura confusa de elementos teóricos oriundos de filosofias diversas. No entanto, mais importante do que cobrar coerência teórica desses homens de ação é ver que eles conseguiram abrir uma brecha pela qual o republicanismo francês encontrou sua identidade e seus limites nos primeiros anos da Revolução.

É verdade que o grupo de Robert era um dos mais radicais e esteve bastante isolado nos primeiros anos. Eles foram capazes, entretanto, de apresentar um programa de ação que, se não era exequível, era coerente com as proposições que adotavam. Contrariamente a Sieyès, afirma Gueniffey: "Os republicanos não levavam em conta uma hipotética monarquia abstrata, mas a monarquia francesa".[78] Assim, talvez tenham deixado de perceber as mudanças reais que haviam sido operadas em 1789,[79] mas souberam ver que o inimigo não era um ente abstrato, e sim uma família e uma história concreta. Seu ódio à monarquia, à instituição do veto, deixava muitas vezes de lado a análise da formulação das leis pela Assembleia e acabava por exagerar em suas críticas. Dessa maneira, porém, foram capazes de perceber que a monarquia francesa não retirava sua força apenas de sua ordenação institucional, mas tinha suas raízes solidamente fincadas no imaginário

---

78 Patrice Gueniffey, "Cordeliers et girondins: la préhistoire de la république?", em F. Furet e M. Ozouf (orgs.), *Le Siècle de l'avènement républicain*, pp. 208-9.
79 Idem, ibidem, p. 205.

dos franceses. Para derrotá-la, era preciso atacar os homens e seus símbolos, mesmo ao preço de exageros retóricos.[80]

BRISSOT

Jacques Pierre Brissot de Warville fez parte, nos anos que antecederam a Revolução, do grande número de jovens provincianos que acorreram a Paris na esperança de integrar o seleto grupo de intelectuais que dominavam a cena cultural francesa, os *philosophes*.[81] Seu início, no entanto, esteve longe de ser um sucesso. Tendo partido para Londres a fim de fundar um centro de referência para filósofos de toda a Europa, acabou falindo e sendo preso em seu retorno à França, ficando encarcerado na Bastilha por dois meses. Quando foi solto, continuou sua luta pela sobrevivência, escrevendo panfletos e se envolvendo em atividades que mais tarde serviram para alimentar as acusações de que fora espião da polícia.[82] Nesses anos difíceis, Brissot tomou contato com as ideias de Rousseau e com os escritos a respeito da América, o que o conduziu, nas palavras de Gueniffey, "a uma admiração sem limites pelas virtudes republicanas".[83]

A relação precoce com o republicanismo marcou toda sua carreira, mas deve ser corretamente analisada para que não sejamos levados a criar um personagem que de fato não existiu. Antes de 1789, Brissot foi, como muitos de sua geração, um leitor atento e um adepto fiel das ideias de Rousseau. Tocado pelos elogios ao

---

80 Idem, ibidem, p. 209.

81 Robert Darnton, *Boemia literária e revolução*, pp. 50-76.

82 A esse respeito, ver o capítulo citado da obra de Darnton, em particular suas conclusões. Idem, ibidem, p. 76.

83 Patrice Gueniffey, "Brissot", em F. Furet e M. Ozouf (orgs.), *Dictionnaire critique de la Révolution Française*. Acteurs, p. 81.

"coração puro", pela ideia de um estado de natureza não corrompido, ele adotou uma linguagem republicana rousseauniana que o ajudava na crítica ao Antigo Regime, mas que não era muito diferente do que se encontrava em salões elegantes da aristocracia parisiense.[84] Um outro aspecto da adesão de Brissot aos valores republicanos foi sua admiração pela América. Quando ainda estava em Londres, ele já demonstrava grande apreço pelo que acontecia nas colônias americanas. Depois de seu retorno a Paris, ligou-se a Crèvecoeur, autor de um famoso panfleto, *Cartas de um agricultor americano*,[85] que ajudou a criar na França uma visão mitificada da América, combatida até mesmo por Jefferson, que temia o impacto que uma ilusão podia ter no público francês.[86] Em Brissot, o apreço por Rousseau ia junto com a admiração pela América, o que o levou a dizer: "Por que Rousseau não viveu mais tempo? Ele teria lido M. de St. John e se consolado ao ver a realização daqueles sonhos que seus inimigos ridicularizaram tão impiedosamente. Esse fato será a consolação dos *philosophes* de hoje, cujas ideias sublimes são frequentemente objeto do mesmo escárnio".[87]

O republicanismo de Brissot, como o de muitos de seus contemporâneos, era um republicanismo moral, sem implicações políticas mais imediatas. Já em setembro de 1790, diante do debate sobre a oportunidade de instaurar um regime republicano na França, ele afirmava: "Eu adoro o governo republicano, mas não acredito que os franceses sejam dignos desse santo regime. Conquistar a liberdade não é nada, mas saber conservá-la é tudo. Ora, não podemos conservá-la sem os costumes; e não temos

84 A esse respeito, ver Simon Schama, op. cit., pp. 134-49.
85 Robert Darnton, *Os dentes falsos de George Washington*, p. 143.
86 Idem, ibidem, p. 153.
87 Citado por idem, ibidem, pp. 146-7.

aqueles que permitem sustentar o peso da liberdade republicana".[88] Em pleno debate sobre a Constituição, o republicanismo de Brissot conservava ainda as marcas de sua herança, ecoando, em alguma medida, o pensamento de Thomas Paine, o qual, segundo Bernard Vincent, acreditava que "em sua essência, a república era [...] mais um estado de espírito do que um regime político; mais um princípio de administração do que uma forma de governo".[89] Para aquilatar a contribuição de Brissot ao pensamento republicano francês é preciso atentar para seus escritos posteriores a 1789, que apareceram em seu jornal *Le Patriote Français*. Vamos priorizar um texto publicado em julho de 1791, o qual resume os principais elementos do pensamento de Brissot no período.

O texto que nos serve de guia tem o título de *Minha profissão de fé sobre a monarquia e o republicanismo*.[90] Publicado depois da captura do rei, ele se inscreve num momento em que as reivindicações pela implantação da república, ainda tímidas, começam a ocupar um lugar na cena política.[91] Brissot terá um papel decisivo na luta pela república, mas nesse momento inicial ele adota um tom conciliador. Sua primeira afirmação é a de que a questão merece ser discutida e que o apelo ao livre debate de ideias é a única saída aos olhos dos republicanos: "É preciso provocar discussões

88 Citado por Patrice Gueniffey, "Brissot", em F. Furet e M. Ozouf (orgs.), *Dictionnaire critique de la Révolution Française*. Acteurs, p. 90.

89 Bernard Vincent, "Thomas Paine, républicain de l'univers", em F. Furet e M. Ozouf (orgs.), *Le Siècle de l'avènement républicain*, p. 107.

90 Jacques-Pierre Brissot, "Ma Profession de foi sur la monarchie et sur le républicanisme", em *Recueil de quelques écrits principalement extraits du Patriote Français*.

91 Tackett mostra como a ideia de implantação de uma república na França parecia insensata fora do restrito núcleo dos republicanos por convicção como Brissot, Roland e Condorcet, o que talvez explique o tom adotado por Brissot em 5 de julho de 1791. Timothy Tackett, *Le Roi s'enfuit. Varennes et l'origine de la Terreur*, pp. 226-32.

públicas nas tribunas — afirma — por escrito e então encontraremos a verdade".[92] A verdade se refere aqui ao melhor regime para a França. Num momento em que a hipótese de implantação de um novo regime deixou de ser uma ficção, Brissot escolhe o caminho do debate e da deliberação para afirmar suas convicções. Nesse sentido, o republicanismo de Brissot não está circunscrito a uma exposição de ideias. Se desde antes da Revolução ele afirmara seu apego aos ideais americanos, no momento em que se abria a possibilidade de buscar uma nova solução para o impasse criado pela fuga do rei ele opta por afirmar o republicanismo como uma escolha da razão e não dos sentimentos. Os republicanos, afirma, "só querem empregar a razão" e servir-se dos debates públicos para vencer os preconceitos.[93]

O cuidado na afirmação da posição dos republicanos, nesse momento crucial da Revolução, tem muito pouco a ver com uma cautela desmesurada de Brissot. Acostumado às polêmicas pela imprensa, é pouco provável que ele tenha perdido o sentido dos combates políticos para se refugiar num mundo de ideias abstratas. Ele sabia perfeitamente que uma mudança de rumo na Assembleia era algo difícil de se conseguir. O republicanismo não era uma posição majoritária nem entre os representantes nem nas províncias, ou nem mesmo em Paris.[94] Por isso, ele combinava a defesa do direito ao livre pensamento com a defesa do direito de aperfeiçoar a Constituição, inclusive em seus pontos mais sensíveis. Brissot não visava, com isso, a deslegitimar a Assembleia, mas negava a identificação total entre representação e vontade geral. Para ele, era necessário aumentar as mediações entre o povo e seus

92 Jacques-Pierre Brissot, "Ma Profession de foi sur la monarchie et sur le républicanisme", em *Recueil de quelques écrits principalement extraits du Patriote Français*, p. 3.

93 Idem, ibidem, p. 4.

94 Timothy Tackett, op. cit., p. 228.

representantes, a fim de que o primeiro não abrisse mão indevidamente de seus poderes.[95]

Postos esses fundamentos, ele definia a república como: "Um governo no qual todos os poderes são: em primeiro lugar, delegados pelo povo ou representativos; segundo, eleitos pelo povo de forma mediada ou imediata; terceiro, temporários ou amovíveis".[96] De todos os regimes existentes, apenas os Estados Unidos respondiam inteiramente aos critérios necessários para a qualificação de um governo como republicano. Essa observação incluía não apenas os governos de seu tempo, mas também as democracias da Antiguidade, que realizaram parcialmente os ideais republicanos. O erro das antigas repúblicas, bem como a origem de sua fragilidade, residia no processo deliberativo que, ao lançar os homens continuamente na praça, acabava por gerar tumultos e confusões constantes no seio da arena pública.[97]

Essas observações são importantes não tanto pela reafirmação da admiração do escritor pela América, mas, sobretudo, por afastar a ideia de que o republicanismo desejável para a França fosse um arremedo da experiência dos antigos. Brissot se distancia assim de todos os defensores da democracia direta, muitos deles próximos do pensamento de Rousseau. Para ele, é preciso construir uma república que afaste os tumultos e permita um processo deliberativo calmo e pacífico. Um dos caminhos para que isso ocorra é reforçar a imprensa, que age como um intermediário entre o povo e seus representantes, permitindo que todas as posições sejam expressas, sem, no entanto, gerar conflitos desnecessá-

95 Patrice Gueniffey, "Cordeliers et girondins: la préhistoire de la république?", em F. Furet e M. Ozouf (orgs.), *Le Siècle de l'avènement républicain*, p. 218.
96 Jacques-Pierre Brissot, "Ma Profession de foi sur la monarchie et sur le républicanisme", em *Recueil de quelques écrits principalement extraits du Patriote Français*, p. 5.
97 Idem, ibidem, p. 6.

rios. Seria apressado dizer que Brissot deixa de lado inteiramente a herança rousseauniana. Mas é verdade que ele busca uma saída para o que considera um impasse perigoso. Uma demonstração de sua preocupação com os tumultos aparece quando ele examina a hipótese de uma monarquia constitucional como uma das figurações possíveis da república. Brissot não afirma que essa era a melhor solução, mas também não a descarta, tal como fizeram, de forma direta, Robert e Lavicomterie. Levando a sério sua proposta de uma discussão racional sobre os problemas constitucionais, ele permanece nas águas de um debate parlamentar ao examinar a questão do melhor regime.

Ora, para ele, o divisor de águas não estava entre monarquia e república, mas entre regime representativo e regime não representativo. Por isso, ele afirma: "O epíteto de representativo fornece a diferença essencial, uma vez que as repúblicas modernas são fundamentalmente representativas, e as antigas não o eram".[98] A oposição central é, portanto, entre regimes representativos baseados em consensos obtidos pelo debate racional e democracias diretas tumultuadas. Entretanto, essa diferença não deve nos enganar. Brissot procura afirmar a identidade de seu pensamento, mas não devemos concluir que ele aceitasse a monarquia como uma boa solução. Em primeiro lugar, ele mostra o caminho que deve ser seguido para escolher entre regimes possíveis para, em seguida, levar o debate a bom termo. O que lhe interessa é barrar a via do conflito direto entre o povo e os detentores do poder como uma solução possível para o impasse em que se encontrava a Assembleia. Sem negar o princípio rousseauniano da vontade geral, Brissot coloca a razão como mediador privilegiado dos conflitos.[99] Postas

98 Idem, ibidem, p. 7.
99 Como mostra Gueniffey: "O republicanismo de Brissot residia largamente nessa ideia de democracia representativa, que tempera a representação pela de-

as condições ideais do debate, não há como fugir do exame de todas as possibilidades.

Nessa lógica, até mesmo a presença de um rei é admitida no seio da "Constituição representativa" de Brissot, mesmo que para ele, nesse caso, estejamos falando de uma representação fictícia.[100] A posição republicana aceita a figura de um rei, mas exige que ele seja acompanhado por um conselho executivo que, na prática, retira os poderes do monarca.[101] A argumentação visava a mostrar que a monarquia era muito mais perigosa do que supunham seus defensores e que era possível provar isso partindo do exame racional de seus elementos constitutivos. Entre outras coisas, a monarquia facilita a corrupção. Nas circunstâncias de 1791, a escolha possível não era entre um rei constitucional e um rei despótico, mas entre um rei criminoso e um rei criança, ambos inadequados para a França.

Brissot fala dos republicanos sem verdadeiramente se identificar com eles, pelo menos diretamente. Isso não quer dizer que não conjugasse com suas opiniões, mas sim que desejava mostrar ao leitor que era possível discutir racionalmente a questão republicana. Para escolher, é necessário abandonar a referência a indivíduos e optar pela "coisa pública".[102] Um outro critério é o de que

---

mocracia, e esta pela mediação dos tutores esclarecidos do povo, a fim de conjurar o que uma e outra contêm de ameaça para a liberdade". Patrice Gueniffey, "Cordeliers et girondins: la préhistoire de la république?", em F. Furet e M. Ozouf (orgs.), *Le Siècle de l'avènement républicain*, p. 218.

100 Jacques-Pierre Brissot, "Ma Profession de foi sur la monarchie et sur le républicanisme", em *Recueil de quelques écrits principalement extraits du Patriote Français*, p. 8.

101 Idem, ibidem, p. 15.

102 "Ayez un autre roi, on se battra pour relever celui qui est detroné. Voilà donc une guerre pour deux individus, tandis que vous n'en devez plus avoir que pour la chose publique." Idem, ibidem, p. 11.

todos os poderes devem ser eleitos pelo povo.[103] Ora, apenas um regime republicano podia satisfazer efetivamente essas condições. Um rei era sempre um elemento de perturbação, de desequilíbrio do sistema de governo. Policiado por um conselho, perderia sua força, mas não a capacidade de agir na cena pública, cooptando os partidários e provocando os tumultos que Brissot condenava nas repúblicas antigas.

O sonho de Brissot, nesse momento da Revolução, era produzir uma passagem suave da monarquia para a república. De forma quase ingênua, ele diz: "E desses fatos resulta uma consequência importante: é que a passagem do estado no qual nos encontramos para a república será quase imperceptível, ou, dizendo de outro modo, a passagem já ocorreu sem que tenhamos notado".[104] Acalentando a ideia de que as discordâncias entre os defensores da república e os monarquistas eram mínimas, ele concluía afirmando que "os republicanos não esperam essa operação senão do tempo, dos progressos da razão e da discussão".[105]

Antes da Revolução, Robert Darnton acredita que existiam duas famílias republicanas na França, ambas disputando a herança americana e o legado de Rousseau. A primeira, que ele qualifica de "racionalismo radical", reunia-se em torno de madame d'Enville e tinha em Condorcet uma de suas figuras de ponta. Nesse círculo, o apelo à razão era dominante. Procurando extrair lições válidas da experiência americana para a França, eles recorriam com frequência aos personagens principais da Revolução americana para ancorar as críticas a aspectos determinados da monarquia francesa. Não se tratava, é claro, de um meio radical no sentido político, mas de adeptos ardorosos de uma transformação da sociedade

103 Idem, ibidem, p. 12.
104 Idem, ibidem, p. 15.
105 Idem, ibidem, p. 15.

pela razão. A outra família era a do "rousseaunianismo sentimental", que também colaborava para alimentar em Paris o entusiasmo pela América, mas realçava, sobretudo, os vínculos da experiência do Novo Mundo com a concepção rousseauniana de estado de natureza puro.[106] Nesse cenário, que era muito mais de ideais do que de prática política, Brissot se situava com mais facilidade no segundo grupo do que no primeiro. Suas ligações com Crèvecouer assim o atestam, na medida em que Brissot levava a sério a identificação do escritor com o selvagem puro de Rousseau.

A Revolução embaralhou as cartas e os homens e acabou levando Brissot e Condorcet a se aproximarem. No momento crucial de 1791, ambos estavam alinhados com um republicanismo da razão, temerosos de perder a boa ocasião por causa da precipitação em lançar um ataque aos defensores da monarquia. Ao contrário de François Robert, que já havia mostrado a incompatibilidade do republicanismo com a monarquia como algo indiscutível, Brissot tentava chegar à mesma conclusão, mas por meio de uma argumentação cerrada, da qual poderiam participar todos os envolvidos nos debates constitucionais.

Os acontecimentos lançariam Brissot no centro das lutas políticas e fariam dele um dos líderes mais importantes dos girondinos.[107] Se a época dos debates equilibrados parecia terminada, ele conservou sempre sua convicção de que a república era essencialmente um regime representativo e não podia ceder aos excessos daqueles que queriam transformá-la num regime de democracia direta, no qual o povo seria consultado sem mediadores a respeito de quase tudo que se relacionasse com os negócios mais importantes da nação.[108] Nesses anos difíceis, o recurso à expe-

106 Robert Darnton, *Os dentes falsos de George Washington*, pp. 145-6.
107 François Furet e Mona Ozouf, *La Gironde et les girondins*.
108 Marcel Gauchet, *La Révolution des pouvoirs*, pp. 97-100.

riência americana se fez mais forte, a ponto de Gueniffey ter qualificado de utopia a crença de que o melhor regime seria fruto da conduta racional dos indivíduos.[109] Ao mesmo tempo, o apelo às virtudes cívicas nunca desapareceu totalmente do pensamento de Brissot. Sua visita aos Estados Unidos em 1788, longe de decepcioná-lo, contribuiu para solidificar sua crença no povo de "agricultores simples", que necessitava de muito pouco para manter funcionando o melhor dos regimes.[110]

Diante dos acontecimentos que se seguiram à fuga e ao retorno do rei, Brissot não ficou inerte e ocupou um lugar que poucos poderiam prever. Eleito como representante dos jacobinos, defendeu a guerra contra as potências estrangeiras como um meio para purgar as forças internas. Sua prudência teórica não o afastou do torvelinho que dominou a cena pública francesa. Próximo dos jacobinos no momento de instauração da Legislativa, ele acabou liderando um grupo que aos poucos foi deixando de ocupar postos-chave da nação para se tornar o alvo principal de Robespierre e dos que a ele se alinharam nas transformações profundas da vida política francesa que acompanharam o processo de instauração da república em 1792. Incapaz de sentir as mudanças quando a corrente se invertia e tornava a queda da monarquia inevitável, Brissot foi estrangeiro à república que se instaurou em agosto de 1792. Em 1791, como disse Quinet, "a república chegava a grandes pas-

109 Como resume Gueniffey: "Moderno e arcaico, aceitando os interesses, mas fundado em última instância sobre a virtude, o republicanismo de Brissot, e mais amplamente aquele dos girondinos, testemunha, sobretudo, um extraordinário desconhecimento do que estava em jogo naquela situação e sua falta de ancoragem na cultura política da Revolução, como demonstram seus traços mais característicos: a subordinação da soberania à razão e a crítica do despotismo da vontade geral". Patrice Gueniffey, "Brissot", em F. Furet e M. Ozouf (orgs.), *Dictionnaire critique de la Révolution Française*. Acteurs, p. 91.
110 Idem, ibidem, p. 91.

sos, sem estar ainda nos espíritos".[111] Brissot sempre tivera a república no espírito, e por ela lutou conservando sua crença na razão e nos debates. A história se encarregaria de destruir seus cálculos e de levá-lo à morte num processo que ele não pudera combater nem evitar. Irrealista em relação às necessidades e aos caminhos da Revolução, Brissot abriu as portas para questões que até hoje fazem parte dos debates sobre o republicanismo.

CONDORCET E O REPUBLICANISMO DA RAZÃO

Antes da Revolução, o marquês de Condorcet era um dos grandes nomes da cultura e da ciência francesas. Conhecido em toda a Europa como matemático, foi eleito membro da Academia de Ciências em 1769, tornando-se depois seu secretário. Mais tarde, em 1782, foi eleito para a Academia Francesa, passando a ocupar lugar de destaque no seio da intelectualidade do país. Amigo de Turgot e de D'Alembert, Condorcet travou conhecimento com Voltaire, Adam Smith, Thomas Paine, Jefferson e outros escritores que marcaram os anos precedentes à Revolução.

No entanto, seria vão procurar em sua obra traços de um republicanismo declarado antes de 1791. Como outros iluministas, ele adotou um léxico republicano e explorou temas que depois estariam no centro do republicanismo francês, mas permaneceu no terreno das ideias, dos debates, sem fazer de suas críticas ao regime uma plataforma para derrubar a monarquia. Os ideais republicanos adotados por Condorcet convinham a um pensador inquieto, a um cientista avançado, mas não faziam dele um revolucionário. Ele foi antes de tudo um racionalista, apaixonado pelo progresso das ciências e confiante em seu rumo. Nesse sentido,

111 Edgar Quinet, *La Révolution*, p. 262.

como sugere Baker, seu pensamento tem uma unidade subjacente:[112] ela reside na crença de que o universo é regular e ordenado. Esse postulado vai governar a vida de Condorcet e permitir-lhe conduzir seu olhar científico para além das fronteiras iniciais de sua carreira como matemático.

Para ele, a ordem e a regularidade das coisas naturais se estendem ao mundo dos homens, o que significa dizer que é possível falar de um conhecimento científico aplicado aos negócios humanos.[113] A partir desse pressuposto, Condorcet deu um passo definitivo que o inscreveu para sempre na história das ciências sociais. Se o mundo dos homens pode ser abordado como parte de um universo regular, é possível então aplicar as ferramentas matemáticas a seus problemas, da mesma maneira que vinha sendo feito pelos cientistas que se ocupavam com os fenômenos naturais.

Um dos assuntos que desde o início interessaram ao pensador foi a questão do voto. Para ele, esse não era um problema lateral da cena pública, mas sim seu centro. Em primeiro lugar estava sua convicção de que o processo de decisão nas sociedades modernas devia ser guiado pelos indivíduos que as compõem. Mas, uma vez colocado esse pilar, restava lidar com o fato de que intuitivamente tendemos a acreditar que o resultado de uma votação qualquer está submetido ao acaso das circunstâncias e de outras determinações exteriores ao ato de votar. Nesse terreno, Condorcet deu uma contribuição decisiva para as ciências sociais. Como mostrou Granger, para o pensador, "o animal político é, antes de tudo, um *homo suffragans*".[114] Para que o voto seja um mecanismo de procura da verdade, é preciso que ele seja o fruto da interação dos indi-

---

112 Keith Baker, "L'Unité de la pensée de Condorcet", em Pierre Crépel e Christian Gilain (orgs.), *Condorcet. Mathématicien, économiste, philosophe, homme politique*, p. 518.

113 Keith Baker, *Condorcet. Raison et politique*, p. 7.

114 Gilles-Gaston Granger, *La Mathématique sociale du marquis de Condorcet*, p. 95.

víduos com seu meio, e não o resultado da imposição de partidos ou grupos.[115] Duas possibilidades estão presentes para o analista do sufrágio. Na primeira, o corpo de eleitores "é suposto estritamente aditivo, formado por elementos indiscerníveis e independentes";[116] no segundo caso, prevalece a ideia do conflito e o voto é um recurso para resolver as disputas.[117]

Condorcet procurou as leis probabilísticas que nos permitam compreender e prever os resultados de cada votação. Em vez de aceitar a imponderabilidade das decisões tomadas pelo voto, ele mostrou que elas respeitam certos limites e possuem um comportamento previsível, desde que sejam analisadas corretamente. Estamos hoje acostumados com a aplicação da estatística no tratamento de questões sociais. Os mecanismos de análise de probabilidades fazem parte das eleições de todos os países democráticos. Mas, em pleno século XVIII, esse era um tema quase desconhecido e teve em Condorcet um de seus primeiros estudiosos. Seu racionalismo encontrou no cálculo de probabilidades aplicado ao voto um terreno fértil, influenciando largamente suas concepções políticas posteriores.[118] Veremos mais tarde que Condorcet conservou até o fim sua confiança na razão e na capacidade que o sufrágio tem de fazê-la progredir nos negócios humanos. Embora sua preocupação com a aplicação da matemática nas ciências sociais tenha diminuído nos anos que se seguiram à Revolução — à medida que ele se jogava na luta política —, ela permaneceu como um horizonte de seu pensamento do qual ele nunca se distanciou de fato. Seu pensamento político foi sempre o de um racionalista convicto.

115 Idem, ibidem, p. 96.
116 Idem, ibidem, p. 103.
117 Idem, ibidem, p. 104.
118 Sobre a originalidade da contribuição de Condorcet nessa questão, ver Elisabeth Badinter e Robert Badinter, *Condorcet. Un intellectuel en politique*, p. 285.

Nos anos anteriores a 1789, porém, a atenção de Condorcert não esteve focada apenas na relação entre matemática e vida social. Intelectual com ampla visão dos problemas do mundo e curiosidade infinita, ele se interessou pelos temas mais variados, da economia à história, passando pelos projetos de reforma social conduzidos por seu amigo Turgot. No tocante ao republicanismo, o interesse pelo processo de independência americano talvez seja o fato mais importante na formação de suas ideias. Condorcet compartilhava com muitos de seus contemporâneos o entusiasmo pelos acontecimentos do Novo Mundo e foi muito atuante na defesa da causa americana na França. Em 1786 ele escreveu um texto sobre a influência da Revolução Americana, dando assim o tom de sua relação com as ideias e os acontecimentos dos últimos anos e mostrando que estava não apenas informado, mas que também era capaz de se servir dos exemplos recentes para realizar a crítica das nações europeias.

De forma clara, ele se opôs à máxima "muito frequente entre republicanos antigos e modernos de que o pequeno número pode ser legitimamente sacrificado em favor do grande número".[119] Essa referência aos republicanos é importante porque mostra que, desde o início, o republicanismo de Condorcet foi marcado pelo apego aos direitos humanos, à liberdade política, à liberdade de expressão e à igualdade entre os cidadãos. Não há grande novidade na enunciação desses temas, mas é preciso observar como eles ocorrem na obra do pensador e de que maneira se relacionam.

No que diz respeito aos direitos humanos, Condorcet esposa, num primeiro momento, uma concepção eclética, que serve, antes de tudo, para revelar as influências filosóficas que sofreu. Assim, o

---

119 Condorcet, "De l'Influence de la Révolution d'Amérique sur l'Europe", em *Oeuvres de Condorcet*, t. VIII, p. 5. Salvo quando indicado, todas as citações das obras de Condorcet foram retiradas dessa edição.

primeiro direito que enuncia é o da segurança devida a todas as pessoas, que "não devem ser ameaçadas por nenhuma violência".[120] Disso decorrem a segurança com relação à propriedade privada e o direito de "estar submetido, no tocante a todos os assuntos, somente a leis gerais, que se aplicam a todos os cidadãos".[121] Essa pauta inicial só será possível se todos puderem contribuir, direta ou indiretamente (nesse caso, por meio de representantes), à feitura da lei. Segundo ele, a maior contribuição que os americanos deram aos europeus foi o espetáculo de um povo que respeitava os direitos humanos[122] e tolerava a diferença de opiniões[123] e a liberdade de imprensa.[124] É difícil encontrar nessa exposição de suas opiniões sobre a experiência americana uma formulação clara de sua filosofia política, mas os grandes temas que dominarão seu pensamento já estão presentes.

O primeiro deles, o dos direitos humanos, será uma constante até seu último escrito. Mas a ele se agregaram, desde cedo, muitos outros temas, que contribuíram para conferir identidade à sua reflexão filosófica. Na pequena biografia de Turgot, Condorcet apresentou pela primeira vez sua definição do que seria uma república. Não podemos dizer que, ao fazê-lo, estivesse dando uma declaração favorável à implantação de um governo republicano na França, mas não resta dúvida de que, ao se preocupar com a questão da natureza do governo republicano — e à luz da experiência americana —, ele deu um passo além das preocupações meramente abstratas com a virtude republicana, que frequentava a obra de muitos iluministas.

De forma direta, ele afirmou: "Uma Constituição republicana

120 Idem, ibidem, p. 5.
121 Idem, ibidem, p. 6.
122 Idem, ibidem, p. 12.
123 Idem, ibidem, p. 14
124 Idem, ibidem, p. 15.

é a melhor de todas. É aquela em que todos os direitos do homem são conservados, pois um de seus direitos é o de exercer o poder legislativo, seja por si mesmo, seja por meio de representantes".[125] Condorcet percebeu algo que os constituintes de 1789 demorarão a ver. Para ele, os direitos humanos só serão verdadeiramente respeitados em uma república, e nunca em uma monarquia. Talvez ele não estivesse inteiramente consciente do alcance de sua formulação, mas é certo que ele retira as consequências da implementação de direitos que concernem a todos os homens, e não apenas a uma parte da população. Sua posição não estava em contradição com a posição de Sieyès em 1789, mas ela apontava para um problema que não ocorreu ao constituinte. Os direitos do homem, na perspectiva de Condorcet, devem alterar a relação dos cidadãos com as leis e não apenas servir de fundamento teórico para a carta constitucional. Eles representam um princípio de ação que torna a relação com a Constituição algo vivo e dinâmico.

Nesse território de interesses, um outro tema que apaixonou o pensador francês foi o da natureza e origem das leis. Se no tocante à origem ele segue a corrente favorável à soberania popular, ao examinar o problema dos fundamentos da legitimidade ele nega que um indivíduo deva obediência cega a uma lei que ele considere contrária à razão. Isso não quer dizer que podemos desobedecer às leis ao sabor de nossas vontades, mas sim que devemos obedecer àquelas às quais demos nosso consentimento racional. O critério da obediência, portanto, é o acordo racional e não a força do grande número dos cidadãos que são favoráveis a uma lei determinada. É possível que, em alguns casos, não sejamos capazes de um consenso racional, e aí então "seria justo decidir a questão tendo por referência a pluralidade". Essa solução deixa, entretanto, "a sociedade à mercê de algo arbitrário e de uma instituição que

---

125 Idem, "Vie de Turgot", em *Oeuvres de Condorcet*, t. v, p. 209.

seria justa apenas por ser necessária".[126] Condorcet prefere acreditar que, quando obedecemos contra nossa vontade, o fazemos porque estamos em contradição com o que dita a razão.

Essa maneira de analisar o processo constitucional deixa pouco espaço para a ideia de que o recurso à vontade geral é suficiente para criar leis irrevogáveis. Condorcet toma um caminho que o distancia de algumas das correntes rousseaunianas mais influentes da Revolução. Uma das consequências da confiança quase irrestrita na razão é sua exigência de que todas as leis podem ser revistas se for demonstrado que elas estão em contradição com seus ditames.[127] Isso se refere até mesmo a direitos estabelecidos pela Constituição. Por isso, já em 1789, Condorcet aderiu à tese da revisão constitucional, que será cara a outros adeptos do republicanismo do período.[128]

O princípio da revisão constitucional vai de par com a ideia de que existem direitos básicos que não podem ser desrespeitados, mas que podem ser aperfeiçoados à medida que a razão progride em direção a uma melhor compreensão de sua natureza. Todavia, a formulação de nosso autor contém algumas sutilezas que o diferenciam de seus contemporâneos que, na mesma época, defendiam os direitos humanos e sua inclusão na carta constitucional. Referindo-se aos direitos fundamentais, ele afirma: "Nenhum poder, exceto o consentimento unânime de todos os membros da sociedade, pode legitimar um ataque contra esses direitos".[129] Desse ponto de vista, Condorcet alia-se a Rousseau para afirmar o lugar que a vontade geral ocupa no processo de criação de leis. Da mesma forma, ele se apoia numa concepção

126 Idem, "Lettres d'un bourgeois de New Haven, à un citoyen de Virginie", em *Oeuvres de Condorcet*, t. ix, p. 4.
127 Ver a esse respeito Charles Coutel, *Politique de Condorcet*, p. 170.
128 Condorcet, "Déclaration des droits", em *Oeuvres de Condorcet*, t. x, p. 180.
129 Idem, ibidem, p. 181.

generosa da igualdade natural para dizer que "em conformidade com esse princípio, a potência legislativa não poderá estabelecer distinção hereditária entre os cidadãos, nem no tocante à Constituição, nem no tocante às leis civis, criminais ou de polícia, nem relativamente à aptidão exclusiva para certas funções, ou mesmo para certas honrarias".[130]

Olhando o processo de criação constitucional pela ótica dos cidadãos, Condorcet divide com Rousseau a ideia de que a igualdade e a liberdade[131] são os fundamentos de toda prática legislativa. Ou seja, a vontade geral e seus atributos são como freios para a ambição, que pode nascer no seio de uma assembleia à qual foi concedido o poder de elaborar leis que guiarão a vida em comum entre os homens. Nesse ponto, seu republicanismo está em sintonia com a gramática republicana rousseauniana. Mas no momento em que a França está prestes a adotar uma nova Constituição, Condorcet enxerga o perigo escondido na sacralização de leis tidas como originadas da vontade popular. Antecipando-se ao uso retórico e político do lugar simbólico do povo — que, aliás, será feito por muitos atores da Revolução —, ele insiste sobre a origem racional das melhores leis e, por isso, na necessidade de revisá-las continuamente.[132] Em consonância com outros republicanos de primeira hora, Condorcet prefere apostar na maturação racional das obras humanas, e não em nossa capacidade de criarmos novos mitos.

130 Idem, ibidem, p. 206.
131 Condorcet afirma, no que se refere à liberdade, algo muito próximo do que disse sobre a igualdade: "La loi ne pourra donner aucune sanction publique à aucun acte irrévocable qui renfermerait, ou une aliénation totale de la liberté, même pour un temps fixe, ou une aliénation, soit totale, soit partielle pour la vie entière, ou pour un temps indéfini, mais seulement aux engagements déterminés pour l'objet comme pour le temps". Idem, ibidem, p. 194.
132 Idem, ibidem, p. 179.

Fazendo das leis o produto perecível do engenho humano, ele pretendia abrir as portas para uma ação prudente, que não se perdesse num novo mundo abstrato, colocado no lugar do simbolismo e da imaginação monárquica. Confiante nas ideias que aprendera com Rousseau e no poder da razão, Condorcet sonha com uma ordem social na qual as leis são ratificadas por um corpo político constituído por cidadãos em pleno uso de suas faculdades racionais.[133] O processo legislativo, longe de alienar o povo da feitura das leis, deve incluir mecanismos que permitam um retorno contínuo à fonte de todo poder, a partir da qual as leis podem ser refeitas. Consciente de que esses mecanismos só podem funcionar com um povo esclarecido, ele aponta para a importância que a educação tem na vida política — tema ao qual dedicará mais tarde um grande esforço de reflexão.[134]

Outro ponto importante do pensamento de Condorcet, já presente em suas reflexões desde 1786, é sua referência à representação como um dos caminhos possíveis para a afirmação da soberania popular. Mas muito antes dos debates — que marcarão os primeiros anos da Revolução — sobre a ação direta do povo na cena pública e sobre os limites da ação constitucional das assembleias eleitas, Condorcet já tomara partido a favor da representação popular como a solução possível para o dilema da criação de uma república num grande país. Nesse particular, é bastante provável que a influência de Thomas Paine tenha sido decisiva. Os dois homens se conheceram em 1781, mas vão se tornar amigos somente a partir de 1787, quando Paine se instalou em Paris por três meses e travou relações com o círculo dos grandes intelectuais

133 Idem, "Sur la Nécessité de faire ratifier la constitution par les citoyens", em *Oeuvres de Condorcet*, t. IX, pp. 428-9.
134 Idem, ibidem, p. 417.

iluministas.[135] Nessa data, no entanto, é bem provável que Condorcet já tivesse lido o livro que tornara Paine um autor conhecido: *Senso comum*. Nesse panfleto, publicado em 1776, Paine critica duramente a monarquia inglesa e defende a independência imediata dos americanos.

O aspecto mais interessante de seu escrito, no entanto, está no fato de que ele acredita que o direito que cada homem possui de participar de um "parlamento" natural tem implicações diretas no comportamento daqueles que o representam numa sociedade complexa, na qual é impossível que cada um compareça à praça pública.[136] Seja como for, os representantes agirão "da mesma maneira que agiria todo o corpo político se este estivesse presente".[137] Para Paine, o propósito de todo governo é assegurar a liberdade e a segurança de todos por meio de instituições que podem ser apontadas pela voz da natureza e da razão.[138] No momento da luta pela independência, o recurso à ideia de natureza estabelecia um ponto de referência para os americanos, que eram muitas vezes prisioneiros da noção de que o regime político inglês concedia-lhes o máximo de liberdade possível, uma vez que os habitantes do Novo Mundo continuavam a ser súditos da coroa britânica. Paine produz um giro nessa argumentação ao chamar a atenção para os fundamentos naturais da liberdade e para o direito de todo agrupamento humano de criar leis, suprindo a necessidade de fundar um governo que preserve os direitos naturais.

É possível que Joyce Appleby tenha razão quanto ao fato de que não havia um sentido único para o republicanismo americano no momento da Revolução. De fato, as heranças intelectuais de

---

135 Elisabeth Badinter e Robert Badinter, op. cit., p. 259.
136 Thomas Paine, "Common Sense", em *Essential Writings of Thomas Paine*, p. 25.
137 Idem, ibidem, p. 26.
138 Idem, ibidem, p. 27.

seus grandes atores eram múltiplas e nem sempre concordantes.[139] Mas como observou Bernard Vincent, "o panfleto de Paine fez mais do que reabilitar a ideia republicana: ele contribuiu, por assim dizer, para dar dignidade e para restabelecer o prestígio desse sistema tanto no interior como no exterior dos Estados Unidos".[140] Acolhido na França como um dos heróis da independência, Paine influenciou aqueles que, como Condorcet, souberam ver nos acontecimentos americanos algo mais do que a afirmação da pureza dos costumes dos habitantes do Novo Mundo. A experiência americana demonstrava que a língua republicana podia ser falada em pleno século XVIII, sem que isso representasse um retorno ao passado ou o encontro com problemas insolúveis para as grandes nações modernas. Nessa trilha, o pensador francês iniciou uma discussão que não dependia mais da referência aos heróis de Plutarco para fazer sentido para seus contemporâneos. A racionalidade do processo legislativo, ancorado na sólida representação da totalidade do corpo político na cena política, será o novo indicador de uma concepção de vida pública que aos poucos adquiria sua chancela nos meios políticos e intelectuais da França e da Europa.

Um outro aspecto que Condorcet herdou de Paine foi sua crítica ao regime misto, cujo elogio havia sido feito por tantos iluministas — Montesquieu em primeiro lugar. Paine ataca a legitimidade do sistema inglês e ao mesmo tempo nega que ele pudesse ser tido como um regime republicano, ou mesmo equilibrado.

139 Joyce Appleby, *Liberalism and Republicanism in the Historical Imagination*, pp. 320-39.

140 Bernard Vincent, "Thomas Paine, républicain de l'univers", em F. Furet e M. Ozouf (orgs.), *Le Siècle de l'avènement républicain*, p. 115. Para uma visão de conjunto dos trabalhos de Paine, ver Bernard Vincent, *Thomas Paine ou la religion de la liberté*.

Para ele, o regime inglês não tinha nada de republicano.[141] Se havia um elemento dominante, este era a monarquia, que conservava um extraordinário poder no seio da vida política da Inglaterra. O elemento popular era de fato republicano, mas a verdadeira estrutura de poder da monarquia impedia que ele exercesse sua influência na condução da vida política inglesa.[142] Tomando distância do lugar-comum de seu tempo, segundo o qual a Constituição inglesa era o melhor exemplo de um regime moderno e equilibrado, Condorcet prefere tomar como modelo a experiência constitucional americana e criticar aspectos do regime inglês que lhe pareciam detestáveis, como era o caso da censura à imprensa — o que, a seu ver, era totalmente incompatível com um sistema de governo livre.[143] A Inglaterra tinha um papel importante na Europa, mas estava longe de ser o modelo a ser seguido por todos.

A nova Constituição americana era o fato novo que deveria chamar a atenção de todos os pensadores e homens razoáveis da Europa. Assim, depois de expor na íntegra a proposta de Constituição Federal, Condorcet declara: "A primeira Constituição federativa, intitulada *Ato da Confederação*, é concebida de tal maneira que toda sociedade de homens sensatos e virtuosos poderia se honrar de tê-la concebido".[144] Ele demonstra não apenas conhecer profundamente a matéria constitucional americana, mas também ser capaz de debatê-la a partir da realidade americana. Ao mesmo tempo, ele faz observações diretas sobre a Europa e sobre os benefícios que uma organização federativa pode trazer para a ordena-

141 Thomas Paine, "Common Sense", em *Essential Writings of Thomas Paine*, pp. 27-36.

142 "The nearer any government approaches to a republic the less business there is for a king." Idem, ibidem, p. 36.

143 Condorcet, "De l'Influence de la Révolution d'Amérique sur l'Europe", em *Oeuvres de Condorcet*, t. VIII, p. 17.

144 Idem, ibidem, p. 92.

ção da vida política dos grandes Estados. Ancorado na crença do poder da representação e tendo uma visão clara dos caminhos de construção de uma Constituição moderna, Condorcet estabelece os parâmetros que guiarão seu republicanismo. Os tempos revolucionários colocarão suas convicções à prova e o conduzirão ao caldeirão das disputas políticas.

O PROJETO REPUBLICANO DE CONDORCET: AS VIRTUDES DA RAZÃO

Condorcet não foi eleito para a Assembleia Constituinte, que a partir de 1789 se converteu no centro nevrálgico da vida política francesa. Nesse período, ele se ocupou vivamente dos temas que cultivara antes da Revolução e se transformou num dos pensadores mais importantes da França revolucionária. Tendo se lançado nas lutas políticas, viu-se muitas vezes isolado, apesar de sua identificação progressiva com o grupo dos que seriam mais tarde conhecidos como girondinos. Essa relação com os diversos agrupamentos políticos não deve obscurecer o fato de que Condorcet sempre manteve sua independência de julgamento, que, se contribuiu algumas vezes para a ineficácia de suas ações políticas, preservou seu pensamento dos vícios inerentes às disputas ideológico-partidárias. A seguir, vamos prestar atenção a dois temas centrais do pensamento de nosso autor, mesmo que a escolha não sirva como resumo de suas preocupações. Em primeiro lugar, trataremos de sua teoria educacional, para depois nos ocuparmos com suas teorias constitucionais. Ambas formam o eixo de um pensamento republicano que, mesmo estando em desarmonia com os acontecimentos dos anos turbulentos que viram surgir a primeira república na França, deixou um legado importante para o posterior desenvolvimento do republicanismo europeu.

A preocupação com a educação e com o sistema educacional era um lugar-comum entre os pensadores iluministas. Na segunda metade do século XVIII surgiram inúmeras exposições de métodos educacionais, que correspondiam à crescente atenção dada ao lugar que a educação ocupava na vida pública e privada.[145] Desde a publicação, em 1751, do livro de Duclos — *Considérations sur les moeurs de ce siècle* [Considerações sobre os costumes deste século][146] —, a educação passou a se distinguir da simples instrução. O autor, aliás, abre o capítulo II afirmando que "encontramos dentre nós muita instrução e pouca educação".[147] O propósito não é tanto o de negar o valor da instrução, que deve ser administrada segundo os talentos particulares, mas realçar o papel da educação, que deve permitir que os homens se tornem úteis e felizes no convívio com os outros.[148] O ponto importante da apresentação de Duclos é a ligação que ele estabelece entre a educação e a melhoria dos laços entre os homens. Para ele, nesse terreno, não há como nos diferenciarmos uns dos outros, tal como se dá no plano da instrução. Ao contrário, o objetivo deve ser formar homens de tal maneira que "eles fossem acostumados a procurar suas vantagens pessoais no plano do bem geral e que em qualquer profissão começassem por ser patriotas".[149]

Ser patriota: essa foi a chave de muitos modelos de educação propostos no século XVIII francês. Duclos, servindo-se do exemplo de Esparta, insistia sobre o fato de que o principal objetivo a ser perseguido deveria ser a formação de cidadãos que pudessem agir pensando na França segundo sentimentos que teriam sido ali-

---

145 Para uma visão de conjunto do problema, ver Robert Palmer, *The Improvement of Humanity. Education and the French Revolution.*
146 Charles Duclos, *Considérations sur les moeurs de ce siècle.*
147 Idem, ibidem, p. 30.
148 Idem, ibidem, p. 31.
149 Idem, ibidem, p. 31.

mentados ao longo dos anos de aprendizado desde a mais tenra infância.[150] Chama a atenção o uso de um léxico republicano e mesmo a previsão de que suas ideias seriam atacadas. Ele se defende mostrando, em primeiro lugar, que os vícios típicos da sociedade francesa de seu tempo não eram suficientes para tornar impossíveis seus planos. Referindo-se aos franceses, ele afirma: "Suas virtudes têm pouca consistência; seus vícios não possuem raízes".[151] Além do mais, ele não pretende propor uma aventura impossível — "isso não é uma ideia de uma república imaginária"[152] —, mas algo razoável, que se assente na consideração realista das dificuldades que cercavam um plano de educação.

Na esteira das ideias de Duclos, La Chalotais propôs, em 1763, um verdadeiro plano de educação nacional visando a formar cidadãos patriotas dotados de uma instrução social.[153] Sua principal ambição era, segundo Baker, alcançar a tranquilidade social, mas, com sua obra, ele ajudou a criar, nos anos que se seguiram, um verdadeiro movimento em favor da instrução pública, que iria repercutir até nos *Cahiers* de 1789.[154] Os *Philosophes* compraram a briga e, ancorados em seus trabalhos científicos e literários, passaram a pregar abertamente a necessidade de uma educação ligada a valores associados à pátria. Como resume Baker: "Para os *philosophes*, a campanha em favor de uma educação patriótica era uma campanha política".[155]

É impossível pretender que, por trás da luta dos grandes pensadores do Iluminismo e dos muitos que se dedicaram a de-

150 Idem, ibidem, pp. 34-5.
151 Idem, ibidem, p. 26.
152 Idem, ibidem, p. 32.
153 Louis-René de Careduc la Chalotais, *Essai d'éducation nationale ou Plan d'études pour la jeunesse.*
154 Keith Baker, *Condorcet. Raison et politique*, p. 378.
155 Idem, ibidem, p. 374.

bater os temas ligados à educação, houvesse uma perfeita concordância de princípios, ou mesmo um projeto único de sociedade. Isso não impede que, na segunda metade do século XVIII, tenha existido na França uma importante corrente de ideias que contribuiu para preparar o terreno para o republicanismo. No tocante à educação, dois pontos devem ser destacados.[156] O primeiro diz respeito ao caráter laico da educação. La Chalotais já fizera a crítica do sistema educativo jesuítico que, segundo ele, incapacitava os franceses para desenvolver virtudes morais e políticas ligadas à pátria. A expulsão dos jesuítas em 1762 não arrefeceu em nada as críticas, que serviram para fixar a oposição entre o ensino laico e o ensino religioso. Os *philosophes*, com suas concepções dissonantes, desenvolveram uma linha de ataque quanto à preeminência do conteúdo religioso no ensino público que chegou até nós. Nos quadros do século XVIII, essa preocupação com a laicidade ajudou a fomentar a oposição ao Antigo Regime, a partir da crítica aos vínculos entre o clero e o poder monárquico.

Na trilha desse combate inscreve-se o segundo ponto importante, resumido assim por Baker: "A educação patriótica exigia igualmente uma pátria; ela implicava conceber a reorganização da sociedade em conformidade com os princípios da cidadania".[157] Mais uma vez, sem que possamos pretender a existência de um acordo em torno da ideia de cidadania, ela será central no curso do desenvolvimento do republicanismo francês. Associar educação nacional com cidadania acabou sendo a porta para a ligação entre educação e política que se desenvolveria com a Revolução.

Condorcet já havia se interessado pela questão educativa na companhia de Turgot antes de 1789. Nesse momento, sua preocupação principal era estabelecer os vínculos entre sua concepção de

---

156 Seguimos aqui as indicações de Baker. Idem, ibidem, pp. 374-6.
157 Idem, ibidem, p. 375.

uma política racional e sua crença no poder das ciências.[158] Com seu progressivo mergulho na arena pública, suas posições foram ganhando cores cada vez mais fortes e definidas, sem, no entanto, perder o fio de coerência de suas ideias. De alguma maneira, a fidelidade do pensador foi sempre às suas concepções e ao rigor de sua procura pelo saber.[159]

A fuga e a posterior prisão do rei foram um momento decisivo para o republicanismo francês. Entretanto, a virada em direção à república não foi um ato contínuo deduzido pelos principais atores políticos. Longe disso.[160] Condorcet esteve entre os que compreenderam rapidamente, e ao contrário da grande maioria dos membros da Assembleia, que a monarquia não podia mais se sustentar e que a ideia de uma regência defendida por Danton era um absurdo e faria a Revolução ser derrotada pelos monarquistas conservadores.[161] A partir desse momento, o que fora antes uma ideia quase abstrata do que poderia ser o melhor regime se transformou em uma bandeira de luta e numa convicção.

Com grande coragem, o "último dos enciclopedistas"[162] pronunciou, em 8 de julho de 1791, no Círculo do Palais-Royal, um discurso no qual a opção republicana foi evocada sem subterfúgios. O tema não podia ser mais direto. Com calma e equilíbrio, Condorcet se perguntou se era necessário temer a implantação da república e enfrentou todos os argumentos contrários que lhe

158 Idem, ibidem, p. 382.

159 Elisabeth Badinter e Robert Badinter, op. cit., pp. 349-59.

160 Comentando a posição dos jacobinos em 1791, por ocasião da fuga do rei, Tackett observa: "Si certains intervenants — comme Pierre-Louis Roederer — paraissaient défendre l'idée d'une république, de telles revendications étaient rares et rapidement dénoncées par les modérés comme étant contraires à la Constitution que la Société avait pour mission de soutenir". Timothy Tackett, *Le Roi s'enfuit. Varennes et l'origine de la Terreur*, p. 166.

161 Elisabeth Badinter e Robert Badinter, op. cit., p. 372.

162 Idem, ibidem, p. 379.

vieram à mente. Retornando ao velho debate sobre a impossibilidade de se implantar um governo republicano num país de grande extensão, ele seguiu a inspiração americana e mostrou que "a extensão da França é mais favorável do que contrária ao estabelecimento de um governo republicano"[163] e que muitos dos supostos remédios representados pela monarquia não eram mais do que uma ilusão.

Para entender as ideias de Condorcet nos anos de 1791 e 1792, quando ele se encontrou quase sozinho, ao lado de poucos amigos, na defesa do republicanismo, vale a pena lembrar, mais uma vez, alguns traços do pensamento daquele que foi, nesse período, sua alma gêmea: Thomas Paine. Paine participou ativamente da cena pública francesa nessa época, mas seu livro *Os direitos do homem*[164] foi escrito e publicado inicialmente na Inglaterra, servindo de ferramenta de combate contra os ataques de Burke à Revolução Francesa. O que nos interessa em especial nesse escrito é sua apresentação do núcleo de seu republicanismo.

Paine aborda a questão da natureza da república no interior de um debate sobre as formas "novas" e "velhas" de governo. Criticando diretamente Burke, Paine retoma alguns temas da falsa polêmica que tivera meses antes com Sieyès quanto à melhor forma de governo[165] para afirmar que "todo governo hereditário é,

163 Condorcet, "De la République, ou un Roi est-il nécessaire à la conservation de la liberté", em *Oeuvres de Condorcet*, t. XII, pp. 278-9.
164 Thomas Paine, "The Rigths of Man", em *Essential Writings of Thomas Paine*, pp. 119-287. Para uma edição brasileira, ver Thomas Paine, *Os direitos do homem*. Trad. Jaime A. Clasen. Seguimos aqui, em parte, essa tradução.
165 Condorcet e Paine se opuseram no curso de 1791 ao Abbé Sieyès quanto à melhor forma de governo para a França depois da traição do rei. Os dois primeiros defendiam a república no jornal recém-criado *Le Républicain*, enquanto o segundo apresentava os argumentos contrários no *Moniteur*. Mais tarde ficou claro que a polêmica era combinada entre os autores e que visava a ajudar na propagação das

em sua natureza, tirânico".[166] Para nosso tema, o que realmente importa é que ele foi capaz de apresentar uma definição de governo republicano que rompia inteiramente com os quadros mentais daquele século. Como observou Bernard Vincent, é possível que, para Paine, a república "era mais um estado de espírito do que um regime político; mais um princípio de administração do que uma forma de governo".[167] Pouco importa. No momento em que o debate sobre a natureza de um regime republicano deixou os círculos políticos mais letrados para se colocar como um problema urgente a ser resolvido na arena pública, Paine ofereceu um manancial rico de ideias sobre o tema que agitava todos os espíritos.

Por isso, vale a pena citar mais longamente sua definição do que é uma república:

> O que se chama de *república* não é uma forma particular de governo. Ela é integralmente característica do propósito, do fim, ou do objetivo para o qual o governo seria instituído e para o qual deve ser empregado: *res publica*, assuntos públicos ou bem público, ou, traduzindo literalmente, a *coisa pública*. Essa palavra de excelente origem reenvia àquilo que deve constituir o caráter e a função do governo, e, nesse sentido, opõe-se naturalmente à palavra de origem vil que é *monarquia*. Essa última remete ao poder arbitrário de um só homem que, enquanto exerce esse poder, tem por objeto apenas *ele mesmo* e não a *res publica*.[168]

---

ideias republicanas. Paine recupera esse exercício retórico ao se referir às posições de seu suposto adversário no curso de seu livro. Ver, a esse respeito, Elisabeth Badinter e Robert Badinter, *Condorcet. Un intellectuel en politique*, pp. 383-6.

166 Thomas Paine, "The Rigths of Man", em *Essential Writings of Thomas Paine*, p. 235.

167 Bernard Vincent, "Thomas Paine, républicain de l'univers", em F. Furet e M. Ozouf (orgs.), *Le Siècle de l'avènement républicain*, p. 107.

168 Thomas Paine, "The Rigths of Man", em *Essential Writings of Thomas Paine*, p. 240.

A república sinaliza a direção que toda administração deve tomar se quiser realizar o melhor governo, e por isso se situa num nível mais profundo da vida política, que pode ser reconhecido como aquele no qual os interesses públicos são contemplados de maneira prioritária. Desse modo, ela se opõe à monarquia, que é o outro extremo da vida pública, ou seja, um regime no qual a ordenação institucional está mais distante do conjunto dos interesses dos cidadãos.[169]

Essa maneira de abordar a questão republicana não lhe retira, no entanto, a pertinência prática. Se de fato república se refere aos fundamentos da vida política, estes então devem se realizar em formas concretas de governo. Nesse sentido, o governo representativo encarna a melhor ordenação institucional para a república.[170] Ao associar a república ao fundamento último do bom governo, e este à sua forma representativa, Paine resolvia o problema — que tanto atormentara os pensadores do século XVIII — da instalação de um regime republicano em países de grande extensão. De modo simples, ele aponta para o erro da argumentação de autores como Montesquieu e diz: "O caso, portanto, não é que uma república não possa ser extensa, mas que não pode ser extensa na forma democrática simples".[171]

Há, pois, em Paine, um duplo nível de oposição. Num primeiro, a *república* se opõe à *monarquia* no tocante à capacidade de atingir o bem comum. Estamos aqui no nível dos fundamentos da vida política e não das formas de governo e, por isso, essa dicotomia é válida para todas as épocas. Isso explica por que podemos falar da experiência dos antigos e ainda assim conservar a mesma linguagem. O segundo nível de oposição é entre o governo repre-

---

169 "Every Government that does not act on the principle of a *Republic*, or, in other words, that does not make the *res-publica* its whole and sole object, is not a good government." Idem, ibidem, p. 240.

170 Idem, ibidem, p. 241.

171 Idem, ibidem, p. 241.

sentativo e o regime monárquico. Aqui as formas são consideradas em sua historicidade e devem atender às reivindicações e demandas próprias de cada época. Devem, portanto, se expressar por meio de instituições concretas, encarregadas de gerir os negócios humanos. Nesse nível, estamos falando do que normalmente se chama de formas de governo, o que constitui o referencial de reflexão de muitos pensadores políticos. Para Paine, em pleno século XVIII, reproduzir a democracia ateniense enquanto ordenação institucional seria simplesmente impedir a instalação de um verdadeiro regime republicano. Para seu tempo, ele recomenda apenas o governo representativo como aquele capaz de respeitar os interesses públicos, da mesma maneira que a democracia direta dos antigos fora capaz de fazer respeitar a *res publica* no contexto do mundo antigo.

A identificação da república com o governo representativo, defendido com ardor por Paine, oferece um novo universo conceitual e linguístico que nos ajuda a compreender alguns aspectos importantes do pensamento de Condorcet, sobretudo nos anos que se seguiram à sua adesão definitiva ao republicanismo. Na França, a referência ao modelo americano era frequente, mas nem sempre implicava um apelo ao republicanismo. Rousseau fornecera a gramática do pensamento republicano, mas sua adesão à ideia da democracia direta como a expressão do governo mais capaz de realizar a liberdade na história acabou reforçando a noção de que uma república era impossível nas condições modernas. Com Paine e Condorcet, um novo vocabulário se instaura, apontando para um republicanismo livre dos impasses que dominaram o século. A associação entre república e representação foi a chave para um novo universo conceitual, no qual o "último iluminista" evoluiu com segurança e brilho.

O massacre dos republicanos no Champ-de-Mars freou temporariamente o ímpeto dos partidários da instauração imediata da república, mas não impediu que essa ideia se tornasse parte do horizonte político da época.[172] Condorcet viveu intensamente esses anos. Suas atividades políticas se aceleraram depois que ele se tornou deputado na Assembleia Legislativa em outubro de 1791. A partir dessa data até o final de sua vida sob o Terror, ele não deixou de contribuir para a defesa e a propagação das ideias republicanas, mesmo sob as condições mais adversas. Como nosso propósito não é acompanhar toda a trajetória de Condorcet, limitar-nos-emos, como mencionamos anteriormente, a comentar duas de suas mais importantes contribuições ao desenvolvimento do pensamento republicano: suas teorias sobre a educação e suas reflexões e propostas sobre a questão constitucional.

No primeiro caso, a oportunidade para atuar em defesa de uma educação de caráter especificamente republicano se apresentou no inverno de 1791 para 1792. Condorcet redigiu, no curso do segundo semestre de 1791, um conjunto de escritos que tratavam de forma extensa do problema educacional. Eleito presidente do Comitê de Instrução Pública da Assembleia em 30 de outubro do mesmo ano, tratou de fazer valer suas ideias no seio da comissão e no relatório que apresentou no começo de 1792.[173] O pensador iluminista se sentia perfeitamente de acordo com a proposta de apresentar um plano global de educação para a França, pois isso representava uma continuidade de seus esforços de fazer da razão a única referência para a vida pública.[174] Ao mesmo tempo, ele tinha um terreno fértil para evoluir, pois o longo debate sobre educação na segunda metade do século XVIII

---

172 A esse respeito, ver Timothy Tackett, *Le Roi s'enfuit. Varennes et l'origine de la Terreur*, pp. 172-81; François Furet e Denis Richet, *La Révolution française*, pp. 143-5; e Albert Soboul, *La Révolution française*, pp. 222-5.

173 Elisabeth Badinter e Robert Badinter, op. cit., pp. 451-2.

174 Catherine Kintzler, *Condorcet. L'instruction publique et la naissance du citoyen*, p. 31.

fazia com que as questões centrais concernentes a um plano educacional fizessem parte de um certo linguajar comum. Nesse plano, Condorcet contribui de forma decisiva para dotar o republicanismo francês de uma de suas faces mais conhecidas: a escola republicana.[175] Ele fora precedido nessa tarefa pelo longo discurso de Talleyrand, pronunciado em 10 de setembro de 1791, ainda no período da Constituinte.[176] Isso mostra que já na primeira assembleia revolucionária a questão da instrução pública surgia de forma consistente, mas só com Condorcet a discussão incorporou definitivamente a temática republicana e se colocou a favor de uma transformação das leis e dos costumes da nação francesa.

O tom geral dos escritos que tratam do problema pode ser depreendido de sua afirmação: "A instrução pública é um dever da sociedade para com os cidadãos".[177] Os fundamentos dessa convicção são encontrados em suas raízes iluministas e estão de acordo com numerosos escritores que tinham visto na expansão das Luzes uma ocasião para superar os impasses criados pelo despotismo. A novidade estava no fato de que o plano de Condorcet foi dirigido a uma Assembleia com poderes suficientes para implementá-lo, pelo menos na visão do filósofo. Ao afirmar, portanto, que o progresso das Luzes permite uma nação "esperar obter e conservar boas leis, uma administração sábia e uma Constituição verdadeiramente livre",[178] ele estava fazendo mais do que expressar um de-

---

175 Para uma análise dos elementos filosóficos do plano educacional de Condorcet, ver Robert Niklaus, "Idéalisme philosophique dans le 'Cinq mémoires sur l'instuction publique'", em P. Crépel e C. Gilain (orgs.), *Condorcet. Mathématicien, économiste, philosophe, homme politique*, pp. 262-70.

176 Talleyrand, "Rapport sur l'instruction publique", em F. Furet e R. Halévi, *Orateurs de la Révolution française*, pp. 1067-85.

177 Condorcet, *Cinq mémoires sur l'instruction publique*, p. 61.

178 Idem, ibidem, p. 64.

sejo. Nesse momento, em que sua atividade política encontrara um canal para unir a suas convicções iluministas, Condorcet lançou a ponte entre educação e política que fora sonhada por tantos outros antes dele. Seu plano não era só uma crítica do absolutismo; era o caminho para a afirmação da liberdade por meio da promoção da igualdade entre os cidadãos.

Para fincar as bases de seu processo educativo, Condorcet se fiava num dos postulados mais caros de seu século: a crença no progresso. Para ele "é preciso ou marchar para a perfeição ou se expor a ser levado para trás pelo choque contínuo e inevitável das paixões, dos erros e dos acontecimentos".[179] A expansão da educação é, a seus olhos, a ferramenta mais poderosa para colocar os homens na trilha que a natureza lhes destinou. Para isso, no entanto, Condorcet se desvia um pouco do caminho que fora percorrido por alguns de seus predecessores, que insistiam no caráter formativo do espírito humano das atividades de educação. Para Condorcet, a instrução é o verdadeiro objetivo do Estado e não a educação no sentido da formação de cidadãos virtuosos, que marcou o mundo antigo. Para ele, a igualdade buscada pelos antigos estava baseada numa profunda desigualdade, com partes importantes da população — como os escravos, por exemplo — sendo deixadas de lado.[180] Por isso, na modernidade, a busca pela virtude e pela liberdade devia ser levada a cabo pela busca da igualdade

179 Idem, ibidem, p. 68. Mais à frente ele afirma: "Si ce perfectionnement indéfini de notre espèce est, comme je le crois, une lois génerale de la nature, l'homme ne doit plus se regarder comme un être borné à une existence passagère et isolée, destine à s'évanouir après une alternative de bonheur et de malheur pour lui--même, de bien e de mal pour ceux que le hasard a placés près de lui: il devient une partie active du grand tout et le coopérateur d'un ouvrage éternel". Idem, ibidem, p. 71. Para a questão do progresso na obra de Condorcet, ver Keith Baker, *Condorcet. Raison et politique*, pp. 447-66.

180 Condorcet, *Cinq mémoires sur l'instruction publique*, pp. 82-3.

entre os cidadãos. O primeiro passo a ser dado era fornecer instrução a todos os meios para que eles desempenhassem bem as funções públicas, de tal maneira que o governo não acabasse confinado nas mãos de especialistas. "O país mais livre" — afirmava o pensador francês — "é aquele no qual o maior número de funções públicas pode ser exercido por aqueles que receberam somente uma instrução comum."[181] A liberdade desejada por Condorcet não é o fruto de "uma febre de ambição e orgulho"[182] que caracterizava os atores políticos virtuosos do mundo antigo, mas uma liberdade calma, resultado de um processo bem-sucedido de instrução, cujo fundamento principal é a igualdade entre os membros do corpo político.

A relação entre liberdade e igualdade é, para Condorcet, bem mais complicada do que podia parecer para muitos de seus contemporâneos. De um lado, era necessário evitar o recurso aos modelos da Antiguidade, que sublinhavam o amor extremo pela liberdade em detrimento da igualdade entre todos; de outro lado, a procura da igualdade a qualquer preço também podia se revelar perigosa. Ao suprimir os laços particulares que unem os homens a suas famílias e ao desrespeitar as diferenças em favor de uma unidade perfeita dos cidadãos, pode-se simplesmente "criar uma ordem de guerreiros ou uma sociedade de tiranos, mas não se fará jamais uma nação de homens, um povo de irmãos".[183]

A separação entre educação e instrução e o confinamento da ação do Estado a essa última são o esteio de uma república que ao mesmo tempo é livre e igual, mas evita os extremos decorrentes da exacerbação de apenas um de seus princípios. Para Condorcet, a restrição do alcance da instrução pública visava a preservar a li-

181 Idem, ibidem, p. 77.
182 Idem, ibidem, p. 83.
183 Idem, ibidem, p. 85.

berdade individual e se contrapor à ameaça de um Estado que impeça o desenvolvimento das diferenças. A educação, segundo ele, "abarca todas as opiniões políticas, morais, ou religiosas".[184] A instrução é algo mais limitado, mas permite que cada um possa comparecer na cena pública com opiniões divergentes, oriundas de meios familiares e religiosos diferentes, de tal maneira que a cidade não será unitária e governada apenas por opiniões criadas por uma educação fornecida pelo Estado. Assim, conclui Condorcet: "É preciso que a potência pública se limite a regular a instrução deixando para as famílias o restante da educação".[185]

Ora, a principal consequência da argumentação do pensador francês é que o Estado não pode incluir na instrução pública o ensino de uma religião particular e nem mesmo confundir opiniões nesse campo e no terreno moral com verdades que devam ser aceitas por todos. A ideia de que a escola deve ser laica resulta da interdição de fazer da escola pública o vetor de uma crença religiosa única, associada a conteúdos morais parciais. Apenas nessas condições a instrução pública pode realizar seu papel de integração e de expansão da igualdade sem colocar em risco a liberdade dos cidadãos. A laicidade se aplica, é claro, ao ensino religioso e à propagação de opiniões morais no interior das escolas públicas, mas ela se ancora numa crença na razão que vai mais longe do que a cena do combate contra os preconceitos propagados pelas religiões. O eixo da argumentação de Condorcet é sempre a razão e sua capacidade de fazer avançar o conhecimento pelo exame contínuo de seus conteúdos.

Encontramos um exemplo da confiança na razão e no progresso no fato de que mesmo o ensino das leis e da Constituição do Estado na escola pública deve ser feito com muita cautela.

184 Idem, ibidem, p. 85.
185 Idem, ibidem, p. 87.

Ensinar qual é a Constituição vigente e quais são suas exigências é parte da instrução pública. Mas é preciso não transformar o ensino das leis "numa espécie de religião política", numa nova prisão dentro da qual os espíritos estariam confinados. Para Condorcet, as leis são frutos passageiros e, por isso, "seria absurdo ensinar as leis estabelecidas de outra forma que não como a vontade atual da potência pública à qual devemos obediência".[186] Caso contrário, elas ocupariam o lugar das pretensas verdades religiosas que tanto se quer banir com a instrução pública. A ideia de uma religião civil, tão cara a Rousseau e a outros pensadores republicanos, não faz o menor sentido para Condorcet.

Um outro ponto importante na doutrina da escola pública do pensador francês é a crença de que o ensino deve ser o mesmo para homens e mulheres.[187] O caráter misto do ensino expressa tanto a crença na igualdade entre os sexos — que tantas críticas valeram a Condorcet — quanto a compreensão do papel fundamental da inclusão das mulheres na vida política. Em primeiro lugar, ele observa que, se as mulheres não forem instruídas, elas não poderão ajudar os filhos com seus deveres escolares e, assim, deixarão de contribuir para o sucesso escolar da família.[188] Em segundo lugar, Condorcet mostra que, para a união conjugal, o fato de o casal poder compartilhar interesses nascidos da instrução é algo muito positivo.[189] Por outro lado, o convívio na escola de meninos e meninas é uma forma de socialização que ajuda em muito na criação de costumes mais temperados, evitando os excessos de uma cultura centrada na exibição de força e orgulho, tão própria das sociedades de seu tempo. Nesse registro, Condorcet afirma,

186 Idem, ibidem, p. 95.
187 Idem, ibidem, p. 96.
188 Idem, ibidem, p. 98.
189 Idem, ibidem, p. 99.

citando a Itália, que nada impede que uma mulher possa ter uma carreira científica vitoriosa e que, portanto, nada pode justificar a exclusão delas da instrução geral oferecida pelo Estado.[190]

Esses argumentos apenas preparam suas considerações mais importantes, que visam a demonstrar que a exclusão das mulheres é um atentado à noção de igualdade republicana e um freio para o desenvolvimento da fraternidade entre os cidadãos. No primeiro caso, o pensador francês mostra que a igualdade política garantida pela Constituição não pode deixar de fora uma parte fundamental da população, como acontecia no mundo antigo. Essa exclusão tinha reflexos negativos na cena pública pelo simples fato de não poder ser defendida por nenhum conjunto de razões. O efeito mais nefasto se mostrava no momento em que a verdadeira fraternidade não podia conviver com a divisão artificial do corpo político entre homens atuantes e mulheres passivas.[191]

Ao longo de seus escritos sobre educação, Condorcet oferece detalhes que comprovam o empenho que ele teve em oferecer um quadro a um só tempo amplo e aberto para guiar as ações do Estado francês nesse campo. Num certo sentido, pouco importa que, de imediato, suas sugestões não tenham sido acolhidas e tenham sido tragadas pelo torvelinho das disputas políticas. De forma pioneira, ele forneceu os eixos do que será mais tarde a escola republicana. Igualdade, universalidade, gratuidade, laicidade e humanidade são os princípios que orientaram os grandes educadores do final do século XIX e no curso do século XX. De um modo ou de outro, todos podem ser deduzidos das considerações

190 Idem, ibidem, p.100.
191 Idem, ibidem, p. 103. "A vida humana" — diz ele — "não é uma luta na qual os rivais disputam prêmios; é uma viagem que irmãos fazem em comum, e na qual cada um emprega suas forças para o bem comum de todos e é recompensado pela doçura de uma indulgência recíproca, pelo prazer ligado ao sentimento de ter merecido o reconhecimento."

feitas por Condorcet.[192] Sua obra serve de referência até hoje para os que se preocupam com os rumos que a escola pública deve tomar numa democracia de caráter republicano. No contexto do século XVIII, ele criou o referencial para uma verdadeira escola republicana, que não se limitava a repetir os apelos patrióticos de seus predecessores e não ficava cega aos efeitos nefastos que podem nascer da politização total do ensino.[193]

A partir de janeiro de 1792, a vida de Condorcet terá pouco da tranquila liberdade que ele almejava para a França. Mergulhado nas disputas cotidianas da Assembleia, ligado, em algumas circunstâncias, a Brissot e aos girondinos e oposto às intensas disputas de grupos que mobilizavam a Convenção, o enciclopedista fez na prática o aprendizado dos combates políticos, que muitas vezes o afastarão de sua tradicional prudência e equilíbrio. Para surpresa de muitos, ele foi um ardoroso defensor da guerra.[194] Mais tarde, no entanto, alinhou-se aos que esperaram até o último minuto que o rei pudesse ser enquadrado pela Assembleia, e não deposto pelas ruas, na esperança de fazer valer uma Constituição, que não lhe era cara em sua forma monárquica, mas que lhe parecia essencial para garantir que as disputas políticas não destruíssem o reino do direito.[195] Como político, Condorcet experimentou as agruras de um período difícil, que muitas vezes o colocou como defensor de ações que não se assemelhavam a seu temperamento de cientista e homem de letras.[196]

Condorcet foi eleito em 29 de setembro de 1792, com outros oito deputados, para o comitê encarregado de redigir a primeira

192 A esse respeito, ver Charles Coutel, *A l'École de Condorcet*, pp. 19-29.

193 Condorcet, *Cinq mémoires sur l'instruction publique*, p. 106.

194 Elisabeth Badinter e Robert Badinter, *Condorcet. Un intellectuel en politique*, p. 459.

195 Idem, ibidem, pp. 510-4.

196 Idem, ibidem, p. 528.

Constituição verdadeiramente republicana da França. Nesse momento, seu prestígio junto à Convenção era alto e suas esperanças também. Para quem aceitara resignado o texto de 1791, chegara a oportunidade de agir em favor de uma obra que pudesse servir, aos olhos do filósofo, para toda a Europa.[197] A ilusão de que seria possível dar à França um instrumento legal para "terminar" a Revolução e começar uma era republicana de paz e progresso desmoronou já em fevereiro de 1793, quando a leitura da chamada "Constituição dos girondinos" foi acolhida com frieza por uma parte da Convenção e se converteu no objeto de disputa entre os diversos grupos políticos. Para os girondinos, tratava-se de adotá-la, a fim de preservar seu espaço político numa futura assembleia; para os jacobinos, ao contrário, cabia rejeitá-la, mesmo sem examiná-la, pois ela continha, aos seus olhos, uma ameaça real a seu poder crescente no seio da sociedade francesa.

Obra de Condorcet, que foi ajudado em sua tarefa por Paine e por alguns dos outros membros do Comitê de Constituição, a "Constituição dos girondinos"[198] aponta para um republicanismo que conserva a generosidade e o apelo à igualdade dos primeiros anos da Revolução, mas rejeita o voluntarismo exacerbado que dominava os círculos jacobinos naquele momento. O texto foi acusado na época de ser muito complicado e quase inexequível por conta de alguns dos mecanismos propostos para ordenar a vida política. Mas ele contém um conjunto coerente de ideias,

---

197 Idem, ibidem, pp. 580-2.

198 Essa designação destoa do fato de que o Comitê era pluralista e que Condorcet conservava sua independência no seio da Convenção, mesmo se muitas vezes suas posições coincidiam com aquelas dos girondinos. De qualquer maneira, a designação de seu texto constitucional reflete as lutas que se seguiram à sua leitura em 15 de fevereiro de 1793 no interior da Assembleia e reflete as divisões que dominaram nesse período a vida política francesa. Charles Coutel, *Politique de Condorcet*, p. 243.

sendo uma testemunha das possibilidades do republicanismo francês no século XVIII. Nas palavras de Coutel, ele é a "tradução constitucional" do republicanismo de Condorcet.[199]

O enciclopedista precedeu a proposta de Constituição em sua *Exposição de princípios e de motivos do plano de Constituição*,[200] que nos ajuda a compreender os fundamentos da ordenação institucional que ele propõe para a França. Segundo ele, sua tarefa é dar a um povo de 25 milhões de habitantes uma Constituição "fundada unicamente sobre os princípios da razão e da justiça".[201] Na época em que escreveu, Condorcet era obrigado a esclarecer não apenas os princípios que o guiavam, mas o sentido da obra que pretendia realizar. Se desde então ficamos familiarizados com o sentido de uma Constituição, o mesmo não se dava no século XVIII, quando nasceu o que hoje chamamos de constitucionalismo moderno. Por isso, não bastava enunciar princípios, sugerir a estrutura governativa e explicitar o corpo de leis fundamentais. Condorcet precisava mostrar o significado mais geral do termo Constituição, mesmo depois dos debates exasperados que ocorriam na França desde 1789. Essa exigência derivava, em parte, das convicções do autor — as quais ele sabia que não podia compartilhar com um grande número de seus contemporâneos — e do fato de que ele se propunha a escrever a primeira Constituição francesa com claro talhe republicano. Já procuramos mostrar que as ideias republicanas haviam percorrido um longo caminho desde os primeiros iluministas. Podemos aceitar como razoáveis, por exemplo,

199 Idem, ibidem, p. 245. Para análises clássicas do texto constitucional de Condorcet, ver H. Archambault de Monfort, *Les Idées de Condorcet sur le suffrage*, pp. 132-43; Léon Cahen, *Condorcet et la Révolution française*, pp. 26-57; e Franck Alengry, *Condorcet. Guide de la Révolution française*.

200 Condorcet, "Exposition des principes et des motifs du plan de Constitution", em *Oeuvres de Condorcet*, t. XII, pp. 335-415.

201 Idem, ibidem, p. 335.

as teses de Pasquino, que afirmam a existência de fortes convicções republicanas no pensamento de Sieyès.[202] Mas uma coisa é reconhecer traços republicanos no pensamento de autores que em outros momentos se declaravam a favor da manutenção da monarquia, e outra coisa muito diferente era pensar a vida política francesa sem um monarca. Condorcet não apresentava apenas a tese republicana como fizera anteriormente; ele pretende dar-lhe vida por meio de um texto constitucional.

Nosso autor resume o desafio que quer enfrentar, dizendo que deve conduzir os cidadãos a uma obediência às leis que preserve "a soberania do povo, a igualdade entre os cidadãos e o exercício da liberdade natural".[203] Embora esse enunciado não apresente nada de novo com relação à língua política que vinha sendo falada na França havia alguns anos, Condorcet está consciente de que o desejo de terminar a Revolução e produzir "um povo pacífico" deve levar em conta que esse povo em questão estava envolvido em um processo revolucionário que deveria cessar para que ele pudesse viver plenamente sob a égide das novas leis. Para que uma Constituição se torne real é necessário que haja "uma firme vontade popular de obedecer às leis", e nisso deve residir a força da autoridade legislativa. Sem essa condição, os mecanismos revolucionários continuarão a agir e impedirão a consolidação de leis que, segundo nosso autor, devem ser compatíveis com a razão.

O iluminista continuou a acreditar no império da razão, mesmo identificando os obstáculos contra os quais sua obra legislativa iria se chocar. Em primeiro lugar, ele estava consciente do perigo que uma "República de assembleias" faria correr a uma

202 Pasquale Pasquino, "Emmanuel Sieyès: His Constitutional Republicanism", em Biancamaria Fontana (org.), *The Invention of the Modern Republic*, p. 110.
203 Condorcet, "Exposition des principes et des motifs du plan de Constitution", p. 335.

nação que pretendia ser governada como uma verdadeira república. Para ele, o republicanismo implicava que "se o povo quer, nas assembleias separadas, exercer seu direito de soberania ou mesmo a função de eleger, a razão exige que ele se submeta rigorosamente às formas que foram previamente estabelecidas".[204] A república é, nessa lógica, a filha da razão, que se expressa em leis e organiza a vida política em regras acordadas segundo os princípios da vontade geral. Uma vez estabelecidas as regras, somente a vontade geral pode mudá-las. Nesse sentido, não há lugar para a verdadeira tirania das assembleias que com tanta frequência domina as revoluções. Uma reunião particular de homens não pode pretender ser a expressão da vontade geral, uma vez que ela não possui sobre aquele que dela participa senão "o poder que lhe foi conferido por uma lei".[205] A intuição de Condorcet quanto aos riscos das assembleias particulares mostra que ele estava longe de desconhecer os meandros das disputas políticas que assolavam o país. Disposto a dar uma estrutura legal para o sonho republicano, ele lutou com as armas da razão contra a tormenta que soube prever, mas não foi capaz de deter.

O conhecimento do perigo que implicava a guerra de facções no interior de uma nação que ainda não conseguira estabilizar sua vida política e institucional levou Condorcet a eleger a unidade política como a mola mestra de seu projeto constitucional.[206] Isso poderia sugerir que ele estivesse seguindo o caminho de Rousseau, já que este certamente fornecia o aparato conceitual para se pensar o papel da vontade geral e a concepção unitária de república. Mas Condorcet conhecia bem as teorias do genebrino e os impasses aos quais elas conduziam. À sua maneira, ele pretendia enfrentar

204 Idem, ibidem, p. 347.
205 Idem, ibidem, p. 347.
206 Idem, ibidem, p. 339.

suas dificuldades propondo uma Constituição que estivesse apoiada no princípio da democracia, mas que descesse aos detalhes quanto à organização da vida política. Assim, mesmo reconhecendo a importância da unidade, ele toma um caminho que está muito mais próximo de Paine no tocante à afirmação do caráter republicano de sua obra. Ora, para o contexto, isso não era nada escandaloso, considerando o papel que seu amigo teve na vida francesa naquele momento.

Em primeiro lugar, Condorcet afirma que "a extensão da república só permite propor uma Constituição representativa".[207] Tomando essa posição, ele adota uma solução que supera um dos impasses mais importantes do pensamento republicano francês do século XVIII, a saber, aquele que via na extensão territorial um obstáculo a qualquer experiência republicana na modernidade. O exemplo dos Estados Unidos servia como uma referência definitiva de que a combinação da unidade do corpo político com o princípio da representação era o caminho para dotar o país de uma Constituição verdadeiramente republicana. Entretanto, subsiste em seu projeto o respeito pelas assembleias primárias, capazes de fazer o povo falar. De alguma maneira, ele antecipa o tema do sufrágio universal, tal como será desenvolvido na França nas décadas seguintes.

O segundo ponto no qual Condorcet acompanha Paine é em sua crítica ao modelo inglês. Mais uma vez, o que preside seu argumento é a necessidade de assegurar a unidade do corpo político. Assim, ele afirma: "Um único motivo seria suficiente para nos decidirmos entre dois sistemas. As Constituições fundadas sobre o equilíbrio dos poderes supõem ou conduzem à existência de dois partidos, e uma das primeiras necessidades da república francesa é não ter

207 Idem, ibidem, p. 340.

partidos".[208] No entanto, o termo partido, nessa afirmação, não deve ser tomado no sentido atual da palavra. O que Condorcet deseja expurgar são as facções que disputam o controle total do poder.

Por outro lado, sua convicção de que a França deveria ser uma república unitária leva-o a generalizar o direito de cidadania.[209] Como para ele esse direito decorre do direito natural, todos os homens devem possuí-lo. E mais: "Todo cidadão será elegível para todos os lugares que conferem a eleição do povo".[210] Essa observação, contudo, estava longe de ser uma simples afirmação de um princípio abstrato, uma vez que, desde o início da Revolução, a questão da inclusão de diversas categorias na cena pública — como, por exemplo, a dos empregados domésticos — foi um problema que atormentou Condorcet.[211] Ao tomar uma posição favorável à inclusão dos empregados domésticos, ele alargou o escopo de suas afirmações anteriores, radicalizando a ideia de igualdade e fazendo dela uma matriz fundamental de seu pensamento constitucional. Da mesma maneira, seu posicionamento a favor da participação das mulheres na vida pública dá vazão à sua convicção de que a restrição ao gênero feminino nada mais era do que um preconceito grosseiro.[212]

A partir de um conjunto amplo de considerações, Condorcet chega a uma definição de Constituição que guarda até hoje todo o seu interesse: "Uma Constituição, em acordo com o sentido natural da palavra, deve conter todas as leis que concernem ao estabelecimento, à formação, à organização, às funções, ao modo de agir e aos limites de todos os poderes sociais".[213] Ancorada nos

208 Idem, ibidem, p. 355.
209 Idem, ibidem, p. 385.
210 Idem, ibidem, p. 389.
211 A esse respeito, ver Pierre Rosanvallon, *Le Sacre du citoyen*, pp. 155-69.
212 Idem, ibidem, pp. 181-4.
213 Condorcet, "Exposition des principes et des motifs du plan de Constitution", p. 409.

princípios da "soberania popular, da igualdade entre os homens e da unidade da República",[214] a Constituição organiza a vida política não apenas segundo seus grandes ideais, mas também na particularidade das regras que garantem o funcionamento das instituições. Podemos dizer, assim, que Condorcet pretendia com seu projeto trocar o reino caótico das vontades pelo império do direito. Para ele, no entanto, isso não significava que a vida política deveria ser petrificada em regras imutáveis. Fiel a seu pensamento, ele continuou a acreditar que as leis devem poder ser revistas quando não atendem mais aos interesses de todos.[215] Entretanto, caberá sempre à vontade geral operar essas mudanças e nunca a um pequeno grupo de supostos membros esclarecidos, ou a alguma assembleia que se arrogue o direito de revisão constitucional.

Na primavera de 1793, o projeto constitucional de Condorcet foi duramente criticado pelos jacobinos, depois de ser considerado muito complicado e inaplicável para a realidade francesa. De fato, ele continha um número excessivo de regras e forçava a participação direta do povo em tão grande número de deliberações que arriscava paralisar a vida institucional. Mas o verdadeiro combate era pelo domínio dos órgãos de poder e não em torno dos detalhes do texto. Da mesma maneira que as críticas violentas dos jacobinos, a adesão ao projeto pelos deputados próximos de Brissot passava ao largo das virtudes e dos defeitos do texto. Condorcet procurara uma forma de ordenar a república segundo princípios dedutíveis pela razão. A hora, porém, era outra, e em breve o apelo à razão seria substituído pelo recurso a uma virtude radical, que abriria as portas para uma outra interpretação da via republicana e para o Terror. Como sintetizou Rosanvallon: "O

214 Idem, ibidem, p. 413.
215 Idem, ibidem, p. 359.

Terror é, por excelência, uma espiral que devora: ela não pode existir como um sistema estável e regular sob o modo de uma repressão metodicamente organizada".[216] Condorcet buscara uma maneira de terminar a Revolução por meio da afirmação de seus princípios em uma carta constitucional. Seus adversários lutaram para manter viva a Revolução como um movimento constante e permanente. Nesse cenário, o velho iluminista não possuía mais o domínio das regras do jogo e seria rapidamente ultrapassado pelo poder dos acontecimentos, sem nunca renunciar a sua confiança no progresso contínuo das forças sociais.

216 Pierre Rosanvallon, *Le Sacre du citoyen*, p. 231.

Republicanismo, jacobinismo e Terror

O jacobinismo ocupa na história da França um lugar especial, pois a ele foram associados muitos dos eventos que criaram o rosto da Revolução nos anos difíceis que se seguiram à tentativa de fuga do rei. A ele se ligam as páginas funestas do Terror, assim como a tentativa de dotar o país de uma nova Constituição depois do fracasso daquela de 1791 e, posteriormente, do modelo constitucional proposto pelos girondinos. Estudar, no entanto, a relação existente entre jacobinismo e republicanismo impõe encontrarmos um recorte temporal preciso, uma vez que, de maneira ampla, poderíamos dizer que esses dois fenômenos se entrecruzam ao longo de toda a história política francesa, pelo menos até o final do século XIX. Tomado em sentido amplo, o jacobinismo espraia sua influência até a Revolução Russa e a algumas de suas correntes políticas. Fiéis aos propósitos do livro, dedicar-nos-emos a investigar o pensamento de alguns dos atores mais importantes da Revolução no período que vai da proclamação da República em 21 de setembro de 1792 até 27 de julho de 1794, quando cessa o poder jacobino.

A associação entre jacobinismo e republicanismo não deve, contudo, ser tomada por evidência, como pode sugerir o fato de que as posições dos atores políticos ligados ao clube da rua Saint-Honoré estiveram fortemente associadas, depois de 1792, à defesa da causa republicana. De forma simplificada, podemos dizer que, no período que estamos estudando, desenvolveram-se na França duas vertentes do republicanismo, cujas posteridades serão bastante diferentes. A primeira poderia ser chamada de republicanismo girondino. Ligada à causa do federalismo, preocupada com a defesa dos interesses particulares e com o avanço das instituições de direito, essa corrente foi fortemente marcada pela Revolução Americana e por seus ideais. A ela nos dedicamos no último capítulo, sobretudo nas pessoas de Condorcet e Brissot. A segunda vertente poderia ser chamada de jacobina. Voltada para a afirmação da unidade e da solidariedade nacionais, ela tinha na defesa da indivisibilidade do corpo político, no antifederalismo e na proteção dos interesses públicos contra a particularidade das reivindicações dos diversos grupos sociais seus esteios principais. É claro que o modelo esquemático que acabamos de propor não resiste ao retrato variado e complexo que emerge de um estudo detalhado da época, mas serve para nos guiar no meio dos anos confusos que modificaram para sempre a história intelectual e política da Europa. Ao centrarmos nosso interesse nos jacobinos no período escolhido, não estamos dizendo que esses anos foram marcados exclusivamente por seus atos e ideias. No momento, por exemplo, da proclamação da República, as concepções girondinas eram seguramente mais influentes na Convenção do que aquelas dos jacobinos[1] — situação, aliás, que não vai se alterar nem mesmo durante o processo do rei, como

---

1 Roger Dupuy, *La République jacobine*, p. 40. Albert Soboul, *La Révolution française*, pp. 265-71.

veremos mais tarde. Esse mesmo fato pode ser observado em várias partes da França, nas quais as ideias federalistas eram vistas com muito mais simpatia do que em Paris.[2]

Embora nossos propósitos estejam circunscritos a examinar os traços do que chamamos de republicanismo jacobino, é inevitável lembrar que a história do jacobinismo nesses anos está profundamente marcada pela gestação das políticas que conduziram ao Terror. Ora, na historiografia da Revolução Francesa, as posições a respeito dessa questão costumam ser um divisor de águas.[3] Na esteira de Michelet, que havia proposto dividir a história jacobina em três fases, Michel Vovelle sugeriu uma divisão na história do jacobinismo em dois períodos.[4] O primeiro vai da formação do clube no convento da rua Saint-Honoré, congregando deputados e pessoas notáveis como Condorcet, até o momento em que as diversas rupturas internas da associação conduzem Robespierre à posição de maior proeminência no cenário nacional e no interior do clube. Nesse momento, não podemos falar de preponderância das ideias republicanas dentro do clube, nem mesmo com relação àqueles que mais tarde serão seus atores principais.

O segundo momento é aquele que nos interessa aqui e compreende os dois anos que se tornaram conhecidos como "república jacobina".[5] Apesar de a circunscrição temporal ser precisa, é necessário levar em conta a advertência de Vovelle quando ele diz que "convém não fundir em um conjunto indiferenciado o robespierrismo, a Montanha e o jacobinismo, como foi feito por muito tempo, desde o século XIX até sínteses mais recentes".[6]

2 Roger Dupuy, op. cit., pp. 117-31.
3 Para um apanhado geral do debate historiográfico, ver idem, ibidem, cap. 11, pp. 283-316.
4 Michel Vovelle, *Jacobinos e jacobinismo*, pp. 35-6.
5 Idem, ibidem, p. 55.
6 Idem, ibidem, p. 55.

Se tomássemos como referência toda a experiência dos jacobinos, mesmo nos primeiros anos da Revolução, e considerando a diversidade das pessoas que frequentaram o clube, seria difícil encontrar uma visão unitária do que era o republicanismo. Isolando o período de maior poder dos jacobinos no cenário político, encontramos um retrato de como os ideais republicanos vieram a ser plasmados num discurso radical, que fazia do movimento revolucionário seu eixo principal. Por isso, não se pode esperar uma real confluência entre as ideias republicanas e os ideais jacobinos. Nossa tarefa será separar nos textos e discursos dos personagens principais do jacobinismo no período referido as ideias que podem ser diretamente associadas ao desenvolvimento do republicanismo francês do século XVIII. Ao mesmo tempo, essa estratégia analítica se justifica pelo fato de que o jacobinismo, inclusive quando ele se liga à prática do Terror, continua, como mostra Lefort, a "falar", a se expressar na cena pública por meio da palavra. Nesse sentido, os discursos dos principais tenores dos jacobinos são um dos caminhos pelos quais passou a Revolução e ajudam a compreender seu desenvolvimento e o amadurecimento das diversas linguagens que a povoaram, entre elas a do republicanismo.[7]

O PROCESSO DO REI

Os acontecimentos de 9 e 10 de agosto de 1792 foram um momento decisivo para o destino de Luís XVI, mas foi a decisão da Convenção, em 1º de outubro desse mesmo ano, de reunir os documentos apreendidos pela Comuna, que colocou em marcha a engrenagem que levou à morte do rei. Como notou Mona Ozouf,

7 Claude Lefort, "O Terror revolucionário", em *Pensando o político*, pp. 90-1.

a historiografia da Revolução nem sempre prestou a devida atenção no processo, servindo-se dele como se fosse um degrau para a explicação do longo caminho de consolidação da obra revolucionária.[8] Dos historiadores clássicos, apenas Michelet soube reconhecer a importância do evento e sua dimensão simbólica, enquanto outros, como Soboul, preferiram chamar a atenção para o afrontamento entre a Gironda e a Montanha — que se desenvolveu nos meses do processo —, muitas vezes fazendo da questão o trampolim para uma disputa direta pelo poder.[9] Mais recentemente, Walzer insistiu sobre a importância do acontecimento, lembrando que "somente o processo poderia tornar claro o fato de que Luís foi morto de acordo com o novo princípio político, e somente então sua execução marcaria o triunfo não de um novo grupo de homens, mas de um novo tipo de governo".[10] Ora, nesse contexto de desmontagem da monarquia e da disputa em torno dos meios de como realizá-la, não há como não reconhecer que a questão tem uma imbricação necessária com aquela da natureza do poder republicano.

O resultado final do julgamento, assim como a aparente convergência dos votos quanto à culpabilidade do monarca, esconde o afrontamento que dominou os debates durante meses e o fato de que as divergências entre as facções em luta se tornariam definitivas nos anos seguintes. No tocante ao republicanismo — embora esse não tenha sido o eixo das discussões —, fica nítido que as duas vertentes às quais nos referimos antes, a girondina e a jacobina, já se manifestavam de forma explícita em suas concepções a respeito do destino do rei. De um lado, a insistência na legalidade

---

8 Mona Ozouf, "Procès du roi", em F. Furet e M. Ozouf (orgs.), *Dictionnaire critique de la Révolution Française*. Évènements, pp. 241-3.
9 Albert Soboul, *La Révolution française*, pp. 271-4.
10 Michael Walzer, *Régicide et Révolution. Le procès de Louis XVI. Discours et controverses*, p. 23.

e na forma do julgamento acentuava a propensão girondina e de seus aliados para situar a república no horizonte das instituições de direito.[11] No campo jacobino, a negação da necessidade de se recorrer a procedimentos ordinários para pôr abaixo as estruturas e os símbolos do Antigo Regime mostra nitidamente como a preocupação com a fundação de algo novo, baseado numa virtude extraordinária, já se transformara no eixo de uma concepção diferente do que era o regime republicano.[12]

De forma geral, no entanto, a relação entre o processo do rei e a concepção de republicanismo que ela implicava não aparecia claramente para um número significativo de deputados que, sob o influxo das ideias da Gironda, adotava uma posição pouco refletida sobre a questão. Como resume Walzer: "Seu republicanismo se satisfazia com o espetáculo igualitário do rei face a face com seus pares. Seu sentimento de justiça era preenchido pelo fato de que essa confrontação dramática era moldada e modelada pelas formas da lei".[13] Isso não quer dizer que fosse fácil julgar o rei de acordo com a lei, pois um quadro legal comportando esse caso era justamente o que faltava. Os jacobinos demonstravam, num certo sentido, reconhecer essas dificuldades com maior acuidade do que seus oponentes. Para seus principais tenores, um julgamento tradicional era simplesmente impossível, uma vez que o que eles estavam fazendo era inventar um mundo político em tudo oposto ao Antigo Regime, o que não permitia colocar a questão em termos de simples legalidade. Não havia um conjunto de leis de transição que pudesse orientar a destruição de um regime e a formação de um governo republicano. A monarquia deveria ser atacada de frente, mas até mesmo essa hipótese parecia-lhes compli-

11 Idem, ibidem, pp. 107-8.
12 Idem, ibidem, pp. 120-1.
13 Idem, ibidem, p. 110.

cada, pois era a primeira vez que o que se visava era o regime, e não o rei. Desde o primeiro momento, para todos os envolvidos, uma pergunta pairava no ar: pode um rei inviolável ser julgado? Se a resposta for positiva, por quem? Ao responder positivamente à questão e ao designar os deputados como juízes, a Convenção se lançou num processo sem retorno, mesmo até para aquela parcela de representantes que ainda procurava um caminho intermediário no momento de liquidação da monarquia absoluta.

Vamos nos interessar aqui de forma mais detalhada pelas concepções jacobinas, mas é preciso lembrar que elas foram forjadas no combate aos que desejavam salvar o rei e aos que queriam julgá-lo dentro de um quadro legal preestabelecido. Nosso objeto de estudo não deve, entretanto, ser confundido com a análise detalhada do processo do rei. No interior dos debates que levaram à condenação do monarca, interessa-nos encontrar nos discursos dos jacobinos as ideias que sustentavam suas posições e que de alguma maneira são parte de sua concepção de republicanismo. Contudo, estamos conscientes de que não podemos imaginar um republicanismo já estruturado antes do processo e, ainda, que tivesse servido de esteio para as posições defendidas pelos oradores jacobinos. A verdade é que, nesse momento, está se consolidando o ideário jacobino ligado à república, e o processo foi uma ocasião preciosa para o amadurecimento das ideias de homens que, como Robespierre, não podiam ser listados entre os republicanos convictos da França antes da fuga do rei. De maneira mais específica, vamos nos deter nos discursos de Robespierre e de Saint-Just, pois foram eles que deram rosto à posição dos jacobinos nos meses de debate sobre o destino do rei.

Saint-Just pronunciou, no dia 13 de novembro de 1792, um discurso vigoroso no qual atacava de frente tanto aqueles que queriam salvar o rei quanto os que faziam das questões processuais o núcleo das discussões. Não podemos esquecer que se tratava de um jovem cuja participação política datava de pouco tempo e que fora formado nos primeiros anos da Revolução. Seu discurso mostra os territórios aos quais a linguagem do republicanismo, aprendida com seus formadores, podia conduzir aqueles que decidiam levar aos limites suas possibilidades. No seio de uma assembleia composta de experimentados homens políticos, Saint-Just desconcerta pela força de seus argumentos.

Ele aborda o problema do julgamento de forma impetuosa, designando o rei não como um cidadão culpado, mas como um inimigo.[14] Ora, um inimigo era, na linguagem do contratualismo da época, fundamentalmente aquele que não podia reivindicar o império das leis para sua proteção. O rei, estando fora do corpo político, estava em estado de guerra, e por isso podia ser morto como se mata um inimigo no campo de batalha.[15] Com essa posição, ele pretende mudar completamente os rumos do debate. Uma vez estabelecida a culpabilidade do rei, cabia à Assembleia reconhecer que ele ocupava o mesmo lugar dos tiranos e não o de um cidadão submetido a um contrato. Saint-Just usa da antiga tópica republicana do tiranicídio para mostrar aos seus colegas a natureza do processo em curso. Nesse momento do discurso, ele lança mão da imagem de César sendo apunhalado em pleno Senado para manifestar seu espanto diante da cegueira de seu tempo.[16] O uso desse *topos* retórico não tem nada de excepcional para a época, como já tivemos a ocasião de mostrar. Ele é importante, no entanto, por ajudar o autor a conduzir sua fala para o que ele considera

14 Saint-Just, "Discours sur le jugement de Louis XVI prononcé à la Convention nationale le 13 novembre de 1792", em *Oeuvres complètes*, p. 476.

15 Idem, ibidem, p. 476.

16 "On s'étonnera un jour qu'au XVIIIème siècle on ait été moins avancé que du temps de César: là le tyran fut immolé en plein Sénat, sans autres formalités que vingt-trois coups de poignard, et sans autre loi que la liberté de Rome." Idem, ibidem, p. 476.

essencial: "Os mesmos homens que vão julgar Luís têm uma república para ser fundada".[17]

Saint-Just intui corretamente que o momento que a França estava vivendo não podia ser pensado como uma etapa de um processo judiciário, passível de ser codificada e regulada. Tratava-se do momento de fundação de um novo corpo político. Segundo ele, isso apavorava aqueles que não estavam dispostos a aceitar que séculos de tradição estavam ruindo para o surgimento de uma república em moldes totalmente diferentes de tudo o que existira até então. Sua fala não nos permite saber qual era sua concepção de governo republicano. Examinaremos mais tarde alguns escritos nos quais essa questão aparece mais claramente. O importante é que ele nos revela o lugar teórico do qual ele fala quando pensa a criação de um corpo político. Falando dos medos de membros da Convenção, Saint-Just afirma que "eles temem um exemplo de virtude que seria um laço de espírito público e de unidade na República".[18] A virtude é, portanto, o primeiro dos requisitos para essa obra monumental que a Revolução tornara possível. Continuando suas críticas a seus colegas, ele desvela mais dois elementos de sua concepção republicana: "Nós queremos a República, a independência e a unidade, e nós nos dividimos e nos oferecemos um tirano".[19] Independência e unidade são os dois traços definidores que surgem no discurso. Quanto ao primeiro, trata-se de um lugar-comum do discurso republicano e que habitava os textos dos humanistas italianos do Renascimento desde o começo do século XV. Afirmar a independência em face das potências estrangeiras havia sido um ponto importante do discurso republicano italiano, como era também fundamental para os franceses amea-

17 Idem, ibidem, p. 477.
18 Idem, ibidem, p. 477.
19 Idem, ibidem, p. 478.

çados pelas invasões de suas fronteiras. O tema da unidade recobria a tópica do combate às facções, que fez parte do discurso humanista; mas na boca de Saint-Just ele possui um acento diferente. Ao abordarem as divisões do corpo político, os humanistas estavam preocupados com os fatores que levam o corpo político a se corromper. No caso do jovem representante, a questão diz respeito à fundação da república e não à sua destruição. Seus inimigos são os que pregam o federalismo e pensam a unidade como algo abstrato, que não deve repercutir na ordenação institucional da república.

Saint-Just tem plena consciência da posição que adota. Referindo-se mais uma vez à natureza do processo, ele afirma: "Não perderei de vista que o espírito com o qual julgaremos o rei será o mesmo com o qual criaremos uma república".[20] O que se está discutindo, para ele, é quais princípios organizarão a vida da futura república e não quais serão seus procedimentos jurídicos. Essa foi uma marca do republicanismo jacobino em seus primeiros anos. A fundação de um corpo político passa pela escolha de seus princípios e, por isso, o momento do processo irá necessariamente repercutir na história futura da república. Muito do radicalismo do autor do discurso e seu pouco apego aos procedimentos jurídicos durante a fase do Terror estão ancorados nessa ideia de que o processo marca o ponto de encontro entre a Revolução e a República. Nessa zona de exceção, nesse marco zero da vida política, não adianta recorrer às filigranas das leis para resolver os impasses. As leis simplesmente não existem quando se confronta uma monarquia com a possibilidade de se criar um novo corpo político.[21]

Um outro ponto importante da argumentação de Saint--Just é a oposição entre a monarquia e a república. Também no

20 Idem, ibidem, p. 482.
21 Michael Walzer, op. cit., p. 117.

Renascimento havia uma grande preocupação com o antagonismo entre tirania e república. Salutati escreveu longamente sobre o problema mostrando como os princípios republicanos eram incompatíveis com o governo de um só.[22] O deputado francês vai mais longe não apenas ao radicalizar suas posições, mas, sobretudo, ao colocar o problema no âmbito de uma teoria rousseauniana do contrato. Tem razão Walzer quando afirma que "a inovação de importância capital no discurso de Saint-Just era a negação dramática de que o rei tivesse sido um membro do povo francês".[23] Saint-Just lutou para mostrar a total incompatibilidade entre a cidadania republicana e o pertencimento a um reino governado por um só.[24] Excluindo o rei de toda forma de contrato, ou fazendo do contrato o apanágio apenas das repúblicas — o que extrapola o pensamento de Rousseau —, ele transforma todos os reis em tiranos e torna-os inimigos de todos os amantes da liberdade, em todas as épocas.

É nessa chave que devemos entender sua afirmação de que "independentemente das convenções que a realeza adota, ela é um crime contra o qual todo homem tem o direito de se elevar e de se armar".[25] Esse direito universal à revolta está na origem de uma das frases mais célebres de Saint-Just: "Não se pode reinar inocentemente".[26] Walzer tem razão quando insiste que reinar e governar não eram a mesma coisa para o jovem jacobino.[27] O combate político no qual ele estava engajado, e mesmo o fato de que os jacobinos ocuparam nos meses seguintes uma parcela

---

22 Hans Baron, *The Crisis of the Early Italian Renaissance*, pp. 152-8.

23 Michael Walzer, op. cit., p. 113.

24 Saint-Just, "Discours sur le jugement de Louis XVI prononcé à la Convention nationale le 13 novembre de 1792", em *Oeuvres complètes*, p. 478.

25 Idem, ibidem, p. 480.

26 Idem, ibidem, p. 480.

27 Michael Walzer, op. cit., pp. 115-6.

importante do poder, não pode ser comparado ao exercício do mando por um príncipe. Veremos mais tarde como os jacobinos lidaram com o exercício do poder num momento pensado como o da fundação de uma república. No contexto do discurso, o que deve ser ressaltado é a percepção de que a monarquia deveria ser julgada como algo exterior ao povo, como uma forma de poder não contratual e que, portanto, não podia ser derivada da vontade geral.

O uso evidente de uma linguagem retirada das obras de Rousseau não deve nos enganar. Como muitos outros atores da Revolução, Saint-Just aprendeu com o pensador de Genebra a compreender os quadros mentais que deveriam guiar aqueles que pretendiam instaurar um regime baseado na liberdade. Mas a tarefa prática à qual os membros da Convenção estavam devotados abria perspectivas que não podiam ser contempladas pelas referências ao republicanismo. Lá onde existia em Rousseau uma hesitação quanto à possibilidade de criar uma república nas condições do século XVIII, aqui aparece como um desafio concreto e inadiável. O grande mérito do jovem jacobino foi compreender a gravidade dos desafios que deviam ser enfrentados e o lugar do julgamento do rei nesse processo. É inevitável associarmos o radicalismo do discurso com as posições políticas de Saint-Just nos anos do Terror. Não se trata de negar a pertinência da associação, mas há uma tensão entre o discurso republicano que ele usa e as concepções que defende nos meses seguintes — o que não deve, porém, obscurecer a compreensão dos traços distintivos do que chamamos de republicanismo jacobino.

Saint-Just voltou a se manifestar sobre o processo do rei em 26 de dezembro de 1792. Nesse momento, suas teses já haviam sido deixadas de lado e o julgamento seguia seu curso. Ele manteve, no entanto, o eixo de sua intervenção anterior, mesmo sem alcançar seu brilho. O discurso está recheado de referência a temas e conceitos rousseaunianos, o que naquele momento não tinha nada de extraordinário. Ao contrário, podemos imaginar que o jacobino quer se fazer entender recorrendo a uma linguagem que já fizera um longo percurso no mundo político francês. Saint-Just apela para a transparência do julgamento em oposição às trevas nas quais "os reis perseguiam a virtude".[28] Essa tópica lembra a oposição entre o mundo transparente da natureza e a opacidade que vai tomando conta das cidades, que tanta importância teve na recepção do pensamento de Rousseau na França.[29] O jacobino lança mão também da afirmação de que "todos aqueles que possuem um coração sensível na terra respeitarão nossa coragem",[30] a fim de convencer seus colegas de que Luís XVI devia ser morto, pois ele era um inimigo de um "povo bom e crédulo".[31]

Há uma clara filiação das ideias defendidas pelo jacobino às do autor do *Contrato social*, mas em momento algum ele perde o foco de sua intervenção. Para Saint-Just, o julgamento continua a ser uma cena de fundação, e seu resultado, um momento decisivo na criação da república. Já próximo do final, ele diz: "Esse dia vai decidir a sorte da República; ela estará morta se o tirano permanecer sem punição. Os inimigos do bem público reaparecem; eles se falam, eles se reúnem, eles esperam; a tirania recolhe seus cacos, como um réptil retoma suas partes".[32] Sobre o leito das ideias de Rousseau, os jacobinos constroem uma concepção de república e do momento em que estavam vivendo. Assim, a oposição à tirania,

28 Saint-Just, "Second discours sur le jugement de Louis XVI", em *Oeuvres complètes*, p. 501.

29 Esse tema é explorado com maestria em Jean Starobinski, *Jean-Jacques Rousseau: la transparence et l'obstacle*, pp. 36-48.

30 Saint-Just, "Second discours sur le jugement de Louis XVI", em *Oeuvres complètes*, p. 502.

31 Idem, ibidem, p. 508.

32 Idem, ibidem, p. 513.

transformada em inimigo imemorial e sempre presente, torna-se uma obsessão. Os perigos imaginados ganham uma urgência extrema, pois a política passa a ser vivida como um combate de vida e morte num cenário que pode ser tanto o de criação de uma forma virtuosa de governo quanto o de sua derrota completa.

Mas a amálgama entre o inimigo interno e o externo tem um outro papel no discurso jacobino. Como observou Walzer, nada autoriza em Rousseau a confusão entre o oponente interno, mesmo quando ele é supostamente uma ameaça para a unidade da república, e o inimigo externo, alvo das ações de uma guerra aberta.[33] No caso de um corpo político constituído, o contrato é sempre o horizonte do direito. O que Saint-Just propõe é fazer do momento da fundação um tempo em que os combates são guiados pela oposição entre a virtude, apanágio do povo e da natureza, e a perfídia da tirania. Nesse território suspenso entre a vitória dos virtuosos e o retorno da tirania, desenrola-se um combate que, ou erige a liberdade em princípio do governo, ou a abate para sempre. A radicalidade dos propósitos do jacobino será o esteio dos excessos que serão cometidos em poucos meses pela "república jacobina". Na verdade, para Saint-Just, o combate do julgamento não cessará com a morte do rei. O lugar perigoso da exceção permanecerá como horizonte da concepção jacobina da Revolução.

Seria prematuro, no entanto, imaginar que os discursos citados contêm o núcleo das ideias republicanas dos jacobinos. Nesse mesmo período, Robespierre se manifestou algumas vezes e expressou uma concepção um pouco mais nuançada das ideias de seu jovem colega. Mais experiente, ele sabia que o tom radical e extremado de Saint-Just podia soar como uma ameaça — mesmo os jacobinos não sendo maioria na Assembleia — e, assim, servir

---

33 Michael Walzer, *Régicide et Révolution,* op. cit., pp. 128-30.

como um elemento de agregação do campo contrário. Em 3 de dezembro, Robespierre se dirigiu a seus pares para afirmar sua oposição ao processo do rei e aproveitar para precisar suas ideias, o que não fizera até então, nem mesmo nas reuniões da rua Saint--Honoré.

Ele retoma as críticas aos que desejavam fazer do processo uma ocasião para salvar o rei.[34] Para ele, havia uma total incompatibilidade entre a existência de um rei, que ainda era considerado como tal por alguns membros do corpo político, e a proclamação da República. De maneira lapidar, ele resumia a situação: "Luís foi rei; e a República está fundada";[35] ou, mais à frente: "A República! E Luís ainda vivo".[36] Tal percepção da situação da França não era, todavia, compartilhada por uma boa parte dos deputados e, por isso, Robespierre se lançou numa longa argumentação em favor da morte do monarca. Como seu jovem colega, ele acreditava que a situação não era análoga àquela de um processo criminal ordinário, e não podia ser conduzida por meio do recurso a procedimentos que regulam a vida ordinária dos povos. O que devia guiar a conduta dos membros da Convenção era o fato de que a França vivia um momento excepcional e que era necessário não confundir "a situação de um povo em revolução com aquela de um povo cujo governo está bem implantado".[37]

Para explicar o caráter desse momento de exceção, Robespierre o compara a um retorno ao estado de natureza: "Quando uma nação foi forçada a recorrer ao direito de insurreição, ela retorna ao estado de natureza no tocante ao tirano".[38] O fato de que havia uma

34 "Robespierre. 3 Décembre 1792", em Michael Walzer, pp. 219-31.
35 Idem, ibidem, p. 220.
36 Idem, ibidem, p. 228.
37 Idem, ibidem, p. 220.
38 Idem, ibidem, p. 221.

contradição entre a proclamação da república e um monarca vivo — o qual ainda era, para muitos, um sujeito de direito — domina o discurso do convencional. Para ele, o mais importante é frisar que um processo implica uma ordem legal, que pudesse regular seus passos e conter as partes como integrantes de um mesmo corpo político. Ocorre que, para Robespierre, Luís XVI não era senão um inimigo do Estado, um estranho, que ameaçava a sobrevivência até mesmo dos deputados que defendiam a pátria.[39] "Os tribunais, os procedimentos judiciais são feitos apenas para os membros da cidade."[40]

Essas considerações levaram Robespierre a opor a justiça popular, que "não condena os reis, mas os devolve ao nada", àquela defendida por convencionais como Condorcet, que se baseavam na necessidade do estabelecimento de regras procedimentais, sustentadas por uma Constituição, para levar a cabo qualquer julgamento. A exceção que aproxima a França do estado de natureza no que diz respeito às suas relações com a monarquia também suspende a Constituição. Para o convencional, aqueles que insistem em fazer do texto constitucional a referência para um julgamento do rei deveriam se "prostrar aos pés de Luís XVI e pedir sua clemência",[41] pois a Constituição garantia sua inviolabilidade e impedia que ele fosse traduzido diante de um tribunal ordinário.

Assim, a república é apenas uma obra interrompida da Revolução enquanto a monarquia não for totalmente destruída. Robespierre intui claramente as consequências de fazer do processo do rei apenas uma etapa da luta política ordinária. Matar o rei deveria significar, para todos, matar a monarquia, e não

39 Idem, ibidem, p. 225.
40 Idem, ibidem, p. 222.
41 Idem, ibidem, p. 226.

apenas trocar sua cabeça ou mesmo reformá-la. A pena de morte, contra a qual ele havia se insurgido, torna-se aqui necessária, pois ela seria aplicada a uma situação que não faz parte do universo do direito. Dentro dessa lógica, ele afirma: "Mas Luís deve morrer, pois é necessário que a pátria viva".[42] A principal consequência da argumentação de Robespierre é que ele admite explicitamente que a Revolução é um processo histórico que não exige o reino do direito, podendo se prolongar no tempo até que as condições para sua consolidação, por meio de novas instituições, venham à luz. No final de 1792, essas condições não estavam reunidas e, por isso, era preciso agir como num momento de exceção, o que implica recorrer a procedimentos que lembram os tempos primitivos e seus fundamentos e não a vida regulada das repúblicas estáveis. Nesse interregno, vale a justiça popular direta, e não os julgamentos tradicionais; vale a pena de morte e não a afirmação de sua inadequação ao direito natural. Para Robespierre, a Revolução deveria ser continuada para que o direito voltasse a imperar nas relações entre os homens.

Como o processo acabou ocorrendo, Robespierre, como já fizera Saint-Just, voltou a se pronunciar em 28 de dezembro de 1792, depois que a defesa do rei foi apresentada.[43] Como sabia ser impossível reverter o andamento dos trabalhos da Convenção, Robespierre serviu-se da ocasião para continuar atacando aqueles que queriam salvar o rei e para apresentar de forma ainda mais aberta sua compreensão do processo que a França estava vivendo. Para ele, não havia razão válida para que os "fundadores da república" hesitassem diante da condenação à morte do "tirano". No lugar de afirmar os valores da república, "para nos perder em um

42 Idem, ibidem, p. 229.
43 "Robespierre. 28 Décembre 1792", em Michael Walzer, op. cit., pp. 291-315.

dédalo de chicanas inúteis e ridículas, nossos oradores dão na tribuna um verdadeiro curso de monarquia para a Nação".[44] A questão principal do processo continuava sendo o fim da monarquia, mas o tom do convencional adquiriu novas colorações no momento em que ele passou a acusar diretamente seus pares de preferirem um regime monárquico a uma república quando se dispunham a seguir as formalidades do processo.

A monarquia devia ser posta abaixo como forma de governo, mas também como regime simbólico. Transparece então na linguagem de Robespierre uma oposição entre ordens que reclamam de um mesmo estatuto ontológico. Assim, a sacralidade do rei deve ser trocada pela sacralidade dos princípios republicanos.[45] Ele não economiza no uso de adjetivos como "santo", "eterno" e "indestrutível" para se referir a princípios como os da igualdade, da justiça e do interesse comum. Fica claro, portanto, que ele não compreende o combate contra o Antigo Regime apenas como o enfrentamento entre duas crenças diferentes quanto à forma de governo. Para Robespierre, o registro imaginário e simbólico é um terreno onde a batalha também se desenrola e no qual os defensores do rei ganhavam ao fazer durar aquilo que, para ele, era um mero simulacro de um processo judicial. Sua posição não mudou em nada no que diz respeito à natureza do processo. Ele apenas radicalizou sua compreensão da importância do combate em curso. Isso o leva a dizer: "Fundadores da república, segundo seus princípios, vós podeis julgar há muito tempo, em vossa alma e consciência, o tirano do povo francês".[46]

44 Idem, ibidem, p. 296.
45 Robespierre demonstra sua preocupação com a importância dessa questão quando afirma: "Louis Seul était sacré; les représentants du peuple qui l'accusaient, n'étaient que des factieux, des désorganisateurs, et, qui pis est, des républicains". Idem, ibidem, p. 295.
46 Idem, ibidem, p. 293.

Em certo sentido, o republicanismo de Robespierre parece, no momento do julgamento do rei, mais moral do que político, pois ele pouco ou nada avança sobre as instituições que deveriam compor o novo regime. Mas ele não vivia mais no contexto dos pensadores iluministas, quando essa faceta do pensamento republicano lhes era inerente, porque simplesmente não havia uma república a ser criada no horizonte. O acento moral do pensamento de Robespierre não lhe retira as consequências políticas. Ao concentrar suas críticas no fato de que os convencionais não eram capazes de abraçar os princípios republicanos, ele expõe as consequências das posições que marcavam sua atuação no campo da política e não apenas no domínio do combate de ideias.

Um exemplo disso aparece em sua oposição à proposição de Salle de que o veredicto da Convenção deveria ser submetido a todas as assembleias primárias.[47] Para o jacobino, enquanto princípio e depositário da vontade geral, o povo é o elemento que garante a legitimidade de todos os processos políticos, inclusive aquele do rei. Mas essa função não implica passar da generalidade do princípio para a particularidade das formas de atuação. Servindo-se de argumentos próximos daqueles usados por Rousseau para explicar a diferença entre a vontade geral e a vontade da maioria, Robespierre recusa a proposta de ouvir o povo por meio de suas representações de base.[48] Ao contrário, ele abre a brecha para uma representação por meio de atores que compreendam profundamente o sentido da virtude e ajam em conformidade com ela, mas que não se deixem levar pelos procedimentos, que pretendam fazer falar o povo consultando-o em sua particularidade. Lá onde em Rousseau havia uma dúvida profunda so-

47 Idem, ibidem, p. 298.
48 Robespierre pergunta: "Mais, Citoyens, sera-ce bien le peuple qui se trouvera à ces assemblées primaires?". Idem, ibidem, p. 299.

bre a possibilidade de uma democracia direta, Robespierre cria a figura extraordinária do representante direto dos princípios da república. Mais uma vez a Revolução aparece como um tempo em que os defensores dos princípios encarnam o povo e a nação sem mediações. Essa figura extraordinária terá um papel central nos acontecimentos que irão marcar para sempre a vida política francesa erigindo o Terror como forma de governo nos anos que se seguirão à morte do monarca. Em breve, julgar os "inimigos" da pátria será uma ação comparável àquela de botar abaixo a monarquia. Morto o rei, a república deveria ser defendida, e, para isso, valiam todos os meios, até mesmo simular a justiça, como veremos.

REPÚBLICA E TERROR: O TRIBUNAL REVOLUCIONÁRIO

O momento de afirmação da república como a forma de governo da Revolução foi também o do aparecimento do Terror e de suas práticas extremas. Para nossos propósitos, o tema se reveste de um caráter especial, pois, quando o jacobinismo se identificou com o republicanismo, ele fez do Terror sua maneira de governar. Há, portanto, desde o início do predomínio dos jacobinos na cena pública, uma confluência paradoxal entre a defesa do regime republicano e a recusa de seus princípios. Como soube ver Desmoulins, a possibilidade de se construir um regime livre veio no momento em que se afirmou um regime contrário à liberdade como meio principal de se exercer o poder.[49] Quando os valores da liberdade e da igualdade se incorporaram à linguagem da política, ganhando o terreno das crenças e da imaginação, sua realização foi adiada em nome de um combate contra uma armada de inimigos

49 Claude Lefort, "O Terror revolucionário", em *Pensando o político*, pp. 96-8.

que parecia ter ocupado todos os poros do corpo político a ponto de impedi-lo de respirar os novos ares que havia descoberto. Dispersos no tecido social, ameaçadores nas fronteiras do país, escondidos na alma dos que pareciam os maiores defensores da liberdade, esses inimigos impediam que o sonho revolucionário se concretizasse.

O processo do rei colocou um fim à monarquia, mas não à ameaça daqueles que continuavam a pensar em seus quadros referenciais e a adotar seus valores. A queda do regime, quando efetuada, fez surgir, aos olhos de seus atores, uma tarefa a ser cumprida muito maior do que parecera em seus primeiros momentos. As advertências de Saint-Just e Robespierre aos que hesitavam em retirar durante o processo todas as consequências dos atos que estavam prestes a praticar soam, *a posteriori*, como um alerta de que o combate estava apenas começando contra as forças contrarrevolucionárias. Morto o rei, ficaram os valores da monarquia, as ameaças do despotismo. Na lógica daqueles, que em breve iriam colocar em marcha um mecanismo perverso de eliminação da diferença, só havia liberdade em seu adiamento, em sua negação temporária.

O estudo do Terror é um capítulo à parte na historiografia da Revolução Francesa. Sobre ele, muito já foi escrito, e, em torno dele, foram construídas muitas das clivagens que dominam a historiografia do período. Como o estudo sistemático da questão escapa aos nossos propósitos, procuraremos nos ater à análise de um de seus instrumentos: o Tribunal Revolucionário. Nosso interesse, nesse caso, está menos em compreender os muitos desdobramentos que a ação do Tribunal Revolucionário teve na vida francesa e mais em acompanhar o embate entre o ideário republicano, que se tornara dominante na linguagem política francesa, e o esforço para enquadrá-lo em práticas que suprimiam um de seus pilares básicos: a liberdade.[50] Dos muitos processos cujos relatos chegaram até nós, dois nos interessam de maneira particular. O primeiro é o processo dos girondinos. Nele, duas concepções de república estavam em jogo, mesmo que as condições para um embate político não existissem mais. O segundo processo é o de Danton. Esse caso é especial porque nos coloca diante de um momento de radicalização nos procedimentos do Terror. Morto um dos heróis da Revolução, e também um dos criadores do Tribunal Revolucionário, nenhum limite parecia mais deter a repressão sobre os supostos inimigos da nação.

Criado por uma lei de 10 de março de 1793, complementada por outra de 7 de maio do mesmo ano, o Tribunal Revolucionário foi proposto num momento em que mais uma vez se julgava que os exércitos franceses corriam perigo e que uma invasão do território francês era inevitável se não fossem tomadas medidas extremas. De 29 de março de 1793 até 27 de julho de 1794, quando cessaram suas atividades, o órgão condenou à morte 2585 pessoas e liberou outras 1306.[51] Esses números não podem nem de longe servir de balanço do Terror na França, mas mostram um pouco da realidade do Tribunal Revolucionário em sua sede parisiense. Já nos primeiros debates aparece um dos motores que irão imprimir sua dinâmica. Bentabole, comentando a resistência que os cidadãos manifestavam de partir para a guerra, disse: "Os cidadãos estão desgostosos de partir porque percebem que não há uma justiça real na república".[52] No terreno do debate entre convencionais, os membros da Montanha, percebendo as objeções que a

50 Para o estudo amplo do fenômeno, ver Patrice Gueniffey, *La Politique de la Terreur*, e também Keith M. Baker (org.), *The French Revolution and the Creation of Modern Political Culture. The Terror*.
51 Gérard Walter (organização e comentários), *Actes du Tribunal révolutionnaire*, p. 33.
52 Idem, ibidem, p. 7.

constituição de um organismo de repressão de caráter excepcional suscitava entre seus adversários, recorreram a uma forma de intimidação que continha sozinha a visão de mundo que os inspirava. Assim, Dartigoette, logo nos primeiros momentos do debate, apontando para o lado direito da sala de reuniões, afirmou: "As boas medidas não convêm a estes senhores. Nós veremos se eles querem a manutenção e o sucesso da Revolução".[53]

Estava lançada a pedra fundamental de um órgão que não apenas faria milhares de vítimas durante os meses em que funcionou, mas faria pesar sobre os destinos do republicanismo na França a suspeita de que a defesa dos valores propagados ao longo do período de formação de seu ideário não era suficiente para deter a marcha de um processo político que pretendia ser algo mais do que aquele de instituição de um novo regime. A Revolução, empurrada pelas circunstâncias, mas também pressionada pela lógica de enfrentamento com o passado, acabou se vendo premida entre uma concepção de ação política como purgação dos erros de seus opositores, verdadeiros ou fictícios, e a defesa de uma nova legalidade. Essas duas lógicas se emaranharam no momento de criação do mecanismo de exceção, que pretendia guardar ares de normalidade ao instituir cargos e procedimentos para regular a exterminação dos inimigos da pátria. Mas não havia como conciliá-las. A urgência da depuração era, aos olhos dos novos senhores, incompatível com a paciência dos procedimentos legais.

Para entender um pouco melhor o que se passou, vale a pena lembrar alguns aspectos do funcionamento do principal órgão do Terror em Paris. O Tribunal Revolucionário contava com um presidente, que foi mudando ao sabor da radicalização política do país. A presidência do tribunal foi ocupada por três homens. Montané, que o presidiu de abril até julho de 1793, parecia ainda

53 Idem, ibidem, p. 9.

acreditar que estava à frente de um verdadeiro tribunal de justiça e concedia tempo para a defesa dos acusados, ou mesmo tentava salvá-los de uma condenação iminente. Destituído Montané, passou a ocupar seu lugar Herman, que conduziu o tribunal até o processo de Danton. A tarefa de julgar e condenar um dos ídolos da Revolução ultrapassou as forças desse advogado de profissão, amigo de Robespierre e que, durante o processo dos girondinos, ainda tentou fazer funcionar o órgão que presidia dentro de um espírito que lembrava o comportamento das cortes de justiça de antes da Revolução. Com ele se encerrou a fase em que havia pelo menos um simulacro de procedimento judicial para se iniciar o que Walter classificou como "a era dos massacres".[54] Para presidi--la, foi escolhido René-François Dumas, mais um próximo de Robespierre, que soube como poucos imprimir um ritmo frenético ao processo de eliminação dos que ele acreditava serem os inimigos da república. Todos esses nomes são, de alguma maneira, circunstanciais. O primeiro presidente acabou sendo feito prisioneiro pelo próprio tribunal, quando pareceu fraquejar na tarefa de eliminar os suspeitos de traição. Dumas mergulhou de cabeça em sua tarefa, a ponto de não compreender que seu reinado chegara ao fim quando Robespierre já estava preso. Herman saiu do tribunal depois do processo de Danton, como se fosse um funcionário exemplar, que cumprira bem seu papel à frente de uma instância da justiça regular de seu país.

Na outra ponta da ficção jurídica que era o Tribunal Revolucionário existia o cargo de acusador público. Fouquier-Tinville ocupou-o durante toda a existência do tribunal e teve seu nome para sempre associado ao Terror. Homem comum e vulgar, pai de uma família pela qual ele trocou longas noites do tribunal, Fouquier-Tinville encarnou como poucos o Terror, fazendo tre-

54 Idem, ibidem, p. 24.

mer suas vítimas com um simples olhar.[55] Eleito com apenas um voto de diferença pela Convenção, quando seu nome foi proposto na reunião do dia 13 de março de 1793, ele não tinha nada de diferente dos muitos fanáticos que aos poucos transformaram o clube da rua Saint-Honoré numa espécie de templo de uma seita destinada a purificar a nação. Por meio de sua ação implacável, ele contribuiu para transformar uma concepção abstrata de liberdade em uma defesa radical de um mundo novo, que parecia estar ameaçado por todos os lados. Aos olhos de personagens como Fouquier-Tinville, as fronteiras da culpa e da redenção eram o terreno de uma luta de vida e morte que não podia deixar de ser travada. Os acusados, contra os quais ele lançava sua ira, eram inimigos que, se deixados livres, exterminariam a obra revolucionária sem hesitar. Couthon soube resumir o espírito dessa concepção de ação do Tribunal Revolucionário como um meio necessário para salvar a liberdade, quando, em um relatório dirigido à Convenção, ele declarou: "Não se trata de fornecer alguns exemplos, mas de exterminar os satélites implacáveis da tirania, ou de morrer com a república. A indulgência em relação e eles é atroz; a clemência, um parricídio".[56]

Entretanto, para compreender a natureza do Terror não adianta se deter sobre o funcionamento interno de seu órgão principal, como fazemos hoje com a análise das instituições que compõem as nações democráticas ocidentais. O aparecimento dos mecanismos extraordinários de intervenção na vida pública corresponde à irrupção de uma nova concepção da própria política. Quinet soube ver, ainda no século XIX, que o Terror se constituiu como um sistema fechado, operando com uma lógica própria, da

---

55 Idem, ibidem, p. 18.

56 Couthon, citado por Gérard Walter (organização e comentários), *Actes du Tribunal révolutionnaire*, p. 27.

qual não se podia sair.[57] Desde então, os historiadores se digladiam para saber se ele já estava contido nos primeiros passos da Revolução ou se é fruto das circunstâncias e não de uma necessidade interna do processo revolucionário. Quinet, assim como Baczko, parece acreditar que a segunda hipótese é mais correta. No polo oposto, Furet inclina-se para a primeira hipótese, encontrando já nas reuniões da Constituinte os traços de uma formação política que jamais poderia se realizar como um conjunto institucional estável.[58]

Fazer o balanço da historiografia sobre o Terror implica realizar o exame das muitas visões da Revolução que, desde Burke, ocuparam a cena intelectual. Nosso problema é mais restrito, mas acompanha o curso tumultuado das interrogações, que parecem oscilar entre a contingência e a necessidade do aparecimento do Terror.[59] Depois de um longo século de maturação das ideias republicanas, quando finalmente a oposição entre república e monarquia tornou-se o centro do debate político na França, a ponto de abrir espaço para a adoção de uma Constituição verdadeiramente republicana, o poder mergulhou na espiral de violência, suspendendo todas as conquistas dos primeiros anos da Revolução para transformar a arena pública num cenário muito mais próximo do estado de natureza hobbesiano do que numa nova ágora ateniense. Desse ponto de vista, a pergunta que fica é se existiu de fato uma concepção jacobina de república ou se, desde o começo, a ideologia que se apossou dos membros do clube, sobretudo em sua última fase, tornava impossível pensar a política como o terre-

---

57 Edgar Quinet, *La Révolution*, p. 506. Sobre isso, ver Claude Lefort e Edgar Quinet: "A Revolução malograda", em *Pensando o político*, pp. 154-9.

58 Gueniffey faz um balanço equilibrado das tendências historiográficas sobre a natureza do Terror em Patrice Gueniffey, *La Politique de la Terreur*, pp. 197-226. Ver também François Furet, *Penser la Révolution française*, pp. 103-4.

60 Idem, ibidem, p. 199.

no das leis, concebidas pela vontade geral e espelhadas na Constituição. Numa outra chave, podemos nos perguntar se Rousseau se reconheceria naqueles que se diziam seus filhos e faziam da recusa da diferença e da perseguição paranoica dos inimigos o seu mote de ação.

Antes de mergulhar no pântano do Tribunal Revolucionário, vale a pena recordar dois esteios de seu funcionamento, e que vinham de fora de seus muros. O primeiro era a recusa dos jacobinos de fazer valer a Constituição que eles mesmos elaboraram. Esse passo foi decisivo para deixar a França à mercê das lutas intestinas que devoravam o corpo político. Sem a referência a uma lei maior, emanação da vontade geral, restava um conjunto abstrato de princípios que não podia ser remetido a nenhuma esfera de regulação que fugisse da particularidade da luta entre os diversos grupos que habitavam a cena política. O curioso nesse processo é que os jacobinos, quando ainda eram minoritários, acusavam os girondinos e seus aliados de serem incapazes de fazer votar uma Constituição viável para a França. Quando eles mesmos encontraram uma fórmula que lhes parecia satisfatória, trataram de evitar sua transformação em leis para todos. Dar esse passo significaria parar a Revolução. Ora, para eles, o processo revolucionário possuía dimensões que escapavam à simples adoção de uma Constituição, por melhor que ela fosse. Por isso, para preservar a herança de 1789, era preciso evitar que ela fosse cristalizada em uma obra que nem de longe podia conter todo o seu significado. Aos olhos de Saint-Just, "o que constitui uma república é a destruição total do que lhe é oposto".[60] Enquanto seus inimigos persistirem, a república não pode se encarnar em leis e regulamentos que evitem os abusos. Conservando a linguagem do republicanismo do século

61 Saint-Just, "Rapport au nom du Comité de salut public et du Comité de sûreté générale (26 février 1794)", em *Oeuvres complètes*, p. 659.

XVIII, Saint-Just declara que faltam à França "instituições republicanas",[61] mas elas só poderão surgir quando todos os inimigos forem destruídos. Ou seja, assim como a república depende da destruição da monarquia para ser implementada, ela também precisa aniquilar todos os seus inimigos para tornar-se realidade.

O segundo esteio das atividades do Tribunal Revolucionário foi a lei de 17 de setembro de 1793, que instituiu a política de tratamento dos suspeitos, e sua radicalização no Decreto de 22 Prairial, que impunha a pena de morte para todos os que eram julgados e condenados pelo Tribunal Revolucionário. Esses dois mecanismos faziam as vezes de lei reguladora do funcionamento do órgão, ao mesmo tempo que expunham seu caráter de exceção. Ao transformar em suspeitos não apenas os que conspiravam contra a liberdade, mas também os que nada faziam para deter seus inimigos, a lei transferia para o plano da imaginação a constatação da culpa dos acusados e fazia da luta entre os defensores da Revolução e seus opositores uma disputa entre forças inconciliáveis. Nessa situação, dizia Saint-Just: "Quando uma república, próxima dos tiranos, está agitada, são-lhe necessárias leis fortes; é necessário não economizar contra os partidários de seus inimigos, contra os próprios indiferentes".[62]

O Terror se justifica, pois, como uma necessidade, como algo que não pode ser evitado. Se de fato queremos a liberdade, devemos querer o Terror. Como mostra Lefort, é possível, partindo da análise desses mecanismos de exceção, compreender os dispositivos da "operação terrorista, operação que converteu os princípios universalistas da liberdade e da igualdade em princípios da morte".[63] Tudo se passa como se se tratasse de transformar uma

62 Idem, ibidem, p. 658.
63 Idem, ibidem, p. 659.
64 Claude Lefort, "O Terror revolucionário", em *Pensando o político*, p. 89.

prática — a eliminação dos adversários — num princípio. Esse movimento visava a esvaziar a violência de seu conteúdo imediato, transformado-a em parte de um processo que só se compreende com o recurso a um conjunto de referências que escapa às determinações do tempo presente. Os valores da república ganham uma transcendência que acaba por negar seu fundamento na vontade de um povo livre e histórico. Antes de construir um regime republicano na história concreta dos homens, é necessário derrotar todos os seus inimigos, em todas as esferas da existência. Nessa lógica, o temor dos inimigos imaginários é muito maior do que o medo das tropas estrangeiras. Estas só são perigosas porque agem em nome de forças que ultrapassam a compreensão de seus componentes reais.

O mundo dos que aderiram ao Terror era constituído pela imagem sacralizada do processo revolucionário e pela ideia do complô que o ameaçava. Como já notou Furet, uma não existia sem a outra. Perdido o caráter político da Revolução, ela passou a ser representada como um ente abstrato, mas que possuía todas as características positivas que supostamente deveriam existir num regime livre.[64] Essas características, no entanto, não correspondiam de imediato a instituições e procedimentos, mas apenas a valores, os quais eram constantemente ameaçados por vícios que se escondiam na mente dos que conspiravam contra o novo regime. O que importava é que, antes da resolução final da luta entre esses inimigos, nada poderia ser resolvido na esfera da vida prática. Tudo se passava como se a luta pelo poder se desenvolvesse em torno de entes universais, encarnando valores universais, visando a fins universais — mas todos eles com sinal invertido.

A representação imaginária da luta entre valores não impediu, porém, o Tribunal Revolucionário de agir em seu nome na

65 François Furet, *Penser la Révolution française*, pp. 91-2.

esfera da prática e em estabelecer uma rotina de punição aos que nele aportavam como suspeitos. Se as categorias que presidiam o imaginário do tribunal — a ideia dos suspeitos e do complô contra a Revolução — eram abstratas, suas ações atingiam a vida cotidiana dos franceses e alteravam os comportamentos dos indivíduos, envolvidos ou não na arena política. O medo se imiscuiu no dia a dia das pessoas de tal maneira que ele se tornou uma das ferramentas essenciais de funcionamento da máquina de aniquilação dos adversários políticos do projeto revolucionário do Terror.[65] Mas, como observou Baczko, no interior das práticas terroristas nasceu também uma linguagem nova, ancorada no discurso republicano forjado ao longo do século XVIII, que pretendia dar conta de um novo momento, de uma realidade que nem mesmo os inspiradores da Revolução haviam previsto. Começou-se então a falar em "uma nova era", em "um novo homem", que mais tarde seria o legado jacobino para a Revolução Russa.[66]

Essas eram as referências dentro das quais se desenrolavam os processos do Tribunal Revolucionário. Quando o processo dos girondinos se iniciou no dia 23 de outubro de 1793, ainda circulava entre os acusados, quase todos próximos de Brissot, a ideia de que seria possível se defender como num tribunal ordinário. Viger chega mesmo a evocar o direito de defesa garantido pela Constituição, como se houvesse um texto legal a presidir os atos de seus acusadores.[67] No curso dos debates, que duraram poucos dias, os temas se sucederam, mas a lógica dos procedimentos não pôde deter uma máquina que reconhecia nos inimigos da República

66 Bronislaw Baczko, "The Terror Before the Terror? Conditions of Possibility, Logic of Realization", em Keith M. Baker (org.), *The French Revolution and the Creation of Modern Political Culture. The Terror*, pp. 26-30.

67 Idem, ibidem, p. 34.

68 Vigier, "Le Procès des girondins", em Gérard Walter (organização e comentários), *Actes du Tribunal révolutionnaire*, p. 243.

seres dotados de capacidades extraordinárias, pois o "atraso" no processo parecia colocar em risco toda a obra revolucionária. (Quando falamos do "atraso" dos trabalhos do Tribunal Revolucionário não estamos nos referindo a nada que se compare aos trâmites atuais de nossas cortes de justiça.) Já no dia 27 de outubro, apenas quatro dias depois do início do processo, Hebert ouviu e reteve a sugestão de membros do clube dos jacobinos de que era necessário acelerar o processo "dos grandes culpados".[68] A ameaça lhes parecia tamanha que cada dia que passava podia ser fatal para a sobrevivência do corpo político. No curso do processo que levou à morte, além de Brissot, líderes conhecidos como Vergniaud, Gensonné e Carra, e também propagadores de ideias como Fauchet, que tanta importância teve na difusão da filosofia política de Rousseau durante a Revolução, foi ceifada uma geração de revolucionários que havia contribuído para estabelecer na linguagem política uma série de ideias que, mais tarde, seria identificada com a Revolução ela mesma. Mas o mais extraordinário é que, durante o processo dos girondinos, surgiu uma oposição em torno da noção de república que estará no centro dos massacres que marcaram o período do Terror.

Cabe lembrar que o Tribunal Revolucionário apelava a todos os meios possíveis para montar suas acusações. Valia recorrer a cartas pessoais, ou a trechos delas, a recortes de jornal e até mesmo a simples boatos, transformando um cidadão em inimigo jurado do regime e do governo do dia para a noite. O tribunal era, na verdade, um teatro político, dominado por uma linguagem maniqueísta que separava o campo do bem — constituído pelos amigos da liberdade, republicanos e patriotas virtuosos — do campo do mal — povoado pelos monarquistas, adeptos da

---

69 Gérard Walter (organização e comentários), *Actes du Tribunal révolutionnaire*, p. 306.

tirania e dos despotismos e inimigos da França. O curioso é que mesmo os acusados reconheciam a pertinência dessa linguagem dominada pela noção do complô contra a nação e pela necessidade de purgar o corpo político de seus males. Ao longo dos meses, o Tribunal Revolucionário devorou os filhos de uma revolução que havia introduzido no léxico político palavras como liberdade, igualdade e virtude cívica, mas que fizera do medo seu motor principal.

No caso do processo dos girondinos, a disputa sobre o sentido da experiência republicana teria um impacto direto na condenação dos acusados. Como era impossível negar a relação entre os girondinos e a construção da linguagem republicana na cena pública francesa, os acusadores buscaram em seus "desvios" o mote para lançar a acusação de que eles haviam se metido em um complô que precisava ser desmascarado. Hebert afirmou que "os mesmos homens que falavam de república quando ainda não era chegado o momento transformaram-se em adeptos do rei quando o povo se declarou favorável à república".[69] Mas era preciso ir mais longe, pois o "monarquismo" dos girondinos não era algo estabelecido em seus escritos e nem mesmo em seus discursos. O passo crucial seria dado por meio da associação entre a suposta ação para salvar o rei durante seu processo — mesmo daqueles que votaram por sua morte, como afirmaram alguns dos acusados — e o "federalismo" dos membros da Gironda. "A facção, não podendo salvar o tirano, quis transformar a república em uma federação", afirmou Hebert.[70] Estava montada a cena do complô. Os republicanos da Gironda, não contentes com sua derrota no pro-

69 Hebert, "Le Procès des girondins", em Gérard Walter (organização e comentários), *Actes du Tribunal révolutionnaire*, p. 263.
70 Idem, ibidem, p. 267.

cesso do rei, haviam tramado criar uma federação que seria o fim do sonho revolucionário.

O alvo dos ataques do Tribunal Revolucionário eram homens e mulheres que haviam sonhado com a república quando ela ainda não era possível, e que passaram a desejar um país dividido entre vários entes quando chegou o momento de constituir sua unidade. Era essa concepção de república, herdada da Antiguidade e da experiência americana e propagada pelos "infames Seiyès e Condorcet",[71] que deveria ser combatida até a morte. Os jacobinos, longe de reconhecer que se tratava de um outro modelo de república, quiseram exterminá-lo, a fim de evitar que a república federativa pudesse se transformar numa alternativa à Revolução. Pouco importa se naquele momento a federação fosse algo distante das possibilidades institucionais francesas. Como resumiu Chabot, "o ato de acusação contra Brissot e seus cúmplices porta sobre o fato de um complô tramado contra a unidade, a indivisibilidade, a segurança interior e exterior da República".[72] Na lógica do Terror, apenas uma concepção de república era válida, e ela devia ser defendida a qualquer preço. No processo dos girondinos, as duas concepções mais elaboradas do republicanismo francês estavam em causa, mas o terreno estava longe de ser o do embate das ideias. Lançados para fora da arena política, os girondinos pouco puderam fazer para defender suas vidas.

A Revolução seguia célere seu processo de radicalização e os membros dos Comitês e do Tribunal Revolucionário faziam do combate de vida e morte contra aqueles que consideravam os traidores da pátria um imperativo acima de qualquer princípio. Agir

71 "Le Procès des girondins", em Gérard Walter (organização e comentários), *Actes du Tribunal révolutionnaire*, p. 282.
72 Chabot, "Le Procès des girondins", em Gérard Walter (organização e comentários), *Actes du Tribunal révolutionnaire*, p. 289.

rápido era, aos olhos dos jacobinos, a única forma de atuar corretamente e, por isso, Audouin leu na Convenção, no dia 29 de outubro de 1793, uma proposição dos jacobinos que visava a livrar o Tribunal Revolucionário das formas que o impediam de agir e faziam os jurados hesitar diante dos culpados. Só assim "os traidores serão contrariados" — afirma ele — "e o terror estará verdadeiramente na ordem do dia".[73] Aos poucos a máquina de extermínio perdeu todo vínculo com o mundo político e transformou o princípio da unidade e da indivisibilidade em uma ideologia dominante, que não admitia ser contrariada nem mesmo pela realidade dos fatos.

Esse movimento de descolamento do terreno da política e da realidade chegou ao paroxismo quando atingiu Danton, um dos criadores do tribunal, condenado junto com outro ídolo da Revolução: Desmoulins. Danton não foi um pensador da república. Seria difícil separar suas ideias das muitas que circulavam nos anos em que lutou para construir a Revolução. Mas ele soube ver que a instituição da forma de governo republicana era o caminho mais direto para estabilizar a obra revolucionária, fazendo-a assim entrar nos costumes políticos de seu povo. Isso o Terror não podia lhe perdoar. Parar o movimento revolucionário era o mesmo que retirar-lhe as ferramentas de ação. Submeter todos a uma regra comum na qual não existiam só traidores e culpados, mas homens e mulheres que disputam seus ideais, podia até ser um sonho para o futuro, mas representava um perigo para a França de 1793.

Danton não parecia acreditar que o Tribunal Revolucionário seria capaz de condená-lo. Quando percebe seu erro, exclama: "Eis a ditadura. O ditador retirou o véu; ele se mostra por inteiro".[74]

---

73 Audouin, "Le Procès des girondins", em Gérard Walter (organização e comentários), *Actes du Tribunal révolutionnaire*, p. 326.
74 Danton, "Le Procès de Danton", em Gérard Walter (organização e comentários), *Actes du Tribunal révolutionnaire*, p. 578.

Para os jacobinos, a república possível nos seus anos de poder era uma ameaça e não um progresso da Revolução. Enquanto a luta entre os homens não se resolvesse, era preciso manter os princípios como uma referência abstrata. Para muitos dos membros do Tribunal Revolucionário, que constantemente acusavam suas vítimas de maquiavelismo, o conflito era a perdição da república, e não o seu esteio, como para o pensador florentino. A unidade e a indivisibilidade perderam a conotação política para se transformar numa metafísica de negação de todo movimento que implique a existência de um mundo plural. Talvez o traço mais marcante dos processos revolucionários seja o fato de que eles fizeram do movimento eterno a condição da política. Qualquer ação que visasse a estabilizar as formas de vida em comum colocava em perigo o mundo abstrato, que estava ameaçado por qualquer forma de duração da experiência humana. Para o Terror, só ele podia ser uma instituição no momento de construção da república, pois só ele conseguiria evitar a possibilidade de sua destruição. Numa espiral sem fim, ele acabou se transformando em seu próprio objeto de investigação. Se Danton desejava a paz interna para conjurar os riscos da política revolucionária, os jacobinos precisavam da guerra interior para fazer valer sua concepção de vida política.

AS UTOPIAS VIRTUOSAS DOS JACOBINOS: SAINT-JUST E BILLAUD-VARENNE

Já tivemos ocasião de analisar a participação de Saint-Just no processo de Luís XVI e a força de suas convicções revolucionárias. Miguel Abensour mostrou, em um estudo dedicado à questão do surgimento de novos atores no curso da Revolução Francesa, como o jovem deputado encarnou de forma exemplar a figura do homem inteiramente devotado a uma causa, o que, segundo o estudioso, transformou a própria concepção de heroísmo na modernidade.[75] Esses traços ajudam a compreender as mudanças operadas na cena política pela irrupção de uma nova forma de agir na arena pública. Se não podemos deixar de atribuir um lugar ao jovem revolucionário nesse processo, aqui ele nos interessa por ter encarnado como poucos a mistura de idealismo e fanatismo que conduziu o jacobinismo ao Terror.

Saint-Just foi um verdadeiro monólito revolucionário. Ele se tornou adulto quando a Revolução já estava em curso e se lançou nos combates políticos com uma determinação feroz que só terminou com sua morte na guilhotina, a qual ele acreditara intensamente ser o único instrumento para a depuração do corpo da república. Nos anos de sua frenética atividade no seio dos comitês, Saint-Just misturou sua participação em várias instâncias da vida política com um desejo quase juvenil de glória literária. Isso o levou a escrever textos com pretensões teóricas, mesmo quando já estava mergulhado no que acreditava ser a defesa da obra revolucionária. Esses escritos nos ajudam a ver como ele justificava os passos que estava dando e a direção que gostaria de lhes imprimir.

O primeiro desses textos, *O espírito da Revolução*, produzido antes de sua entrada na política, testemunha sua ligação com o pensamento de Montesquieu e a vontade de contribuir para um debate sobre o qual pouco conhecia. Ele não passa, nas palavras de Mona Ozouf, "de um exercício de escola [...] mais ligado à reforma francesa do que à revolução".[76] Esse escrito serve, entretanto, para conhecermos os anseios de um jovem mergulhado em seus devaneios, e aponta para algo que será uma constante em sua curta

75 Miguel Abensour, "O heroísmo e o enigma revolucionário", em Adauto Novaes, *Tempo e história*, pp. 205-38.
76 Mona Ozouf, "Saint-Just", em F. Furet e M. Ozouf (orgs.), *Dictionnaire critique de la Révolution Française*. Acteurs, p. 276.

existência: a vontade de participar da vida da nação e, ao mesmo tempo, de compreender suas engrenagens mais profundas. Ele permanece como um documento da fé juvenil de um dos principais atores da cena revolucionária, mas não contém a carga dramática que seus textos posteriores terão, quando sua vida estará totalmente vinculada à tragédia representada pelo Terror.

Com o mergulho nos combates políticos e o contato com uma realidade mais dura, Saint-Just trouxe o foco de suas atenções para a Revolução e seus desdobramentos. Dois manuscritos que chegaram até nós testemunham essa vontade de buscar um assento teórico para uma prática inteiramente voltada ao fortalecimento do que o autor acreditava ser o núcleo da transformação da vida política francesa. O primeiro deles, *Da natureza*, foi escrito entre 1791 e 1792, e o segundo, *Instituições republicanas*, foi redigido entre o outono de 1793 e julho de 1794. Ambos permaneceram inéditos, o que se explica facilmente pelo destino de seu autor.

Em *Da natureza*, Saint-Just procura acertar as contas com certas concepções da vida política que faziam do contrato o ato mais importante da vida em comum dos homens. Para compreender o significado desse escrito, não podemos nos esquecer de que ele é contemporâneo dos esforços contínuos dos homens públicos que, desde 1789, procuravam dotar a França de um novo marco constitucional. Saint-Just não se coloca contra a existência de uma Constituição, mas quer saber quais são suas bases filosóficas e, sobretudo, se de fato sua aceitação representava o ápice da história política de um povo, tal como pensavam muitos teóricos de então. Em termos confusos, o jovem se pergunta pela natureza das concepções filosóficas que ao longo dos últimos séculos haviam feito da questão do contrato social o núcleo de diversas teorias políticas. Enfrentar esse problema teórico era uma maneira de se colocar no centro não apenas da cena política, mas também da filosófica. Afinal, desde o século XVII, as teorias contratualistas haviam contribuído para abalar a crença no direito divino dos reis.

Saint-Just continua a empregar o vocabulário republicano, a tomar emprestada de Rousseau sua terminologia, mas ele sente que a Revolução, a qual ele tanto amava, não era o fruto de um pacto e nem a forma mais elevada de sociabilidade. É verdade que o único regime que lhe parecia capaz de se colocar no lugar da monarquia era a república, mas isso lhe parecia uma verdade banal. Ao insistirem na formação de um novo governo baseado em leis, os homens estavam apenas negando a força e o significado do que a França estava vivendo desde a queda da Bastilha. Em tons surpreendentes, ele realiza um ataque frontal à ideia de que a forma republicana era a melhor de todas — ideia essa que ele e muitos dos membros do clube da rua Saint-Honoré diziam defender. Para ele,

a república, pela natureza de sua convenção, fez um contrato político ou de força entre cada um e todos e esse contrato político forma um pacto social. Mas como ele é fraco e violento, enquanto nós nos esquecemos da natureza e a ultrajamos![77]

Defender a república era um subterfúgio para aqueles que não queriam a transformação radical da sociedade. Recorrer a Rousseau era, nessa lógica, uma estratégia para frear o avanço da humanidade em direção a tempos melhores, que dependiam do esforço dos homens para se concretizarem. O erro dos partidários do pensador genebrino, o qual Saint-Just parecia continuar a venerar, estava justamente em acreditar que ele criara uma filosofia política que dava conta de explicar os passos necessários para criar uma nova era. Para Saint-Just,

---

77 Saint-Just, "De la Nature", em *Oeuvres complètes*, p. 1046.

Rousseau vira os olhos constantemente para a natureza. Ele procura uma sociedade independente, mas isso é inconciliável com o governo vigoroso que ele imagina. Ele asfixia a liberdade com suas próprias mãos, e, quanto mais ele cria os mecanismos contra a escravidão, mais ele forja as armas da tirania.[78]

Para ele, o ponto frágil das concepções do filósofo de Genebra estava em sua insistência de que uma república era um regime de leis e que a única maneira de chegar a ela era estabelecendo um contrato entre os membros do corpo político.

Para chegar a essas conclusões, Saint-Just opera a separação entre o que ele caracteriza como o estado social e o estado político. No primeiro, os homens são livres, pois não dependem de acordos para viver em harmonia. Eles atingem a felicidade ao se agregarem de forma natural e contrária ao que chamamos de política. Em outras palavras, a política é sinal de infelicidade, de abandono do paradigma natural de convívio, que é o único capaz de fazer os homens se respeitarem e amarem sem serem forçados a obedecer a regras com as quais não convivem quando deixados em seu estado natural. Natureza e sociedade coincidem e se opõem ao contrato e à política.[79] De forma resumida, ele diz que "o estado social é a relação entre os homens, e o estado político, a relação entre os povos".[80] No primeiro é possível ser feliz, enquanto, no segundo, a guerra está sempre no horizonte. Ao legislador cabe encontrar uma forma de devolver os homens à natureza, o que acabaria por devolver-lhes sua virtude natural.[81] Isso não tem nada a ver com a tarefa do legislador de Rousseau, que,

78 Idem, ibidem, p. 1052.
79 Idem, ibidem, p. 1043.
80 Idem, ibidem, p. 1044.
81 Idem, ibidem, p. 1068.

330

como vimos, deve ser capaz de encaminhar os povos para uma forma política reconhecida como oriunda de um pacto que todos concordam em estabelecer.

Em *Da natureza*, Saint-Just é a um só tempo antirrousseauniano e antirrepublicano. Filho de seu tempo, acostumado a usar os termos do pensador de Genebra, ele não parece se dar conta do significado de suas afirmações e nem mesmo da implicação de se abandonar a teoria do contrato em favor de uma hipotética vida social natural. Próximo do que mais tarde serão as concepções de alguns pensadores anarquistas, ele não hesita em dizer que "as leis são as relações naturais das coisas e não as relações relativas ou o efeito da vontade geral".[82] Essa posição anticontratualista leva-o até mesmo a dizer que os povos "mais puros" não reconhecem nem mesmo o incesto como um problema, pois não alcançaram o estágio de corrupção que caracteriza a vida daqueles que vivem em sociedades políticas sofisticadas.[83] Os "povos inocentes" respeitam o que aprendem com a natureza, mas não prestam atenção ao que mais tarde as sociedades políticas considerarão como escandaloso.

Saint-Just aprendeu com Rousseau a amar a natureza e a fazer o elogio da simplicidade, mas não soube ver a profunda coerência que unia no pensador genebrino o elogio da natureza e a necessidade do contrato nas sociedades históricas. O jovem revolucionário sonhou com uma terra de harmonia e paz, da qual a política fosse banida para dar lugar a uma vida simples e completa, mas não soube compreender as demonstrações de seu mestre de que esse era apenas um paradigma regulador, o qual não podia mais ser reivindicado pelos homens retirados de sua condição natural. Sobretudo, ele não soube ver que o sonho de uma vida simples em

82 Idem, ibidem, p. 1067.
83 Idem, ibidem, p. 1074.

Rousseau sempre foi acompanhado pela percepção aguda das dificuldades que se interpõem para sua realização quando estamos imersos no universo da história. Na *Nova Heloísa*, Rousseau persegue a utopia de uma comunidade bem regulada, mas não deixa de notar que aqueles que se lançam nessa procura serão o tempo todo ameaçados pelos outros homens. Em contradição com o modelo republicano, os domínios de Julie não são para Saint-Just um ideal, uma vez que não podem pretender existir se em torno deles houver apenas agrupamentos hostis e guiados pelos sentimentos que nascem com a saída dos homens de sua condição natural. Saint-Just inventa uma vida impossível para criar a figura disforme de uma política natural. No fundo, essa foi sua maneira de negar a política, a fim de eleger a busca de uma virtude radical como objetivo último de toda associação humana.

No correr do ano de 1793 até sua morte, Saint-Just não se preocupou em tentar resolver as verdadeiras aporias suscitadas por sua ideia de uma política natural e se entregou à redação de um texto no qual tentava explicar as condições necessárias para que as pessoas vivessem de forma virtuosa. Em seu escrito *Instituições republicanas*, ele abandona o terreno das especulações filosóficas e mergulha na explicitação dos mecanismos institucionais que devem decorrer do que ele acreditava ser uma forma livre de governo. Do sonho de uma vida simples o jovem jacobino passa para a concepção de uma "utopia rígida", na expressão feliz de Mona Ozouf, na qual nada é deixado ao acaso.[84]

Na verdade, a sociedade sonhada por Saint-Just retoma muito da imagem que se tinha de Esparta no século XVIII. Para ele, as instituições são a garantia da liberdade e tornam possível o reino da justiça. Elas garantem a estabilidade das formas polí-

---

84 Mona Ozouf, "Saint-Just", em F. Furet e M. Ozouf (orgs.), *Dictionnaire critique de la Révolution Française*. Acteurs, p. 290.

ticas, as quais não podem sobreviver apenas por meio da ação dos grandes homens, pois "esses não morrem em seus leitos".[85] Mas o que ele chama de instituição é muito mais o fruto dos costumes do que do aparato legal, do qual o revolucionário sempre desconfiou — ainda que ele lhe atribua um papel na luta que se desenvolve entre a virtude e a perversidade no curso de todo processo revolucionário.[86]

Saint-Just continua a falar a língua republicana, mesmo que o sentido de suas proposições seja diferente daquele presente em outros pensadores. Assim, ele fala do direito, da justiça e do interesse comum, mas esses vocábulos só fazem sentido quando associados à utopia espartana que ele pretende criar. Essa cidade ideal está fundada na virtude e deve dirigir todas as suas forças para o combate ao vício. O soberano deixa de ser o conjunto dos cidadãos e passa "a ser composto de todos os corações voltados para a virtude".[87] O que ele deseja, portanto, é um reino de virtuosos que combatam sem trégua o vício e os inimigos da Revolução. Curiosamente, mesmo quando a república ideal já estiver constituída, continuarão a existir os "inimigos", de cujos bens, aliás, sairão os recursos para financiar as escolas infantis.[88] O modelo de Saint-Just prevê uma educação rígida e radical, que condena ao banimento "aquele que não acreditar na amizade". Ele força as crianças a serem educadas "no laconismo da linguagem" e interdita todos os jogos infantis "nos quais eles declamem, para acostumá-los com a verdade simples".[89] Sua cidade é, na realidade, um projeto de sociedade sem política, sem contrato e sem liberdade individual. De forma mais radical, poderíamos dizer que ele sonha com uma

85 Saint-Just, "Institutions républicaines", em *Oeuvres complètes*, p. 1087.
86 Idem, ibidem, p. 1090.
87 Idem, ibidem, p. 1111.
88 Idem, ibidem, p. 1099.
89 Idem, ibidem, p. 1101.

república na qual os homens não sejam obrigados a administrar conflitos ou a respeitar um contrato, mas que possam passar seu tempo combatendo o vício para formar uma sociedade de acordo com a natureza. Nessa lógica, o Terror é a verdadeira ação revolucionária, pois deixa de lado as "hesitações" próprias dos procedimentos jurídicos e dos combates na arena política para fazer da depuração da sociedade seu objetivo principal.

Os textos teóricos do jovem revolucionário são uma amostra de seus sonhos e expectativas, mas não devem criar a ilusão de que apontam para uma mente dividida e atormentada. Saint-Just não foi certamente um grande pensador da política, e não soube evitar as contradições existentes entre suas concepções e sua prática no seio dos órgãos de poder nos quais militou. O essencial de seu pensamento está expresso tanto em suas frágeis formulações sobre o estado social quanto naquelas sobre a natureza do governo revolucionário. As hesitações são partes de uma trajetória trágica, que ainda refletia o apego aos valores iluministas e a vontade de ser reconhecido pelos padrões de glória que fizeram parte da sociedade letrada francesa do século XVIII, num momento em que o processo revolucionário empurrava seus filhos para disputas cada vez mais violentas e perigosas. Nesse sentido, os discursos que analisamos anteriormente e suas falas diante da Convenção apontam para o núcleo do pensamento de Saint-Just. Para além dos devaneios utópicos ou do desejo de rivalizar com Hobbes e Rousseau, o jovem revolucionário desvela o fundo de uma personalidade marcada pelo sonho revolucionário e pelo fanatismo dos que queriam levar suas concepções até o fim, sem se importar com as consequências.

Uma mostra disso aparece no discurso que ele pronunciou na Convenção em 10 de outubro de 1793. Já conhecemos as razões teóricas que levaram o revolucionário a desconfiar do prestígio atribuído por muitos convencionais à ideia de que a França necessitava de uma Constituição. Nesse dia, no entanto, o orador não está preocupado em expor seus argumentos filosóficos, mas sim em afirmar as bases de um governo verdadeiramente revolucionário. Ora, naquele momento, em que via inimigos por toda parte, Saint-Just não hesitou em dizer: "Nas circunstâncias nas quais se encontra a República, a Constituição não pode ser estabelecida".[90] O espírito do texto pode ser resumido na frase na qual ele conclama o corpo político a se defender: "Cidadãos, todos os inimigos da República estão em seu governo".[91] A divergência com Rousseau, portanto, não está ancorada apenas nas distinções propostas entre o estado natural e o estado político; ela se afirma principalmente no tocante à relação entre o regime republicano e a Constituição. Enquanto para o pensador genebrino a república é essencialmente um regime de leis, para o jovem revolucionário ela pode ser alcançada apenas no final de um processo de depuração e de aniquilamento da diferença. Para Saint-Just, a república só será fundada quando todos os inimigos forem destruídos. Referindo-se a seus pares, ele diz: "Vós tereis de punir não somente os traidores, mas também os indiferentes. Vós tereis de punir os que são passivos na República e nada fazem por ela".[92]

A radicalização do Terror foi acompanhada pela radicalização do discurso antipolítico de Saint-Just. Numa fala de 15 de abril de 1794, ele sintetiza o que entende por governo revolucionário, o qual, para ele, "não significa a guerra, nem o estado de conquista, mas a passagem do mal para o bem, da corrupção para a probidade, das máximas ruins para as boas".[93] Esse governo deve pôr fim a toda diferença que ameace a unidade da República, que é seu

90 Idem, "Rapport au nom du Comité de salut public sur le gouvernement. 10 octobre 1793", em *Oeuvres complètes*, p. 637.
91 Idem, ibidem, p. 630.
92 Idem, ibidem, p. 629.
93 Idem, "Rapport au nom du Comité de salut public et du Comité de sûrêt gé-

valor maior. Do ponto de vista prático, cabe eliminar todas as diferenças, em particular aquelas expressas no modelo girondino de república e que considerava o federalismo uma opção a ser discutida para a França. Não se trata, portanto, de enfrentar um modelo concorrente de república, mas de eliminar todos aqueles que se opõem ao reino moral com o qual sonhava o jovem revolucionário. Desse modo, consolida-se com ele a ideia de um republicanismo moral, que não tem mais o sentido crítico daquele do Iluminismo, mas que se quer modelo de uma sociedade futura na qual a história foi banida em nome da natureza e os conflitos extirpados em favor de uma unidade inabalável do corpo político.

O outro personagem importante para nossos propósitos no período de dominação jacobina foi Billaud-Varenne. Advogado de profissão, autor teatral sem talento e professor laico em Juilly, ele era dono de uma retórica áspera e de um temperamento radical que o levou a ser muito escutado pelos jacobinos, mesmo antes de sua entrada na Convenção. Na primeira fase de sua carreira, ele esteve próximo de Robespierre e, assim como o Incorruptível, serviu-se com frequência dos temas clássicos da virtude e da abnegação para lançar ataques terríveis contra seus adversários. Nas reuniões dos jacobinos, ele subia à tribuna para fazer valer a força de suas convicções, que se impunham pelo rigor das exposições e pelo temor que causavam. Sua trajetória política conduziu-o ao Comitê de Salvação Pública e a votar na condenação de vários de seus antigos colegas. Ele acabou se afastando de Robespierre, a quem ele acusou de querer dominar o curso da Revolução com sua ambição desmedida. Seu radicalismo, no entanto, terminou por levá-lo ao exílio, onde morreu, mesmo tendo contribuído para os acontecimentos que puseram um fim na experiência do Terror.

---

nérale sur la police générale, sur la justice, le commerce, la législation et les crimes des factions. 15 avril 1794", em *Oeuvres complètes*, p. 747.

O interessante desse personagem sombrio está no fato de que em 1793 ele publicou um livro, *Elementos do republicanismo,* no qual expõe suas ideias e nos mostra como ocorreu nos meios jacobinos radicais o casamento de temas correntes em seus discursos — como, por exemplo, os da virtude revolucionária — com as questões republicanas. Esse testemunho único não serve para mudar a imagem que o revolucionário deixou entre seus opositores imediatos e entre os historiadores da Revolução — Michelet em primeiro lugar.[94] Como no caso de Saint-Just, é preciso ficar atento para a diferença entre seu comportamento na arena política e as ideias que defende. Nesse sentido, ao analisarmos seu escrito, procuraremos destacar os elementos que atestam a formação de uma linguagem política republicana dominante na França no curso da Revolução, mesmo entre aqueles que seguiam por caminhos radicais no momento de agir na defesa da Revolução.

Billaud-Varenne não tinha a imaginação de Saint-Just nem se deixava levar por arroubos juvenis no momento de agir. No entanto, a mediocridade de sua escrita serve para mostrar o quanto os jacobinos estavam imbuídos da linguagem republicana de seu tempo, mesmo quando agiam segundo princípios que nada tinham a ver com a herança que adotavam. Em seu livro, o jacobino pretende justamente expor os princípios que devem guiar a construção de uma sociedade republicana. Embora tenha ficado inconcluso — e por isso não temos como saber como ele imaginava as instituições republicanas —, o escrito segue fielmente os passos daqueles que durante a Revolução adotaram a linguagem de Rousseau, muitas vezes sem compreender suas articulações con-

94 Ao longo de sua obra, Michelet testemunhou uma repugnância sem limites por esse personagem. Para ele, Billaud-Varenne era "a figura imutável do Terror além de todos os interesses de partido". Jules Michelet, *Histoire de la Révolution française,* II, p. 675.

ceituais. Como Sain-Just, Billaud-Varenne procura se destacar do mestre afirmando que ele se enganara quando havia suposto que os homens não são naturalmente sociáveis.[95] Mas essa crítica não o leva a se distanciar das ideias mais conhecidas do pensador de Genebra, ou pelo menos da maneira como elas eram apreendidas pelos meios políticos radicais. Em particular, Billaud-Varenne continua a associar política e virtude e a fazer de sua busca uma forma de tentar recuperar o equilíbrio rompido em todas as sociedades políticas.[96]

O texto é pouco rigoroso em suas articulações conceituais, mas tem um interesse especial quando toca em dois pontos precisos: a definição de cidadania e as consequências da pobreza e da riqueza das nações. No tocante ao primeiro ponto, o jacobino parte de uma distinção interessante entre os cidadãos — "aqueles que estão penetrados pelos deveres sociais e se referem sempre ao interesse público" — e os indivíduos — "que sabem muito mais calcular seus benefícios privados do que trabalhar pelo bem público".[97] Ao adotar essa diferenciação entre os membros do corpo político, Billaud-Varenne reafirma o lugar que a ideia de bem comum tem no discurso republicano e a associa de imediato à questão da virtude. Mas esse é apenas um lugar-comum do republicanismo de inspiração rousseauniana.

O livro teria pouco a acrescentar se, no curso da defesa da virtude e da bondade do povo, ele não introduzisse, com relação ao segundo ponto e como um elemento central de sua argumentação, aquilo que hoje chamaríamos de questão social. O jacobino deixa de lado o aspecto político da noção de interesse comum para

95 N. Billaud-Varenne, *Les Éléments du républicanisme*, p. 7.
96 Idem, ibidem, p. 15.
97 Idem, ibidem, pp. 20-1.

mostrar que a igualdade material é essencial para a virtude.[98] O povo nem sempre age em conformidade com os valores que o representam porque ele é prisioneiro de sua condição miserável. Por isso, a revolução é mais difícil de se realizar quando a morte do tirano não implica uma mudança imediata na condição dos homens simples do povo. Mudar é algo que excita os homens, mas a miséria impede-os de acreditar que as transformações lhes serão benéficas.

A partir desse ponto, Billaud-Varenne retira da crítica rousseauniana do luxo uma crítica mais geral da sociedade de seu tempo, mostrando que quando os homens se entregam à busca de valores materiais, "a virtude simples e modesta deixa de ser procurada".[99] O homem opulento é para ele um epicurista, que sempre se comportará em sociedade como um indivíduo e nunca como um cidadão. Ora, esse ser incapaz de visar ao bem comum é um fator de desequilíbrio que, ao propagar seus valores, impede o desenvolvimento da "pureza republicana".[100] Estamos mais uma vez diante da figura do inimigo da Revolução. Mas agora ele não possui apenas a face do vicioso; ele é também aquele que destrói a economia e leva o povo à miséria. "No centro do império — diz o jacobino —, o capitalista provocará as desordens da administração para delas se aproveitar; ele alimentará o fisco com uma mão para, com a outra, retirar aquilo com que contribuiu."[101]

Como mostrou Hannah Arendt, a Revolução Francesa teve um caráter muito mais social do que político e isso explica alguns de seus desdobramentos e sua dificuldade em se consolidar como

98 "Car en rendant l'aisance au peuple, on ne lui restitue pas uniquement le bonheur, mais on le soustrait à tous les vices, à tous les désordres inseparables de la mendicité." Idem, ibidem, p. 32.

99 Idem, ibidem, p. 60.

100 Idem, ibidem, p. 78.

101 Idem, ibidem, p. 64.

uma obra institucional. Billaud-Varenne nos ajuda a ver que, mesmo no coração do "partido dos virtuosos", a crítica social passou a ocupar um lugar cujo acento moderno não pode deixar de ser notado. Ao contrário de Saint-Just, ele não se entregou a um exercício puramente especulativo para a construção de uma utopia. É verdade que o que ele quer é descobrir os princípios — ou tomá-los emprestados de outros pensadores — que permitam chegar a uma sociedade justa. Mas, a partir desse exercício teórico, ele chega a uma concepção de república e de suas leis que vai além da simples nomeação dos inimigos da Revolução para encontrá-los entre os que possuem vastas extensões de terra, ou que detêm os meios de produção. Se a Revolução Francesa se ocupou desde o início com a questão da terra, com o jacobino ela encontrou nos "capitalistas" os entraves à sua realização. Com esse tema, Billaud-Varenne mantém os pés no interior da concepção radical do destino da Revolução, ao mesmo tempo que lança uma ponte para todas as lutas sociais que, no século seguinte, dominarão a cena europeia. Para ele, a lei continua a ter como referência o bem público e a virtude, mas seus inimigos vão ganhando contornos cada vez mais precisos num momento em que o Terror ameaça colocar um fim ao sonho da república como uma construção humana da liberdade.

Ao fazer do "capitalista" um dos inimigos da república, ele aponta para uma nova classe de homens a ser abatida. Seria um exagero pretender que o revolucionário tivesse antecipado as questões que estarão no centro do pensamento de esquerda até a Revolução Russa. A crítica ao luxo e a defesa da virtude dos pobres eram temas de Rousseau que podia ser perfeitamente compreendidos no cenário intelectual do século das Luzes. O importante é entendermos a atração que o jacobinismo exerceu, por exemplo, sobre o bolchevismo e sua fúria de destruição da burguesia e de seus supostos aliados de classe — e nisso a troca da questão política pela questão social teve um papel fundamental.[102] Billaud-Varenne não inova conceitualmente. Seu escrito é uma mera repetição de temas aprendidos ao longo de sua vida militante. No entanto, ao apontar para a questão econômica de maneira tão direta e ao fazer dos "capitalistas" os responsáveis pela impossibilidade de o povo aceder à virtude, ele sinaliza o caminho para todos os revolucionários que, depois dele, deixarão de lado a política e seus imperativos para mergulhar num universo povoado por problemas morais e determinações históricas, contribuindo para fazer da liberdade encarnada em instituições uma questão menor para algumas correntes do pensamento político moderno.

ROBESPIERRE E A REPÚBLICA DOS VIRTUOSOS

A relação de Robespierre com a questão republicana pode ser definida como um fruto das circunstâncias. Assim como, nas palavras de Walter, a revolução fez de Robespierre um revolucionário,[103] a fuga do rei fez dele um republicano. Antes desse evento e da implantação da república, ele se referia a ela de forma negativa, ou mesmo pejorativa. Em suas memórias, Madame Roland relata que esteve com ele no momento em que a fuga foi conhecida, e que ele temia sinceramente pela vida dos "patriotas" e pela repetição de algo semelhante à noite de São Bartolomeu. Enquanto Brissot e Pétion discutiam a oportunidade de preparar o povo para a implantação de um regime republicano, Robespierre, "rindo sarcasticamente e roendo as unhas como de hábito, perguntava

102 Orlando Figes, *La Révolution russe. 1891-1924: la tragédie d'un peuple*, pp. 645-64.
103 Gérard Walter, *Maximilien de Robespierre*, p. 508.

o que era uma república".[104] Na ocasião, foi discutida a criação de um jornal, *Le Républicain*, que acabou tendo apenas dois números, mas o Incorruptível não deu mostras de querer participar. É possível que a ironia de Robespierre estivesse ligada ao antagonismo com o grupo de Brissot e de Roland, mas ela não contrariava sua reação à acusação que lhe foi feita, após o massacre do Champ de Mars, de que ele estaria à frente da manifestação republicana. Ligado a um suposto "partido republicano", que seria o responsável pelos acontecimentos lamentáveis de julho de 1791, ele reagiu de forma enérgica, negando ser republicano e afirmando: "A nação pode ser livre com um monarca [...] as palavras república e monarquia são termos vagos e insignificantes que não caracterizam um governo particular [...] todo Estado livre no qual a nação é importante é uma república [...] república e monarquia não são coisas incompatíveis".[105]

O encontro do Incorruptível com o republicanismo nasceu da junção entre a Revolução e a República. Para ele não havia nada de inexorável nessa convergência, mas à medida que a Revolução se radicalizou pela força dos acontecimentos que se seguiram à tentativa de fuga do rei, não havia como evitar a queda da monarquia, e a única solução que parecia conservar a herança revolucionária era a república. Do início ao fim de sua carreira política, a ideia de revolução como movimento em direção à liberdade, tal como concebida por ele, foi o guia de seu pensamento e de suas ações. No momento em que o regime republicano se impôs, Robespierre voltou seu olhar para seus problemas e para a busca das vias necessárias para sua implementação. Retrospectivamente, podemos reconhecer em vários tópicos de seus discursos anteriores à fuga do rei os traços de uma linguagem repu-

---

104 Marie-Jeanne Roland, *Mémoires de Madame Roland*, p. 243.
105 Robespierre, citado por Gérard Walter, op. cit., p. 186.

blicana, sobretudo em sua forma rousseauniana. Abundam, por exemplo, as referências à virtude e à probidade. O bem comum é ressaltado como o maior valor, em contradição com a voracidade com a qual alguns persistem em defender seus interesses pessoais. No entanto, é necessário notar que, se para muitos a república podia se associar a temas como o da virtude política, para ele essa referência remetia à Revolução. Associar república e Revolução foi um imperativo da história que empurrou a França para fora de sua longa tradição monárquica, quando suas instituições se mostraram incapazes de acolher, aos olhos do líder dos jacobinos, a herança de 1789.

Já vimos de que maneira essa percepção da história francesa guiou Robespierre no curso dos debates sobre o processo do rei. Vamos agora nos concentrar prioritariamente em suas intervenções no seio da Convenção. Ao escolher privilegiar o período que vai de agosto de 1792 até julho de 1794, não estamos propondo um corte na formação das ideias do Incorruptível, que seguiria de perto os acontecimentos revolucionários. Nossa escolha procura apenas ressaltar um momento no qual a linguagem do republicanismo passou a fazer parte de seus discursos e manifestações de forma evidente. A pergunta que fizemos anteriormente com relação a Saint-Just e Billaud-Varenne torna-se, com Robespierre, ainda mais dramática: é possível falar de republicanismo em seu pensamento? Mais uma vez a pergunta engaja a interrogação do sentido da Revolução. O nascimento do sonho de ver a França se transformar em um regime constitucional não foi, entretanto, suficiente para deter a marcha de forças que viam o caminho da liberdade ameaçado por todos os lados, e que acabaram levando os jacobinos a renunciar à busca de uma nova ordenação institucional para se lançarem na tentativa desesperada de erradicar da cena política todos os que, a seus olhos, ameaçavam a sobrevivência do processo revolucionário.

Se o destino de Robespierre será selado pelo fim do Terror, é preciso se guardar de uma lógica que explicaria seu percurso como algo inexorável. Como lembrou Gueniffey, o Terror não é contraditório com o trajeto do líder jacobino, mas não se impôs a ele desde o início como um destino do qual não poderia escapar.[106] Republicanismo e Terror não guardam nenhum parentesco direto no curso da vida do jacobino. Não foi o fato de ter descoberto a república que o fez acreditar que o Terror seria a solução natural para os problemas vividos pela França no momento de consolidação de um novo regime. Robespierre foi sempre fiel aos princípios de 1789 e, nesse sentido, foi apenas mais um revolucionário. Mas suas convicções — como, por exemplo, a crença na necessidade da manutenção da unidade do corpo político a qualquer preço — não foram uma marca distintiva de seu pensamento e nem mesmo uma exclusividade dos jacobinos. O que é uma constante de sua vida é o acento moral que determina na maior parte das vezes sua interpretação dos acontecimentos políticos. Por isso, seu pensamento vai aos poucos abandonando o terreno puramente político para se referir cada vez mais a questões ligadas à conservação da virtude dos homens e das instituições como o objetivo maior de toda ação na cidade. Isso levou Gueniffey a concluir que "o discurso robespierrista sobre a Revolução marca a evasão da política na esfera da moral".[107] Não se está dizendo com isso que nunca houve um pensamento político em Robespierre, embora seja duvidoso falar em filosofia política robespierrista. O que chama a atenção é a insistência com a qual ele retoma o tema rousseauniano da virtude e o transforma no núcleo de sua visão da ação política. A política é, para ele, o terreno para o exercício das virtudes morais e o solo de construção de uma cidade que possa encarnar os prin-

106 Patrice Gueniffey, *La Politique de la Terreur*, p. 326.
107 Idem, ibidem, p. 311.

cípios que vieram à tona em 1789. Em consequência disso, todo ato que visasse a "estabilizar" a Revolução parecia a seus olhos uma traição.

Na relação de Robespierre com o republicanismo, podemos distinguir duas fases que, embora não oferecendo uma verdadeira mudança em suas concepções, coloca a questão da construção da república em posição diferente no campo de suas prioridades. A primeira fase vai da fuga do rei até a entrada do jacobino no Comitê de Salvação Pública, em 27 de julho de 1793. Nesse período, ele procura encontrar uma definição precisa do regime republicano e explicitar a maneira de fazê-lo coincidir com suas crenças anteriores. O terreno de combate escolhido por ele foi o debate em torno da nova Constituição. E, como veremos, isso lhe assegurou uma forma de luta que o levou inclusive a buscar uma nova formulação para a questão dos direitos do homem. A partir dessa data o acento muda inteiramente, e Robespierre passa a privilegiar a defesa da Revolução diante das ameaças que, a seu ver, rondam a França. Nesse período, a república cede seu lugar para o Terror, que, mesmo não sendo, para o jacobino, contraditório com a busca de um novo regime, impõe outras prioridades e uma nova interpretação da política, diferente daquela que o guiara durante a luta para aprovar uma nova Constituição.

O republicanismo de Robespierre não se constituiu como uma doutrina acabada e coerente, mas isso não quer dizer que suas concepções sobre a natureza do regime não estivessem firmemente ancoradas em suas crenças mais gerais sobre a política e a Revolução. Em outubro de 1792, ele se dirigiu ao público de seu jornal e expôs, em termos que pouco variarão até o fim de sua vida, o que era para ele a república. Nessa ocasião, afirmou:

> Não é suficiente ter derrubado o trono; o que importa é construir sobre seus escombros a santa igualdade e os direitos imprescritíveis

do homem. A república não é uma palavra vã; ela é o caráter dos cidadãos. A alma da república é a virtude, quer dizer, o amor à pátria, o devotamento magnânimo que confunde os interesses privados com o interesse geral. Os inimigos da república são os covardes egoístas; são os homens ambiciosos e corrompidos. Vós haveis expulsado os reis, mas não haveis expulsado os vícios que sua funesta dominação fez nascer entre vós?[108]

Nesse texto simples e direto estão condensados o longo percurso das ideias republicanas no século XVIII francês e seu encontro com a face radical da Revolução no pensamento do jacobino. Identificar a república com a virtude e o amor à pátria e pregar a submissão dos interesses particulares ao interesse geral fizeram parte do discurso republicano desde Montesquieu. Assim como em Saint-Just, o iluminista parece estar mais presente do que se costuma admitir nas formulações em torno do republicanismo nascente dos jacobinos. Mas, ao apresentar esses traços gerais, que explicitam e retomam a herança iluminista, Robespierre se vê diante da tarefa de colocar essa definição de república em contato com a realidade da Revolução. Assim, logo no início do parágrafo, surge a recordação de que a derrubada da monarquia, que não fazia parte da argumentação de autores como Montesquieu e Voltaire, abriu a possibilidade e a necessidade de se implantar os direitos humanos sobre a base igualitária de cidadãos que carregarão as marcas da virtude republicana.

Na ótica do Incorruptível, no entanto, o momento de criação da obra sonhada por seus predecessores é também o momento de todos os perigos. Se a república deve falar a linguagem dos direitos, ela deve se precaver contra seus inimigos, que estão à espreita na

108 Robespierre, "Lettres de Maximilien Robespierre à ses commettants, nº 1, 19 octobre 1792", citado por Patrice Gueniffey, op. cit., p. 311.

346

forma dos "covardes" e "egoístas". As duas fases do republicanismo de Robespierre estão subentendidas em sua apresentação lapidar. O combate em torno dos direitos da primeira fase e a luta contra os inimigos da Revolução já estão presentes em seu texto inaugural. Cabe lembrar, entretanto, que os passos seguidos pelo jacobino mudarão ao sabor dos acontecimentos, mas não implicarão uma alteração de princípios. As heranças iluminista e rousseauniana permanecerão como o horizonte de valores em direção ao quais os verdadeiros republicanos devem marchar. Só mudarão os métodos da batalha na qual o jacobino se vê engajado no primeiro tempo de sua adoção da linguagem do republicanismo.

Como mostrou Walter, nos primeiros meses de 1793, Robespierre se lançou num combate contínuo e persistente para convencer seus colegas da correção de sua visão do que deveria ser uma república.[109] Esse primeiro tempo será o dos direitos. O jacobino discursa várias vezes na Convenção procurando mudar o curso dos acontecimentos, sobretudo depois da apresentação malograda do projeto girondino de Constituição. Para ele, a república nascente deve se assentar sobre princípios sólidos antes de se perder nos meandros de sua construção institucional. Repete-se assim a mesma determinação de outros atores jacobinos, que colocavam a busca por princípios na frente de qualquer outro movimento dos atores políticos. Para isso, Robespierre achava que era preciso rever as formulações dos direitos fundamentais apresentadas durante os debates travados no primeiro semestre do ano. Em 24 de abril de 1793, ele pronuncia um discurso que, segundo Gueniffey, contém os principais elementos de seu republicanismo.[110]

Nesse momento, os debates sobre as questões constitucionais já estavam avançados e nada indicava que fosse preciso voltar a

110 Gérard Walter, op. cit., pp. 509-26.
111 Patrice Gueniffey, op. cit., p. 320.

conversar sobre o lugar dos direitos do homem na fundamentação da nova Constituição. Mas Robespierre soube usar do elemento surpresa para abrir uma brecha pela qual quis passar suas concepções e marcar suas diferenças com relação ao trabalho que até então havia sido desenvolvido. O impacto de sua fala foi menor do que em outras ocasiões.[111] O rigor de suas formulações não passou despercebido, mas suas propostas foram recebidas apenas com respeito, sem alterar o rumo dos acontecimentos que iriam conduzir à adoção de uma nova Constituição, a primeira republicana, em 24 de junho de 1793.

O texto do discurso de 24 de abril merece, contudo, uma atenção especial, independentemente do fato de não ter influenciado de forma decisiva a redação da Constituição do ano I. O ponto nevrálgico da démarche argumentativa de Robespierre é o acento que ele coloca na questão da propriedade.[112] Não havia a menor dúvida de que esse era um tema essencial em torno do qual se desenvolveram muitas das lutas revolucionárias. O que o jacobino não compreendia é por que ele não figurava de maneira clara na Declaração dos Direitos do Homem e do Cidadão, a qual devia presidir a fundação do novo corpo político.

Essa maneira de abordar o problema nos ajuda a compreender um ponto essencial da concepção que Robespierre tinha de república. Para o revolucionário, ela devia ser fundada na liberdade, com o que concordavam todas as correntes de pensamento da época, mas precisava estender seus princípios também à igualdade e à fraternidade e retirar disso todas as consequências. A principal delas era que devia ser aplicado à propriedade o mesmo tipo de limitação deduzido da concepção de liberdade, que figurava no

112 Gérard Walter, op. cit., p. 527.
113 Robespierre, "Sur la Nouvelle Déclaration des droits. 24 avril 1793", em *Discours et rapports à la Convention*, p. 117.

348

começo da Declaração dos Direitos do Homem e do Cidadão. Isso queria dizer que a igualdade, a qual Robespierre não imaginava como algo absoluto — "nós estamos convencidos de que a igualdade dos bens é uma quimera"[113] —, adotada como princípio, devia incidir sobre a propriedade. Não se tratava de proibir a posse de bens, mas de submetê-la a critérios que não fossem apenas o reflexo do desejo dos proprietários que, por natureza, tendiam a não querer limite algum a seus domínios, cada um imaginando seus direitos como infinitos. Ora, para Robespierre, era necessário admitir que "o direito de propriedade é limitado, como todos os outros, pela obrigação de respeitar o direito dos outros".[114] Disso decorriam consequências que alteravam a própria relação dos proprietários com o Estado.

O que comanda a visão social da república defendida pelo jacobino é, em primeiro lugar, sua convicção de que deveria haver uma analogia entre a liberdade e a igualdade. Se a primeira implicava limites, a segunda também o fazia, e esses limites deveriam ter repercussão na relação real dos homens, o que queria dizer que a enunciação de princípios devia ser seguida pela exploração de seus efeitos. A limitação do direito de propriedade não podia significar apenas a interdição do roubo, assim como colocar a liberdade no centro da vida republicana implicava algo mais do que afirmar o direito natural de lutar pela sobrevivência. A liberdade trazia consigo o direito de se reunir, de manifestar suas opiniões e de ser julgado apenas em conformidade com a lei.[115] A afirmação do princípio da igualdade significava que os homens não podiam mais viver juntos da mesma forma como haviam feito nos últimos séculos.

No momento de apresentar sua versão da Declaração dos

114 Idem, ibidem, p. 117.
115 Idem, ibidem, p. 119.
116 Idem, ibidem, p. 123.

Direitos do Homem e do Cidadão, Robespierre procurou enfrentar o problema posto por suas escolhas. Uma vez avançado o ponto de partida da liberdade, cabia então explorar o tema da propriedade. Tendo em vista que o direito de propriedade, assim como todos os outros direitos, deve ser limitado — e nisso insistia Robespierre —, significava que "ele não pode prejudicar nem a segurança, nem a liberdade, nem a existência, nem a propriedade de nossos semelhantes".[116] Disso decorre que ele não pode colocar obstáculos à ação do Estado, seja em relação à defesa do território, seja no que se refere ao cumprimento de suas obrigações com seus cidadãos. Dentre essas obrigações, Robespierre nomeia explicitamente o direito à sobrevivência, o que significa que "o socorro indispensável àqueles a quem falta o necessário é uma dívida daqueles que possuem o supérfluo".[117] Portanto, nada de garantir a propriedade como um direito natural — como foi, aliás, tantas vezes avançado no curso do século XVIII por pensadores como Locke — sem fazer intervir as necessidades da comunidade política. Para Robespierre, o direito à propriedade não é um direito neutro, tampouco um pilar da sociedade republicana, que não depende de nenhum princípio que lhe seja anterior. Ao contrário, ele existe em ligação direta com a obrigação do Estado de promover a igualdade e a fraternidade entre os cidadãos.

O caráter diferenciador da proposta do jacobino não estava no fato de colocar a igualdade como princípio da vida republicana, nem em garantir a defesa da liberdade na Constituição, mas em combinar esses dois princípios com a ideia de que o Estado deve prover a subsistência dos cidadãos, o que coloca o princípio da fraternidade em pé de igualdade com os outros dois. Com isso, a defesa da Revolução ganha um outro tom na medida em que

117 Idem, ibidem, p. 124.
118 Idem, ibidem, p. 124.

350

expõe as contradições inerentes a uma sociedade na qual a propriedade deve ser limitada para que seus princípios constitucionais sejam efetivados. Robespierre consegue dar consistência às ideias que afloravam em Billaud-Varenne e que colocavam a nu a responsabilidade social dos mais ricos. No Incorruptível, não se trata apenas de um combate contra um dos grupos que facilmente criavam obstáculos à Revolução, mas da afirmação de um dos pilares de uma verdadeira república. Nesse sentido, suas considerações sobre a propriedade não tinham nada de conjuntural; elas estavam no núcleo de seu republicanismo.

A Constituição que será aprovada sob a forte inspiração jacobina não reterá os pontos fortes do discurso de seu principal tenor. Sobretudo, ela não consagrará os limites sugeridos por ele ao direito de propriedade, preferindo enunciados mais gerais e que não concedessem tanto à dimensão social da Revolução. Esse não foi, porém, o único *front* dos combates do Incorruptível. Num discurso no dia 10 de maio de 1793, ele abordou diretamente a questão da natureza da nova Constituição e mais uma vez apresentou algumas propostas ao final de sua fala. Diferentemente de seu discurso de abril, ele retomou a retórica que marcava sua comunicação quando se dirigia ao auditório do clube dos jacobinos e deu a seu discurso uma amplitude linguística que não estava presente em sua intervenção recente. Robespierre começou falando a linguagem de Rousseau a ponto de parodiar sua famosa frase sobre a escravidão dos homens: "O homem nasceu para a felicidade e para a liberdade, e em todos os lugares ele é escravo e infeliz".[118] Essa introdução visava certamente a ganhar a atenção e a benevolência de uma assembleia acostumada com esse vocabulário e que, em grande medida, aceitava seus parâmetros gerais. Isso não deve

119 Idem, "Sur la Constitution. 10 mai 1793", em *Discours et rapports à la Convention*, p. 131.

mascarar o fato de que o Incorruptível buscava cada vez mais se distanciar dos grupos políticos que àquela altura ainda eram majoritários no seio da Assembleia.

O que estava em causa naquele ano de 1793 não era a oportunidade de recordar os princípios da filosofia do pensador de Genebra, mas a urgência de se encontrar uma expressão constitucional para a situação criada com o fim da monarquia. A atualidade da linguagem republicana não implicava que houvesse consenso quanto aos resultados que decorreriam da aplicação de seus princípios. Robespierre se serviu de seus termos quando afirmou, por exemplo, que "a Constituição francesa só reconhece como governo legítimo o republicano",[119] mas nada indica que aceitasse as posições mais moderadas que iam se delineando entre os que desejavam aproveitar o momento para parar a Revolução. Por trás do uso da terminologia rosseauniana já começava a se desenhar uma visão extrema do processo político. Se as palavras e os conceitos são os mesmos, é necessário prestar atenção na maneira como o jacobino os ordenava e nas consequências que isso traria. Assim, devemos deixar de lado a constatação de que a linguagem republicana havia se tornado dominante entre os homens públicos para entender que naquele momento as nuanças é que importavam, pois indicavam os contornos reais dos diversos projetos constitucionais que se delineavam como solução para a situação à qual os atores foram confrontados depois de 1792.

No caso de Robespierre, o importante na sua fala sobre a Constituição encontra-se na oposição que ele enuncia entre a liberdade dos indivíduos e o governo: "Concluam, pois, que o primeiro objeto de toda Constituição deve ser defender a liberdade pública e individual contra o governo".[120] Os termos podem sur-

120 Idem, ibidem, p. 154.
121 Idem, ibidem, p. 134.

preender, pois lembram a importância que o pensamento liberal coloca na questão das liberdades do indivíduo, mas eles devem ser compreendidos em conexão com o que virá depois. Da oposição entre liberdade pública e governo, Robespierre passará à oposição entre povo e Constituição. Nesse movimento em direção aos princípios, ele expõe o núcleo de seu pensamento e mostra as razões que o levarão alguns meses depois a aceitar a nova Carta constitucional e, ao mesmo tempo, apoiar sua suspensão. Para ele, os que pensavam a obra constitucional estavam preocupados com o estabelecimento do governo, mas se esqueciam de que o que devia ser conservado vivo era o soberano. Para demonstrar a pertinência de sua abordagem, ele desvela sua crença na força do elemento popular quando afirma que é uma verdade eterna "que o povo é bom, e que seus delegados são corruptíveis; que é na virtude e na soberania do povo que é preciso buscar uma defesa contra os vícios e o despotismo do governo".[121]

O povo, o soberano, a liberdade pública, o interesse comum são termos do léxico republicano que vinha sendo construído ao longo do século. O problema residia na adequação de seu sentido ao que se estava vivendo. No momento de dar à Revolução um rosto legal e institucional, Robespierre se recusa a aceitar que o povo em sua generalidade, enquanto soberano e de cuja vontade deveria emanar a Constituição, precisava ser trocado pelo povo francês, pelo povo em sua especificidade histórica, para que o momento de fundação do novo corpo político pudesse ser superado para dar nascimento a um país em compasso com sua história. Ao se apegar à oposição entre o povo e a Constituição, o que o jacobino pretendia era continuar a Revolução indefinidamente. Essa maneira de ver a política irá conduzi-lo à catástrofe dos anos seguintes, pois nenhuma figuração histórica poderia corresponder

122 Idem, ibidem, p. 138.

plenamente à imagem de um povo depositário da virtude e guardião fiel da liberdade. Ao confundir o alcance dos conceitos, ele prepara o terreno dos excessos que serão cometidos em nome do povo em sua generalidade.

O republicanismo de Robespierre, tal como enunciado em 1793, tinha uma clara pretensão constitucional, assim como um acento social diferente da proposta apresentada por Condorcet no mesmo ano, mas não se contentava com os limites que adviriam da aceitação do texto da Constituição. Para o Incorruptível, era essencial conferir o mesmo peso aos princípios da liberdade, da igualdade e da fraternidade, o que alterava a percepção das tarefas às quais os convencionais deveriam se dedicar. Não bastava, nessa ótica, construir um novo edifício institucional que levasse em conta a ausência do rei sem modificar profundamente a vida dos cidadãos. A criação de uma república era a construção de uma nova forma de vida, baseada em princípios que até então nunca haviam sido postos no centro da vida da nação francesa e em nenhuma outra nação de seu tempo. Lutar pela efetivação desses princípios parecia ser a tarefa à qual todos os revolucionários deveriam se dedicar, o que implicaria uma grande disposição ao sacrifício. Por isso, no momento mesmo em que ele luta para influenciar os termos da lei fundamental do país, ele aponta para suas limitações e para o fato de que a soberania do povo ainda devia ser a baliza principal da vida política enquanto perdurasse o perigo interno e externo. Era preciso continuar a defender a ação popular fundadora como marco essencial da política para não ser tragado pela corrupção, a qual sempre ocorre uma vez instituído um governo. Para evitá-la, era necessário ficar suspenso entre o tempo da fundação e o tempo da conservação do corpo político. Em outras palavras, era fundamental continuar o processo revolucionário.

Terminada a fase do combate pelas armas do direito, a repúblicaca será eclipsada pela Revolução. Preservar a França de seus inimigos internos e externos passa a ser a prioridade que do discurso conduzirá aos excessos dos anos 1793-4. Nesse período, entretanto, não desaparecem da fala do Incorruptível as referências aos conceitos fundamentais de seu republicanismo. No entanto, eles ganham uma outra coloração e um tom sombrio que não será desmentido pelas ações do mestre dos jacobinos nos meses em que ele ocupou um lugar de primeiro plano na cena política francesa.[122]

Esse será o período em que a virtude dos cidadãos fará seu encontro com o Terror. No final de 1793, Robespierre fez a defesa do que chamou de governo revolucionário. Nesse discurso, ele assume claramente que existe uma diferença profunda entre um "governo constitucional" e um "governo revolucionário".[123] Enquanto o primeiro serve para garantir a liberdade civil dos indivíduos, cabe ao segundo fundar a república. Toda a questão estava no fato de que ele não acreditava que o momento da criação do corpo político havia sido superado e que, portanto, não havia como abandonar a luta revolucionária. Revolução e república convergem, mas, enquanto realidade histórica, é a primeira que prevalece. Ao governo revolucionário cabe lutar contra "os inimigos do povo", que querem matar a república ainda no berço, "garroteando-a com máximas sem sentido".[124] Na lógica do discurso, os que se colocavam no ponto de vista da defesa da Constituição querem impedir o nascimento da república, que ainda não podia ser "defendida" pelo simples fato de que ainda não existia.

O governo revolucionário tem como tarefa a fundação da república. Para isso, deve combater com todas as forças os que

123 Sobre esse período, ver Roger Dupy, *La République jacobine*, pp. 238-56.
124 Robespierre, "Sur les Principes du gouvernement révolutionnaire", em *Discours et rapports à la Convention*, p. 190.
125 Idem, ibidem, p. 191.

colocam obstáculos à vontade do povo. Ele é um governo em guerra, e, por isso, "quanto mais ele é terrível com os maus, mais ele deve ser favorável aos bons".[125] Rapidamente a linguagem assume um tom moral e a distinção principal passa a ser aquela entre os "bons" e os "maus", os amigos e os inimigos da república. Nesse processo de escolha dos polos em luta, só o Comitê de Salvação Pública podia designar a posição de cada um no interior de um processo sem volta.

A tragédia do Terror tem suas raízes nessa passagem de um universo abstrato e confuso de conceitos para o plano da ação. De um lado ficam categorias vagas; de outro, restam homens e mulheres que serão classificados em cada uma delas e disso dependerá seu destino. Os defensores da Revolução, que possuem como tarefa "perseguir os inventores culpados de sistemas pérfidos, proteger o patriotismo, mesmo em seus erros, esclarecer os patriotas e elevar o povo à altura de seus direitos e de seus deveres",[126] devem se orientar por algo tão vago quanto a "boa-fé" para operar a distinção fundamental entre os patriotas e os traidores. Robespierre preconiza, assim, o mesmo tipo de operação política que mais tarde levará os bolcheviques a separar os verdadeiros revolucionários de seus opostos contrarrevolucionários. O horizonte da Revolução devora inteiramente o universo da república como um regime de leis, o qual presidia a concepção de Rousseau. Nessa espiral sem fim, o próximo passo conduz o Incorruptível ao coração de sua concepção do desiderato do processo revolucionário: a criação de um novo corpo político, uno e indivisível, e a eliminação de todos os que disso discordavam.

Se o discurso sobre os direitos do homem expõe de forma condensada o pensamento de Robespierre sobre o republicanis-

126 Idem, ibidem, p. 193.
127 Idem, ibidem, p. 194.

mo, sua fala do dia 5 de fevereiro de 1794 desvela sua concepção do papel do Terror na vida política. Naquele dia de inverno, quando Robespierre se dirigiu à Convenção em nome dos comitês extraordinários, os atos de repressão atingiam toda a França, mas não podemos dizer que o governo de dominação jacobina se encontrasse especialmente ameaçado. Talvez por isso o Incorruptível tenha escolhido esse momento, para tentar mostrar como de uma empresa de morte e perseguição se poderia chegar ao que naquele momento ele acreditava ser uma república.[127] Deixemos de lado as repetições eloquentes dos lugares-comuns do discurso republicano para tentar desvendar o núcleo do pensamento político do jacobino, quando ele parece seguro de que sua visão da política encontrava total respaldo na realidade criada pelas ações dos comitês revolucionários.

Dois termos dominam a apresentação de Robespierre e sintetizam sua visão da política republicana naquele instante: virtude e Terror. Em torno do primeiro se organiza a exposição das ideias políticas mais gerais do jacobino. Em alguma medida, ele nada mais faz do que repetir sua fala de 1792, definindo a república — a qual ele não diferencia da democracia, à moda de Montesquieu — como sendo um regime cujo princípio é a virtude, que deve ser compreendida como amor à pátria e às leis.[128] Sob a capa da herança do pensamento republicano e do Iluminismo se esconde, entretanto, uma verdadeira transformação dos ideais que se consolidaram ao longo do século.

Em primeiro lugar, Robespierre deixa de lado os problemas

127 Para uma abordagem de conjunto de uma das muitas repercussões do Terror na vida da França, ver Keith M. Baker (org.), *The French Revolution and the Creation of Modern Political Culture. The Terror.*
129 Robespierre, "Sur les principes de morale politique ui doivent guider la Convention nationale dans l'administration intérieure de la république", em *Discours et rapports à la Convention*, p. 214.

mais prementes de organização de um governo republicano para nomear as tarefas às quais todos deveriam se consagrar: "Nós queremos, em uma palavra, responder aos votos da natureza, cumprir os destinos da humanidade, manter as promessas da filosofia, absolver a providência do longo reino do crime e da tirania".[129] Nem mesmo uma palavra para a necessidade de se implementar uma nova Constituição. As tarefas agora têm por referência um horizonte de realizações fora do tempo normal dos homens — um tempo balizado pela natureza e pela humanidade tomada em sua generalidade. Em torno dessas referências abstratas é que os homens devem agir se quiserem cumprir os destinos da Revolução. É verdade que Robespierre continua a falar na criação de uma república cujo centro é a virtude, característica quase exclusiva do povo.[130] Mas no projeto de uma cidade virtuosa que ele esboça não há mais lugar para ações que não estejam conectadas diretamente com a afirmação da virtude em todas as suas formas. Assim, conclui ele: "Pois que a alma da República é a virtude, a igualdade, e que vosso objetivo é fundar e consolidar uma república, segue-se que a primeira regra de vossa conduta política deve ser a de remeter todas as vossas ações à manutenção da igualdade e ao desenvolvimento da virtude".[131]

Como os homens não agem necessariamente nessa direção, mesmo o povo sendo bom em sua condição natural, é preciso vigiar os traidores, os inimigos da pátria disfarçados no interior de organizações políticas espalhadas na sociedade. A bondade do povo precisa de um intérprete que fale por ela no tempo presente.

130 Idem, ibidem, p. 213.
131 "Heureusement la vertu est naturelle au peuple." Idem, ibidem, p. 218.
132 Idem, ibidem, p. 216.

O reino futuro dos virtuosos necessita de atores que compreendam os fins verdadeiros para implementá-los pelos meios adequados. Nessa passagem do terreno abstrato das verdades universais, de uma república fundada na virtude do povo, para um governo efetivo dos homens, encontra-se a brecha para que os guias do povo possam agir em seu nome, usando dos mecanismos que só eles sabem conduzir. A porta para o Terror estava aberta. Robespierre, aliás, não se privou de tentar justificar o emprego de meios extremos, remetendo-os aos princípios que ele havia estabelecido anteriormente como sendo os esteios fundamentais do regime ideal. Vale a pena citar longamente suas palavras, que consagram a ideia de que o Terror é uma forma válida de se lutar pelo ideal republicano.

> Se a mola do governo popular na paz é a virtude, a mola do governo popular revolucionário é ao mesmo tempo a virtude e o terror: virtude sem a qual o terror é funesto; terror sem o qual a virtude é impotente. O terror não é outra coisa senão a justiça rápida, severa, inflexível; ele é, pois, uma emanação da virtude; ele é menos um princípio particular do que uma consequência do princípio geral da democracia aplicado às necessidade urgentes da pátria.[132]

Nesse trecho está condensada toda a concepção política do jacobino, seus limites e seus perigos. Robespierre insistiu ao longo de sua fala na aproximação entre a virtude e a igualdade, deixando de lado a liberdade, que em sua exposição de 1792 havia estado no centro de suas observações. Essa nuança é fundamental para compreender o giro que lhe permitiu introduzir a mútua dependência entre a virtude e o terror. Até o fim, o Incorruptível foi fiel à estratégia de muitos jacobinos de sempre falar do mundo público a

133 Idem, ibidem, p. 221.

partir de seus princípios. Essa maneira não teria nada de mais se sua fala se restringisse a um exercício teórico. O problema aparece quando ele vincula um ente voluntariamente tratado de forma vaga e abstrata, a virtude, com algo que depende de sua implementação prática para existir, o terror. De um lado, ele pode manter a associação entre o povo e a virtude, pois em ambos os casos estamos lidando com conceitos universais; de outro, ele precisa nomear os atores e definir suas tarefas para que eles possam surgir como a verdadeira encarnação dos ideais revolucionários. Quando se trata de dar forma à virtude do povo, são necessários intérpretes — os verdadeiros revolucionários — e formas concretas de ação — o terror. Nessa operação de passagem da abstração para a ação encontra refúgio a ideia de que todas as formas de atuação na cena pública são válidas quando se trata de cumprir os ideais da Revolução.

Tem razão Gueniffey em dizer que no pensamento do jacobino a política é deixada de lado em favor da moral. Mas esse movimento não é acompanhado da desistência de agir na cena pública em favor de uma forma de vida mais elevada, que marcou tantas vezes o confronto de certas filosofias com os modelos de vida ativa. Robespierre não renuncia à política e ao poder. Ao contrário, para fazer valer suas ideias, ele está disposto a tudo. No centro de sua interpretação do que deveria ser o melhor regime esconde-se um desejo irrefreável pelo poder. Até o último dia de sua vida, ele não deixou de lutar pela posse dos meios de ação sobre os homens, de lutar pela posse de um poder absoluto. O Terror fez desaparecer a política como espaço de disputas reguladas pela lei. Porém, não fez sumir a luta pelo poder nem a vontade de dominar o corpo político e dobrá-lo sob o peso de uma concepção de ação que não reconhecia mais as mediações normais das disputas entre membros de um corpo político. Nesse sentido, o reino do Terror destruiu não só a política, mas também a moral. Tendo permanecido no ar os termos de virtude e república, eles não têm mais o significado que os iluministas lhe atribuíam nem o que estava no centro da filosofia de Rousseau. Tratava-se de um reino de ideias abstratas e sem conexão com a realidade, mas que autorizavam no tempo presente todas as práticas em nome do que não podia ser compreendido senão por aqueles que se nomeavam intérpretes de um povo sem realidade histórica. Nesse território de fins inalcançáveis, talvez seja verdade que "a cidade virtuosa não tenha nem rosto nem conteúdo; [ela] é um artifício retórico e não uma política".[133] Isso não impediu, no entanto, a transformação do Terror em uma prática que fundou um dos paradigmas modernos e contemporâneos da revolução como modelo de construção de um novo mundo.

Com Robespierre o republicanismo francês termina seu período de formação e encontra seus limites. Se o Terror não foi o produto das ideias republicanas e estava em flagrante oposição aos seus grandes princípios, ele marcou para sempre a cena política moderna, apontando para os riscos inerentes a todo processo de criação de um novo corpo político e da adesão sem restrições a ideais de uma virtude imaculada como referência essencial para a prática política. Nessa primeira fase de consolidação de um novo paradigma republicano, uma última cartada ainda será tentada, logo depois do desaparecimento do governo dominado pelos jacobinos e pelos comitês revolucionários. O sonho de encontrar uma Constituição republicana para a França continuou a guiar a ação dos poucos atores que ainda podiam fazer alguma coisa numa paisagem devastada pela violência e pelo radicalismo. Os trágicos anos de 1793 e 1794 acabaram deixando como herança um grande ceticismo quanto à possibilidade de se construir verdadeiras repúblicas na Europa. No entanto, estava criada uma

1 Patrice Gueniffey, op. cit., p. 317.

linguagem que será um marco definitivo do pensamento político moderno e um referencial importante do processo de formação de regimes livres e autônomos. Particularmente na França, o republicanismo continuou a galvanizar a cena política até finalmente encontrar um assento institucional na Terceira República. Mas essa é uma outra história!

Conclusão

Thermidor ou a República impossível

Paris amanheceu no dia 28 de julho de 1794 sob o impacto da notícia de que, na véspera, aquele que até então fora seu mestre absoluto estava ferido e preso. Levado numa maca para ser executado, Robespierre não despertou piedade nenhuma no povo, nem movimentos de revolta ou de recusa de sua condenação. Num silêncio ameaçador, terminou a vida do homem que havia feito da virtude o núcleo de sua concepção republicana e transformado sua defesa num banho de sangue. Nos dias que se seguiram aos acontecimentos do 9 Thermidor, um sentimento de alívio foi aos poucos ganhando as ruas. Paris recuperou seus ares de festa e seus costumes mundanos. A França parecia se reencontrar depois de um período de medo e frustração. Os teatros reabriram, a imprensa recuperou sua liberdade e até mesmo os salões, nos quais política, literatura e fofocas se misturavam, voltaram a ter importância na cidade, mesmo sem o brilho do período anterior à Revolução. Mas a sensação de alívio não resolvia os problemas que continuavam a atormentar o país. Dentre eles, estava o fato de que, embora a França ainda fosse uma república, isso não tinha nenhuma realidade institucional. Se a morte do Incorruptível liberou as energias dos que queriam vingança contra os assassinos do Terror, também ficou pendente o que fazer com a herança revolucionária.

Mais do que nunca, o desejo de continuar a obra da Revolução encontrou obstáculos extraordinários. Eliminados os terroristas, a república continuava instável e ameaçada pela própria incapacidade dos franceses de consolidar suas instituições. Depois de tantos massacres, sobravam problemas e faltavam homens. A ala girondina da Convenção havia praticamente desaparecido. Mesmo as facções radicais ligadas a Danton e a outros líderes não existiam mais e, pela primeira vez, pareceu que a Revolução deixaria de cumprir seus ideais pela falta de homens que haviam lutado para incorporá-los no universo da política. No cenário político, monarquistas favoráveis à restauração, jacobinos renitentes, girondinos e moderados lutavam para impor seus projetos, que estavam muito mais ligados aos acontecimentos recentes e suas funestas consequências do que aos ideais que haviam constituído a longa aventura da virtude no curso das décadas anteriores.

Nesse período difícil, Madame de Staël, que foi uma das mulheres mais interessantes da Revolução, acabou se transformando em referência para os que ainda sonhavam com a criação de uma república constitucional. Filha de Necker, um dos ministros mais influentes do período inicial da Revolução, ela soube como poucos compreender as dificuldades do momento e o risco representado tanto pelos defensores do retorno da monarquia quanto pelos jacobinos remanescentes. Ela foi, nas palavras de Baczko, "uma thermidoriana generosa", que recusou a ideia da vingança e se lançou desesperadamente à procura de um caminho capaz de consolidar a obra constitucional republicana.[1] Ao contrário de muitos de seus contemporâneos, ela não queria destruir aqueles

---

2 Bronislaw Baczko, *Politiques de la Révolution française*, p. 379.

que a haviam conduzido ao exílio e ao sofrimento, mas desejava ardentemente salvar o que lhe parecia uma herança preciosa e que estava ameaçada pela sede incontrolável de vingança que dominava as facções políticas. Monarquista de coração, ela aderiu, depois do Thermidor, ao republicanismo, o que surpreendeu até mesmo seu pai, que continuava cético quanto à possibilidade de se instaurar um verdadeiro regime republicano na França.

Não nos equivoquemos, no entanto, quanto ao caráter supostamente ingênuo das convicções de Madame de Staël. Seu republicanismo era, na verdade, um republicanismo da razão. Uma vez que a França havia feito o percurso que fizera, não lhe parecia possível, ou mesmo razoável, apagar a obra da Revolução e simplesmente andar para trás.[2] A república era uma realidade que devia ser preservada para evitar um novo banho de sangue. Essa adesão realista ao republicanismo não a impedia de perceber as fraquezas e os riscos da Constituição de 1795 e a fragilidade dos acordos que a sustentavam. Mas naquele contexto, pensava ela, não havia outra coisa a fazer a não ser batalhar pela manutenção da nova estrutura constitucional e por seu aperfeiçoamento.

Junto com Benjamin Constant, Madame de Staël soube reconhecer o fracasso do projeto jacobino de república. Para ela, era preciso deixar de lado o sonho de um regime próximo daquele dos antigos para aceitar o fato de que, na modernidade, um regime republicano deveria ser um regime representativo, baseado na defesa da Constituição e atento à demanda por igualdade que havia surgido no curso da Revolução.[3] Ao fazer a crítica do modelo jacobino e ao compreender a falência do sonho de uma república romana em pleno século XVIII, ela soube perceber no embate entre

---

3 Biancamaria Fontana, "The Thermidorian Republic and Its Principles", em Biancamaria Fontana (ed.), *The Invention of Modern Republic*, p. 121.
4 Idem, ibidem, p. 128.

a herança da Antiguidade e a Revolução o elemento que estava no centro do processo de formação de uma nova matriz do pensamento político. Thermidor foi, como lembra Fontana, "um período de transição, sem identidade própria, além de seu oportunismo prático e ideológico".[4] Nele floresceu um pragmatismo vazio, mas também a consciência da transformação pela qual a Europa passara. Sem ter as ferramentas das quais necessitava para fazer avançar suas ideias, Madame de Staël foi capaz de analisar corretamente o sentido dos acontecimentos e os novos riscos trazidos à baila pelo surgimento de um poder militar muito diferente do que existira até então na França. Com isso, ela se afastava da concepção maquiaveliana de república, na qual a força das armas era parte da força dos regimes, para retornar ao desejo de uma república voltada para o comércio e a paz, que alimentara os sonhos modestos de Montesquieu. Sua lucidez foi a marca de seu divórcio da realidade que se forjava naqueles anos e que estava destinada a mudar o curso da história europeia e mundial.

No entanto, a república nascida da derrota dos jacobinos era, do ponto de vista político, um regime anêmico e dividido. Na ausência dos grandes homens que haviam criado o extraordinário movimento de ideias do século XVIII e que tinham contribuído para a convergência dos ideais iluministas da filosofia de Rousseau, das lições da Revolução Americana e das energias liberadas pela Revolução na França, sobrou um país dividido, com um Exército poderoso e uma classe política incapaz. A república do ano III já nasceu condenada ao fracasso. Em que pesem a generosidade e a lucidez de Madame de Staël, e até mesmo de Benjamin Constant, faltavam ao regime republicano a força dos ideais e a determinação das instituições. A forma sonhada por muitos estava lá, mas vazia dos conteúdos que haviam sido atribuídos a ela nos sonhos e

5 Idem, ibidem, p. 118.

projeto de tantos homens e mulheres ao longo das décadas anteriores. Naquelas circunstâncias, era uma república impossível, fadada a perecer sob o peso da história que havia presidido seu nascimento. Mas o fracasso republicano, o fechamento do longo e frutuoso período de constituição do republicanismo francês, foi também o momento inaugural de uma herança que até hoje é um dos pilares da cultura democrática e republicana da modernidade. Pouco importa se o século XIX será uma longa luta pela consolidação de muitos dos ideais formulados ao longo do século XVIII. O nascimento de uma matriz republicana francesa foi a criação de uma nova forma de ver e fazer política, a qual será decisiva para os caminhos e aventuras que marcaram as nações que, a partir de então, se confrontaram com o sonho e as dificuldades de se construir um regime baseado na liberdade, na igualdade e na fraternidade.

Cronologia

1689	Nascimento de Montesquieu.
1694	Nascimento de Voltaire.
1712	Nascimento de Rousseau.
1721	Montesquieu escreve as *Cartas persas*.
1726	Voltaire fica preso por quinze dias na Bastilha.
1734	Voltaire publica suas *Cartas filosóficas*.
1743	Nascimento de Marat.
1748	Montesquieu publica *O espírito das leis*. Diderot é preso em Vincennes por três meses.
1751	Início da redação da *Enciclopédia* de Diderot e D'Alembert. Rousseau publica seu *Discurso sobre as ciências e as artes*. Publicação do livro de Duclos *Considérations sur les moeurs de ce siècle*.
1754	Nascimento de Brissot.
1755	Morte de Montesquieu. Rousseau publica o *Discurso sobre a origem e os fundamentos da desigualdade entre os homens*.
1759	Voltaire publica *Cândido, ou Sobre o otimismo*.
1761	Publicação da *Nova Heloísa*, de Rousseau.

1762	Publicação do *Contrato social* e do *Emílio*, de Rousseau.
1763	Publicação do *Tratado sobre a tolerância*, de Voltaire.
1764	Publicação por Voltaire do *Dicionário filosófico*.
1774	Luís XVI torna-se rei da França. Marat publica *Les Chaînes de l'esclavage*. Thomas Paine publica *Commom Sense*.
1776	(4 de julho) Declaração da Independência dos Estados Unidos da América. La Chalotais escreve *Essai d'éducation nationale ou Plan d'études pour la jeunesse*.
1778	Morte de Rousseau e de Voltaire.
1780	Condorcet critica Montesquieu em *Observations sur le XXIXe Livre de l'Esprit des Lois*.
1782	Crèvecoeur escreve as *Letters from an American Farmer*.
1783	Morre D'Alembert.
1784	Morre Diderot.
1786	Brissot cria em Paris a Sociedade dos Amigos dos Negros, dedicada a combater a escravidão.
1787	Adotada a primeira Constituição dos Estados Unidos da América.
1788	(8 de agosto) Os Estados-Gerais são convocados pelo rei. (26 de agosto) Necker é chamado pelo rei para integrar o Ministério. (27 de dezembro) Decidida a participação do Terceiro Estado com tantos representantes quanto as duas outras ordens nos Estados- Gerais.
1789	Em janeiro, Sieyès publica *Qu'Est-ce que le Tiers État?*. (5 de maio) Abertura dos Estados-Gerais. (6 de maio) Brissot inicia a publicação de seu jornal *Le Patriote Français*. (17 de junho) A Assembleia Nacional é constituída pelos representantes do Terceiro Estado. (20 de junho) Juramento do *Jeu de Paume*. (14 de julho) Queda da Bastilha. (4 de agosto) Abolição dos privilégios. (26 de agosto) Declaração dos Direitos do Homem e do Cidadão. (16 de setembro) Circula a primeira edição do *Ami du Peuple*, o jornal de Marat. (5 de outubro) O povo marcha até Versalhes e obriga o rei e a família real a se transferirem para Paris. (2 de novembro) Os bens do clero são transferidos para a nação.

1790	(14 de julho) Festa da Federação.

1790 (14 de julho) Festa da Federação.
Abolidos todos os títulos de nobreza.
(27 de novembro) Imposto o "sermão cívico" ao clero.
Início da publicação do jornal *Bouche de Fer*, do Círculo Social.
François Robert escreve *Le Républicanisme adapté à la France*.

1791 (10 de março) Constituição civil do clero.
(2 de abril) Morre Mirabeau.
(20-21 junho) Fuga de Luís XVI e sua prisão em Varennes.
(17 de julho) Massacre no Campo de Marte.
(3 de setembro) Voto da primeira Constituição francesa.
(13 de setembro) O rei Luís XVI sanciona a Constituição.
(1º de outubro) Primeira reunião da Assembleia Legislativa, que sucedeu à Constituinte.
Saint-Just inicia a redação de seu escrito *Da natureza*.
Início da publicação do jornal *Le Républicain*, que terá apenas dois números.
Thomas Paine publica *Les Droits de l'homme*.
Louis Lavicomterie escreve *Les Droits du peuple sur l'Assemblée nationale*.
Brissot publica *Ma Profession de foi sur la monarchie et sur le républicanisme*.
Condorcet inicia a redação dos que serão os *Cinq mémoires sur l'instruction publique*.

1792 (20 de abril) A França declara guerra ao rei da Hungria.
(12 de junho) Demissão dos ministros girondinos.
(20 de junho) Invasão do Palácio das Tulherias.
(10 de agosto) Constituição da Comuna Insurrecional de Paris.
(18 de agosto) Abolição das últimas ordens religiosas.
(2-5 de setembro) Massacre nas prisões de Paris.
(20 de setembro) Fim da Legislativa.
(21 de setembro) Primeira reunião da Convenção. Abolição da Monarquia.
(22 de setembro) Ano I da República Francesa.
(10 de dezembro) Início do processo de Luís XVI.

1793 (21 de janeiro) Execução de Luís XVI.
(15-16 de fevereiro) Condorcet apresenta o plano constitucional que será conhecido como a "Constituição girondina".
(11 de março) Início da guerra da Vendeia.
(24 de abril) Robespierre faz seu discurso sobre os direitos humanos na Convenção.

(10 de maio) Discurso de Robespierre sobre a natureza da Constituição.

(31 de maio) Insurreição contra os membros da Gironda.

(24 de junho) Adoção da primeira Constituição Republicana da França.

(10 de julho) Danton é deixado de fora do Comitê de Salvação Pública.

(13 de julho) Marat é assassinado por Charlotte Corday.

(27 de julho) Entrada de Robespierre no Comitê de Salvação Pública.

(6 de setembro) Entrada de Billaud-Varenne no Comitê de Salvação Pública.

(17 de setembro) Promulgada a Lei dos Suspeitos.

(16 de outubro) Execução de Maria Antonieta.

(4 de dezembro) Decreto sobre o governo revolucionário.

(5 de dezembro) Primeiro número do jornal *Vieux Cordelier*.

Billaud-Varenne escreve a primeira parte de seu livro *Elementos do republicanismo*.

Saint-Just inicia a redação de seu livro *Instituições republicanas*, que ficará inacabado.

Condorcet inicia a redação do *Tableau historique des progrès de l'esprit humain*.

1794 (5 de fevereiro) Discurso de Robespierre sobre o Terror e a virtude.

(21 de março) Processo dos partidários de Hebert.

(2 de abril) Início do processo de Danton e seus partidários.

(5 de abril) Execução de Danton.

(7 de maio) Decreto reconhecendo a existência do ser supremo.

(8 de junho) Festa do ser supremo.

(10 de junho) Nova lei que radicaliza a perseguição aos suspeitos.

(27 de junho) Prisão de Robespierre e seus partidários.

(28 de junho) Morte de Robespierre, Saint-Just e Couthon. Fim do Terror.

(24 de agosto) Reorganização do governo em dezesseis comitês.

(12 de novembro) Fechado o clube dos jacobinos.

1795 (21 de fevereiro) Decreto reconhecendo a separação do Estado da Igreja. Liberdade de culto.

(2 de março) Prisão de Billaud-Varenne e Collot d'Herbois.

(31 de maio) Supressão do Tribunal Revolucionário.

(4 de julho) Apresentação do projeto de uma nova Constituição.

(23 de setembro) Promulgada a Constituição do ano III.

Bibliografia

ACKERMAN, Bruce. *Au Nom du peuple. Les fondements de la démocratie américaine.* Paris: Calmann-Levy, 1998.

ALBERTONE, Manuela. *Una scuola per la Rivoluzione. Condorcet e il dibattito sull'istruzione. 1792-1794.* Nápoles: Guida, 1979.

ALENGRY, Franck. *Condorcet. Guide de la Révolution française.* Genebra: Slatkine reprints, 1971 (1904).

APPLEBY, Joyce. *Liberalism and Republicanism in the Historical Imagination.* Cambridge: Harvard University Press, 1996.

————. *Capitalism and a New Social Order: the Republican Vision of the 1790's.* Nova York: New York University Press, 1984.

ARCHAMBAULT DE MONFORT, H. *Les Idées de Condorcet sur le suffrage.* Genebra: Slatkine reprints, 1970 (1915).

ARENDT, Hannah. *Essai sur la révolution.* Paris: Gallimard, 1967.

————. *A condição humana.* Rio de Janeiro: Forense-Universitária, Editora da Universidade de São Paulo, 1981.

ARON, Raymond. *Les Étapes de la pensée sociologique.* Paris: Gallimard, 1967.

AUDI, Paul. *Rousseau. Éthique et Passion.* Paris: PUF, 1997.

BACZKO, Bronislaw. *Lumières de l'utopie.* Paris: Payot, 1978.

————. *Rousseau. Solitude et communauté.* Mouton; Paris; La Haye: École Pratique des Hautes Études et Mouton & Co., 1974.

BADINTER, Elisabeth, & BADINTER, Robert. *Condorcet. Un intellectuel en politique.* Paris: Fayard, 1988.

BAKER, K. M. (ed.). *The French Revolution and the Creation of Modern Political Culture. The Terror*. Oxford: Elsevier, 1994. 4 vols.

_____. *Condorcet. Raison et politique*. Paris: Hermann, 1988.

_____. "Sieyès". In FURET, F., & OZOUF, M. (orgs.). *Dictionnaire critique de la Révolution Française*. Acteurs. Paris: Flammarion, 1992.

_____. "L'Unité de la pensée de Condorcet". In CRÉPEL, Pierre, & GILAIN, Christian (orgs.). *Condorcet. Mathématicien, économiste, philosophe, homme politique*. Paris: Minerve, 1989.

BARON, Hans. *The Crisis of the Early Italian Renaissance*. Princeton: Princeton University Press, 1966.

_____. *In Search of Florentine Civic Humanism*. Princeton: Princeton University Press, 1988, 2 vols.

BIGNOTTO, Newton. *As origens do republicanismo moderno*. Belo Horizonte: Editora da UFMG, 2001.

_____. *O tirano e a cidade*. São Paulo: Discurso Editorial, 1998.

BILLAUD-VARENNE, Jacques Nicolas. *Les Éléments du républicanisme*. Paris: Patris, 1793 (Paris: Hachette, 1976).

BINOCHE, Bertrand. *Introduction à De l'Esprit des lois de Montesquieu*. Paris: PUF, 1998.

BLUM, Carol. *Rousseau and the Republic of Virtue. The Language of Politics in the French Revolution*. Ithaca; Londres: Cornell University Press, 1986.

BOBBIO, N., & VIROLI, M. *Diálogo em torno da república*. Rio de Janeiro: Ed. Campus, 2002.

BOUCHARDY, F. Introduction au "Discours sur les sciences et les arts". In ROUSSEAU. *Oeuvres complètes*. Paris: Gallimard, 1964. Vol. III.

BRISSOT, Jacques-Pierre. "Ma Profession de foi sur la monarchie et sur le républicanisme". In *Recueil de quelques écrits principalement extraits du Patriote Français*. Paris: Au Bureau du Patriote Français, juillet 1791.

_____. *Mémoires de Brissot*. Paris: Firmin-Didot, 1877.

CAHEN, Léon. *Condorcet et la Révolution française*. Genebra: Slatkine reprints, 1970 (1904).

CARDOSO, Sérgio. "Que república? Notas sobre a tradição do 'governo misto'". In BIGNOTTO, Newton (org.). *Pensar a república*. Belo Horizonte: Editora da UFMG, 2000, pp. 27-48.

CASSIRER, Ernest. *La Philosophie des Lumières*. Paris: Fayard, 1966.

CATTANEO, Mario. *Libertà et virtù nel pensiero politico di Robespierre*. Milão: Cisalpino. Goliardia, 1986.

CHARTIER, Roger. *Les Origines culturelles de la Révolution française*. Paris: Éditions du Seuil, 1990.

COBBAN, Alfred. *Le Sens de la Révolution française*. Paris: Julliard, 1984.

_____. *Rousseau and the Modern State*. Londres: Allen and Unwin, 1964.

CONDORCET. "De l'Influence de la Révolution d'Amérique sur l'Europe". In *Oeuvres de Condorcet*. Organização A. Condorcet o'Connor e F. Arago. Paris: Firmin Didot Frères, 1847-1849, 12 vols. Tomo VIII.

_____. "De la République, ou un Roi est-il nécessaire à la conservation de la liberté". In *Oeuvres de Condorcet*. Organização A. Condorcet o'Connor e F. Arago. Paris: Firmin Didot Frères, 1847-1849. Tomo XII.

_____. "Déclaration des droits". In *Oeuvres de Condorcet*. Organização A. Condorcet o'Connor e F. Arago. Paris: Firmin Didot Frères, 1847-1849. Tomo X.

_____. "Lettres d'un bourgeois de New Haven, à un citoyen de Virginie". In *Oeuvres de Condorcet*. Organização A. Condorcet o'Connor e F. Arago. Paris: Firmin Didot Frères, 1847-1849. Tomo IX.

_____. "Sur la Nécessité de faire ratifier la constitution par les citoyens". In *Oeuvres de Condorcet*. Organização A. Condorcet o'Connor e F. Arago. Paris: Firmin Didot Frères, 1847-1849. Tomo IX.

_____. "Vie de Turgot". In *Oeuvres de Condorcet*. Organização A. Condorcet o'Connor et F. Arago. Paris: Firmin Didot Frères, 1847-1849 Tomo V.

_____. *Cinq mémoires sur l'instruction publique*. Paris: Garnier-Flammarion, 1994.

COUTEL, Charles. *A l'École de Condorcet*. Paris: Ellipses, 1996.

CRAMPE-CASNABET, M. *Condorcet lecteur des Lumières*. Paris: PUF, 1985.

CULLEN, Daniel. *Freedom in Rousseau's Political Philosophy*. Dekalb: Northern Illinois University, 1993.

DARNTON, Robert. *Os dentes falsos de George Washington*. São Paulo: Companhia das Letras, 2005.

_____. *Boemia literária e revolução*. São Paulo: Companhia das Letras, 1987.

_____. *Edição e sedição*. São Paulo: Companhia das Letras, 1992.

_____. *L'Aventure de* l'Encyclopédie. Paris: Librairie Académique Perrin, 1982.

DEBBASCH, R. *Le Principe révolutionnaire d'unité et d'indivisibilité de la république: essai d'histoire politique*. Aix-en-Provence: Presses Universitaires d'Aix-Marseille, 1988.

DELOFFRE, F. "Préface". In VOLTAIRE. *Lettres philosophiques*. Paris: Gallimard, 1986.

DERATHÉ, R. *Jean-Jacques Rousseau et la science politique de son temps*. Paris: PUF, 1950.

DIDEROT & D'ALEMBERT. *Verbetes políticos da* Enciclopédia. Trad. Maria das Graças de Souza. São Paulo: Discurso Editorial, 2006.

DORIGNY, M. *Montesquieu dans la Révolution française*. Paris-Genebra: EDHIS--Slatkine, 1990.

DREI, Henri. *La Vertu politique: Machiavel et Montesquieu*. Paris: L'Harmattan, 1998.

DUCLOS, Charles. *Considérations sur les moeurs de ce siècle*. Amsterdam: Aux dépens de la Compagnie, 1751.

DUPUY, Roger. *La République jacobine*. Paris: Éditions du Seuil, 2005.

FIGES, Orlando. *La Révolution russe. 1891-1924: la tragédie d'un peuple*. Paris: Denoël, 2007.

FONTANA, Biancamaria (ed.). *The Invention of the Modern Republic*. Cambridge: Cambridge University Press, 1994.

FURET, François, & RICHET, Denis. *La Révolution française*. Paris: Hachette, 1973.

FURET, François. *Penser la Révolution française*. Paris: Gallimard, 1978.

GAGARIN, M. *Early Greek Law*. Berkeley: University of California Press, 1986.

GAUCHET, Marcel. "Droits de l'homme". In FURET, F., & OZOUF, M. (orgs.). *Dictionnaire critique de la Révolution Française*. Idées. Paris: Flammarion, 1992.

_____. *La Révolution des droits de l'homme*. Paris: Gallimard, 1989.

_____. *La Révolution des pouvoirs*. Paris: Gallimard, 1995.

GOLDSCHMIDT, Victor. *Antropologie et Politique. Les principes du système de Rousseau*. Paris: J. Vrin, 1983.

GOUHIER, Henri. *Les Méditations métaphysiques de Jean-Jacques Rousseau*. Paris: J. Vrin, 1984.

GOULEMOT, Jean-Marie. "Voltaire". In *Encyclopédie thématique Universalis*. Paris: Encyclopaedia Universalis, 2004. T. x.

_____. "Du Républicanisme et de l'idée républicaine au XVIIIème siècle". In FURET, F., & OZOUF, M. (orgs.). *Le Siècle de l'avènement républicain*. Paris: Gallimard, 1993.

GOYARD-FABRE, S. *La Philosophie du droit de Montesquieu*. Paris: C. Klincksieck, 1979.

_____. *Montesquieu: la nature, les lois, la liberté*. Paris: PUF, 1993.

GRANGER, Giles-Gaston. *La Mathématique sociale du marquis de Condorcet*. Paris: Édition Odile Jacob, 1989.

GROETHUYSEN, Bernard. *Philosophie de la Révolution française*. Paris: Gallimard, 1956.

GUENIFFEY, Patrice. "Brissot". In FURET, F., & OZOUF, M. (orgs.). *Dictionnaire critique de la Révolution Française*. Acteurs. Paris: Flammarion, 1992.

_____. "Cordeliers et girondins: la préhistoire de la république?". In FURET, F., & OZOUF, M. (orgs.). *Le Siècle de l'avènement républicain*. Paris: Gallimard, 1993.

GUENIFFEY, Patrice. *La Politique de la Terreur*. Paris: Gallimard, 2000.

_____. *Le Nombre et la raison: la Révolution française et les élections*. Paris: Ed. EHESS, 1993.

GUILHAUMOU, Jacques. *La Langue politique et la Révolution: de l'événement à la raison linguistique*. Paris: Méridiens- Klincksieck, 1989.

GUMBRECHT, Hans Ulrich. *As funções da retórica parlamentar na Revolução Francesa*. Belo Horizonte: Editora da UFMG, 2003.

HALÉVI, Ran. *Orateurs de la Révolution française*. Paris: Gallimard, 1989, pp. 1067-85.

_____. "La République monarchique". In FURET, F., & OZOUF, M. (orgs.). *Le Siècle de l'avènement républicain*. Paris: Gallimard, 1993.

HARTOG, François. "Liberté des Anciens, liberté des Modernes: la Révolution Française et l'Antiquité". In DROIT, Roger-Pol (org.). *Les Grecs, les Romains et nous. L'antiquité est-elle moderne?* Paris: Le Monde Éditions, 1991.

HULLIUNG, M. *Citizens and Citoyens. Republicans and Liberals in America and France*. Cambridge: Harvard University Press, 2002.

_____. *Montesquieu and the Old Regime*. Berkeley: University of California Press, 1976.

IMBRUGLIA, Gerolamo. "From Utopia to Republicanism: the Case of Diderot". In FONTANA, Biancamaria (org.). *The Invention of the Modern Republic*. Cambridge: Cambridge University Press, 2006.

JORDAN, David. *The Revolutionary Career of Maximilien Robespierre*. Nova York: Free Press, 1985.

KATES, Gary. *The Circle Social, the Girondins and the French Revolution*. Princeton: Princeton University Press, 1985.

KINTZLER, Catherine. *Condorcet. L'instruction publique et la naissance du citoyen*. Paris: Minerve, 1984.

LALLY-TOLLENDAL. "Premier Discours sur la déclaration des droits de l'homme". In FURET, F., & HALÉVI, R. *Orateurs de la Révolution française*. Paris: Gallimard, 1989, p. 354.

LANZILLO, Maria Laura. *Voltaire: la politica della tolleranza*. Roma, Bari: Laterza, 2000.

LAVICOMTERIE, Louis. *Les Droits du peuple sur l'Assemblée nationale*. Paris: Librairie Paquet, 1791.

_____. *Les Crimes des rois de France depuis Clovis jusqu'à Louis Seize*. Paris: Au Bureau des révolutions de Paris, 1972.

LEDUC-FAYETTE, Denise. *J.-J. Rousseau et le mythe de l'antiquité*. Paris: J. Vrin, 1974.

LEFORT, Claude. *L'Invention démocratique*. Paris: Fayard, 1981.

LOPES, Marco Antônio. *Voltaire político*. São Paulo: Editora da UNESP, 2003.

LOUIS-RENÉ DE CAREDUC LA CHALOTAIS. *Essai d'éducation nationale ou Plan d'études pour la jeunesse*. Fac-símile. Paris: Hachette, 1976 (1763).

MACHIAVELLI. "Discorsi sopra la prima deca di Tito Livio". In *Tutte le opere*. Florença: Sansoni, 1971.

MACINTYRE, Alasdair. *Justiça de quem? Qual racionalidade?* São Paulo: Edições Loyola, 1991.

MADAME DE STAËL. *Considérations sur la Révolution française*. Paris: Tallandier, 2000.

MANENT, Pierre. *História intelectual do liberalismo. Dez lições*. Rio de Janeiro: Imago, 1990.

_____. *La Cité de l'homme*. Paris: Flammarion, 1994.

MARAT, Jean-Paul. *Les Chaînes de l'esclavage*. Paris: Éditions Complexe, 1988.

MARSILIE DE PADUE. *Le Défenseur de la Paix*. Paris: J. Vrin, 1968.

MASTERS, Roger D. *La Philosophie politique de Rousseau*. Lyon: ENS Éditions, 2002.

MATHIEZ, Albert. *Études sur Robespierre*. Paris: Ed. Sociales, 1958.

_____. *La Révolution française*. Paris: Denoel, 1985.

MATOS, Franklin de. *O filósofo e o comediante*. Belo Horizonte: Editora da UFMG, 2001.

MELZER, Arthur. *Rousseau. La Bonté naturelle de l'homme*. Paris: Belin, 1998.

MICHELET, Jules. *Histoire de la Révolution Française*. Paris: Gallimard, 1952.

MILLER, James. *Rousseau: Dreamer of Democracy*. New Haven: Yale University Press, 1984.

MIRABEAU. "Discours sur le droit de veto". In FURET, F., & HALÉVI, R. *Orateurs de la Révolution française*. Paris: Gallimard, 1989.

_____. "Second Discours sur la déclaration des droits de l'homme". In FURET, F., & HALÉVI, R. *Orateurs de la Révolution française*. Paris: Gallimard, 1989.

MONTESQUIEU. "Considérations sur les causes de la grandeur des romains et de leur décadence". In *Oeuvres complètes*. Paris: Gallimard, 1951. Vol. II.

_____. "De l'Esprit des lois". In *Oeuvres complètes*. Paris: Gallimard, 1951. Vol. II.

MORNET, Daniel. *Les Origines intellectuelles de la Révolution française*. Paris: Colin, 1967.

MOSSÉ, Claude. *L'Antiquité dans la Révolution française*. Paris: Albin Michel, 1989.

MOUNIER. "Discours sur la sanction royale". In FURET, F., & HALÉVI, R. *Orateurs de la Révolution française*. Paris: Gallimard, 1989.

NASCIMENTO, Milton Meira. *Opinião pública e revolução*. São Paulo: EDUSP, 1989.

NEDERMAN, Cary. *Community and Consent*. Londres: Rowman & Littlefield, 1995.

NELSON, Eric. *The Greek Tradition in the Republican Thought*. Cambridge: Cambridge University Press, 2004.

NICOLET, Claude. *L'Idée républicaine en France (1789-1924)*. Paris: Gallimard, 1994.

NIKLAUS, Robert. "Idéalisme philosophique dans le 'Cinq mémoires sur l'instruction publique'". In CRÉPEL, P., & GILAIN, C. (orgs.). *Condorcet. Mathématicien, économiste, philosophe, homme politique.* Paris: Minerve, 1989.

OLLIVIER, Albert. *Saint-Just et la force des choses.* Paris: Le livre de poche, 1966.

ORTEGA Y GASSET. *História como sistema. Mirabeau ou o político.* Brasília: Editora Universidade de Brasília, 1982.

OZOUF, Mona. "Procès du roi". In FURET, F., & OZOUF, M. (orgs.). *Dictionnaire critique de la Révolution française. Événements.* Paris: Flammarion, 1992, pp. 241-3.

_____. *L'École, L'Église et la Republique.* Paris: Editions Cana, 1982.

PAINE, Thomas. "Common Sense". In *Essential Writings of Thomas Paine.* Nova York: New American Library, 1969.

_____. *Os direitos do homem.* Petrópolis: Editora Vozes, 1989. Trad. Jaime A. Clasen.

PALMER, Robert. *The Improvement of Humanity. Education and the French Revolution.* Princeton: Princeton University Press, 1985.

PALMIERI, Matteo. *Vita civile.* Florença: Sansoni Editore, 1982.

PANGLE, Thomas L. *The Spirit of Modern Republicanism.* Chicago: The University of Chicago Press, 1990.

_____. *Montesquieu's Philosophy of Liberalism.* Chicago: The Chicago University Press, 1973.

PASQUINO, Pasquale. "Emmanuel Sieyès: His Constitutional Republicanism". In FONTANA, Biancamaria (org.). *The Invention of the Modern Republic.* Cambridge: Cambridge University Press, 2006.

PETRARCA. *La Vie solitaire.* Paris: Payot & Rivage, 1999.

PEZZILLO, Lelia. *Rousseau et le Contrat Social.* Paris: PUF, 2000.

POLIN, Raymond. *La Politique de la solitude.* Paris: Sirey, 1971.

POSTIGLIOLA, A. "En Relisant le Chapitre sur la Constitution d'Angleterre". In *Cahiers de philosophie politique et juridique.* Nº 7 (1985). Centre de publications de Caen, pp. 7-29.

PRADO JÚNIOR, Bento. *A retórica de Rousseau.* São Paulo: Cosac & Naify, 2008.

QUINET, Edgar. *La Révolution.* Paris: Belin, 1987.

RILEY, Patrick (org). *The Cambridge Companion to Rousseau.* Cambridge: Cambridge University Press, 2001.

ROBERT, François. *Le Républicanisme adapté à la France.* Paris, 1790.

ROBESPIERRE. *Discours et rapports à la Convention.* Paris: Union Générale d'éditions, 1965.

ROBESPIERRE. *Pour le Bonheur et pour la liberté. Discours.* Paris: La fabrique éditions, 2000.

ROBISCO, Nathalie-Barbara. *Jean-Jacques Rousseau et la Révolution française.* Paris: Honoré Champion, 1988.

ROCHE, Daniel. *Les Républicains des lettres.* Paris: Fayard, 1988.

ROLAND, Marie-Jeanne. *Mémoires de Madame Roland.* Paris: Cosmopole, 2001.

ROMANO, Roberto. "Diderot, Penélope da Revolução". In *O Caldeirão de Medeia.* São Paulo: Editora Perspectiva, 2001.

ROSANVALLON, Pierre. *La Démocratie inachevée. Histoire de la souveraineté du peuple en France.* Paris: Gallimard, 2000.

_____. *Le Sacre du citoyen.* Paris: Gallimard, 1992.

ROUSSEAU. "Discours sur l'économie politique". In *Oeuvres complètes.* Paris: Gallimard, 1964. Vol. III.

_____. "Discours sur l'origine et les fondements de l'inégalité parmi les hommes". In *Oeuvres complètes.* Paris: Gallimard, 1964. Vol. III.

_____. "Discours sur les sciences et les arts". In *Oeuvres complètes.* Paris: Gallimard, 1964. Vol. III.

_____. "Du Contrat social". In *Oeuvres complètes.* Paris: Gallimard, 1964. Vol. III.

_____. "Lettres écrites de la Montagne". In *Oeuvres complètes.* Paris: Gallimard, 1964. Vol. III.

_____. *Émile ou de l'éducation.* Paris: Garnier-Flammarion, 1966.

_____. *Julie ou La Nouvelle Héloïse.* Paris: Garnier-Flammarion, 1967.

_____. *Les confessions.* Paris: Garnier-Flammarion, 1968.

RUDÉ, George. *Robespierre: Portrait of a Revolutionnary Democrat.* Nova York: Viking Press, 1976.

SAINT-JUST. *Oeuvres complètes.* Paris: Gallimard, 2004.

SANTOS, Antônio Carlos dos. *A política negada. Poder e corrupção em Montesquieu.* São Cristóvão: Editora UFS, 2002.

SCHAMA, Simon. *Cidadãos. Uma crônica da Revolução Francesa.* São Paulo: Companhia das Letras, 1989.

SHACKLETON, R. *Essays on Montesquieu and the Enlightenment.* Oxford: The Voltaire Foundation, 1988.

SHKLAR, Judith. "Montesquieu and the New Republicanism". In BOCK, G., SKINNER, Q., & VIROLI, M. (orgs.). *Machiavelli and Republicanism.* Cambridge: Cambridge University Press, 1993.

_____. *Men and Citizens. A Study of Rousseau's Social Theory.* Cambridge: Cambridge University Press, 1969.

SIEYÈS. *Des Manuscrits de Sieyès. 1773-1799.* Paris: Honoré Champion, 1999.

_____. "Préliminaire de la Constitution. Reconnaissance et exposition raisonnée des droits de l'homme et du citoyen". In FURET, F., & HALÉVI, R. (orgs.). *Orateurs de la Révolution française.* Paris: Gallimard, 1989.

SINGER, Brian. *Society, Theory and French Revolution: Studies in the Revolutionary Imaginary.* Nova York: St. Martin's Press, 1986.

SOBOUL, Albert. *La Révolution française.* Paris: Gallimard, 1984.

SOUZA, Maria das Graças de. *Voltaire. A razão militante.* São Paulo: Moderna, 1994.

SPITZ, Jean-Fabien. *La Liberté politique.* Paris: PUF, 1995.

STAROBINSKI, Jean. *1789. Les Emblèmes de la raison.* Paris: Flammarion, 1979.

_____. *Jean-Jacques Rousseau: la transparence et l'obstacle.* Paris: Gallimard, 1971.

_____. *Montesquieu.* São Paulo: Companhia das Letras, 1990.

STRAUSS, Leo. *La Cité et l'homme.* Paris: Agora, 1987.

TACKETT, Timothy. *Le Roi s'enfuit. Varennes et l'origine de la Terreur.* Paris: La Découverte, 2004.

_____. *Par la Volonté du peuple.* Paris: Albin Michel, 1997.

TALLEYRAND. "Rapport sur l'instruction publique". In FURET, F., & HALÉVI, R. (orgs.). *Orateurs de la Révolution française.* Paris: Gallimard, 1989.

THOMPSON, J. M. *Robespierre and the French Revolution.* Nova York: Collier Books, 1971.

TOCQUEVILLE, Alexis de. *L'Ancien Régime et la Révolution.* Paris: Garnier--Flammarion, 1988.

TROUSSON, Raymond. *Jean-Jacques Rousseau. Mémoire de la critique.* Paris: Presses Universitaires de Paris-Sorbonne, 2000.

_____. *Rousseau et sa fortune littéraire.* Bordeaux: Guy Ducros, 1971.

VARGAS, Yves. *Rousseau. Économie politique.* Paris: PUF, 1986.

VENTURI, Franco. *Utopia e Reforma no Iluminismo.* Bauru: EDUSC, 2003.

VIARD, Jacques (ed.). *L'Esprit républicain. Colloque d'Orléans.* Paris: Klincksieck, 1972.

VINCENT, Bernard. *Thomas Paine ou la religion de la liberté.* Paris: Aubier, 1987.

_____. "Thomas Paine, républicain de l'univers". In FURET, F., & OZOUF, M. (orgs.). *Le Siècle de l'avènement républicain.* Paris: Gallimard, 1993.

VIROLI, Mauricio. *La Théorie de la société bien ordonée chez Jean-Jacques Rousseau.* Berlin, Nova York: Walter Gruyter, 1988.

VOLTAIRE. "Candide". In *Romans et contes.* Paris: Garnier-Flammarion, 1966.

_____. *Correspondance.* Paris: Gallimard, 1977. T. I.

_____. *Dictionnaire philosophique.* Paris: Garnier-Flammarion, 1964.

_____. *Lettres philosophiques.* Paris: Gallimard (Bibliothèque de la Pléiade), 1986.

VOLTAIRE, *Traité sur la tolérance*. Paris: Gallimard, 1975.

VOVELLE, Michel. *Jacobinos e jacobinismo*. Bauru: EDUSC, 1998.

WALTER, Gérard. *Maximilien de Robespierre*. Paris: Gallimard, 1989.

WALZER, Michael. *Régicide et Révolution. Le procès de Louis XVI. Discours et controverses*. Paris: Payot, 1989.

WOOD, G. *The Creation of the American Republic*. Nova York: W. W. Norton & Company, 1969.

WRIGHT, J. Kent. "Les Sources républicaines de la Déclaration des droits de l'homme et du citoyen". In FURET, F., & OZOUF, M. (orgs.). *Le Siècle de l'avènement républicain*. Paris: Gallimard, 1993.

Índice remissivo

Abensour, Miguel, 326
absolutismo, 26, 28, 278
Academia de Bordeaux, 29
Academia de Ciências, 255
Academia de Dijon, 94, 99
Academia Francesa, 255
Adcock, 179
Alembert, Jean le Rond d' *ver* D'Alembert, Jean le Rond
ambição, 42, 60, 64, 121, 141, 262, 269, 279, 336
América Latina, 30, 185
amor à pátria, 33, 35, 60, 104, 107, 174, 208, 209, 346, 357
anticontratualismo, 331
antifederalismo, 293
Antigo Regime, 13, 23, 56, 214, 239, 246, 270, 297, 309
Antiguidade, 15-6, 21-3, 36, 38, 42, 51, 53, 60, 63, 76-7, 85, 87, 90, 94, 99, 115, 117-8, 129, 134, 140, 153, 159, 167, 175-6, 179-80, 183, 188, 196, 203, 240-1, 249, 279, 324, 366; *ver também* Grécia; Roma
antropologia, 38, 113, 132
Appleby, Joyce, 264
Arendt, Hannah, 93, 339
Argenson, marquês d' *ver* D'Argenson, marquês
aristocracia, 41, 61, 115, 116, 218, 241, 246
Aristóteles, 42, 49, 53, 78, 89
Arnauld, 164
artes, 95, 98, 100
Ásia, 78, 79
Assembleia dos Estados Gerais, 11, 213-4, 216-9, 222-5, 230-2, 236, 238-40, 244, 248, 250, 267, 271, 277, 283, 299, 305, 352
ateísmo, 96, 98
Atenas, 50, 59, 60, 62, 99, 107, 118, 227; *ver também* Esparta; Grécia
atores políticos, 27, 189, 204, 205, 271, 279, 293, 347

Bacon, Francis, 69

Baczko, Bronislaw, 94, 112, 114, 134, 159, 174, 210, 317, 321, 364

Bailly, 238

Baker, K. M., 232, 256, 269, 270

Barbaroux, 14

Barnave, 217

Bastilha *ver* queda da Bastilha

Bayle, Pierre, 66

bem comum, 55, 59, 66, 75, 106, 133, 167, 170-2, 208, 209, 274, 338, 339, 343

bem público, 75, 273, 304, 338, 340

Bentabole, 313

Billaud-Varenne, Jacques Nicholas, 236, 326, 336-41, 343, 351

Binoche, Bertrand, 40

Bobbio, Norberto, 43

bolchevismo, 340

Bolsa de Valores de Londres, 74

bom governo, 189, 274

bom senso, 49, 114, 153

Bonneville, Nicolas de, 138, 234, 235

Bouche de Fer (jornal), 234

Brasil, 46, 57

Brissot, Jacques Pierre, 234, 236, 245-55, 283, 290, 293, 321-2, 324, 341-2

Bruni, Leonardo, 21, 88

Brutus, 15, 237

burguesia, 340

Burke, Edmund, 272, 317

Camus, 217

Cândido (Voltaire), 73

capitalismo, 36, 340, 341

Carra, 322

Cartas de um agricultor americano (Crèvecoeur), 246

Cartas escritas da Montanha (Rousseau), 87, 114, 158, 195

Cartas filosóficas (Voltaire), 67, 68

ceticismo, 18, 66, 80, 96, 98, 140, 361; *ver também* pirronismo

Champ de Mars, massacre do, 275, 342

Chartier, Roger, 21, 71, 72

Chaveau-Lagarde, Claude François, 14

China, 98

Cícero, 88, 105, 179

cidadania, 63, 108, 115, 134, 159, 171, 174, 270, 289, 302, 338

cidade ideal, 189, 333

cidades antigas, 92, 102, 112

ciência, 25, 100, 102, 271

ciências sociais, 163, 256, 257

Círculo Social, 138

civilização, 42, 50, 89, 125, 142

classes dirigentes, 57

clero, 70, 72, 74, 76, 270; *ver também* Igreja; padres

Clube da rua Saint-Honoré, 293, 316, 329

coisa pública, 87, 90, 115, 140, 222, 251, 273

combate político, 238, 241, 302

comércio, 41, 42, 50, 54, 103, 104, 123, 366

Comitê de Constituição, 284

Comitê de Instrução Pública da Assembleia, 276

Comitê de Salvação Pública, 336, 345, 356

competição, 50, 162

Comuna, 295

comunidade política, 55, 210, 350

condição humana, 43, 96, 110, 113, 126, 135, 153, 196

Condorcet, marquês de, 213, 234, 247, 252-3, 255-67, 270-2, 275-91, 293-4, 307, 324, 354

conduta moral, 90

confederação, 231

Considerações sobre as causas da grandeza e decadência dos romanos (Montesquieu), 30

Considérations sur la Révolution française (Staël), 230

Considérations sur les moeurs de ce siècle (Duclos), 268

Constant, Benjamin, 91, 365, 366

constitucionalismo moderno, 285

Constituição francesa, 213, 218, 285, 345, 351, 365

Constituição inglesa, 51, 53, 225, 266

Constituinte *ver* Assembleia dos Estados Gerais

consumo, 50

Contrarreforma, 72

contrato social, 145, 152, 158, 223, 238, 328, 334; *ver também* pacto social

Contrato social, O (Rousseau), 88, 109, 111, 117, 120, 127, 135-42, 148, 168, 185, 192, 196, 210, 218, 233-5, 304

contratualistas, 107, 127, 129, 130, 149, 329

Convenção, 12, 283-4, 293, 295, 298, 300, 303, 306, 308, 310, 316, 325, 334, 336, 343, 347, 357, 364

Corday, Charlotte, 11, 12, 13, 14, 15, 18

corpos políticos, 116, 129, 130, 135, 168, 169, 204

corrupção, 33-4, 59-62, 68, 88-9, 94, 96, 99-100, 113, 116, 118-20, 124, 126, 141, 163, 181, 201, 203, 207, 210, 251, 331, 335, 354

Coutel, Charles, 285

Couthon, 316

Crèvecoeur, 246

cristianismo, 75, 105, 196-8

cultura política, 21, 70, 72, 77, 179, 213, 216, 218, 222, 254

D'Alembert, Jean le Rond, 55, 57, 255

D'Argenson, marquês, 66, 67

D'Enville, madame, 252

D'Holbach, Paul-Henri Thiry, barão, 56

Da Natureza (Saint-Just), 328, 331

Danton, Georges Jacques, 12, 271, 313, 315, 325-6, 364

Darnton, Robert, 20, 252

Dartigoette, 314

David, Jacques-Louis, 12

Declaração dos Direitos Humanos, 217, 219, 349, 350

Deleyre, Alexandre, 26

Deloffre, Frédéric, 69

democracia, 39, 41, 49, 55, 57, 61-4, 110, 115, 207, 212, 231-2, 242, 249, 250, 253, 275, 283, 288, 311, 357, 359

Derathé, Robert, 130, 146

desejos, 42, 44, 53, 64, 79, 111, 125, 133-4, 144, 151, 170, 174-5, 210, 227

desigualdade, 103, 114, 160, 162, 181, 278

Desmoulins, Camille, 212, 311, 325

despotismo, 30, 38, 40, 43, 44, 46, 79, 81, 82, 139, 201, 229, 233, 241, 251, 254, 277, 312, 353

Deus, 70, 97

Diderot, Denis, 16, 27, 28, 55, 57, 132

dinheiro, 69, 103, 161

direito constitucional, 47

direito natural, 83, 127, 132, 289, 308, 349, 350

direitos humanos, 217-21, 223, 226, 229, 230, 258-61, 272, 345, 346, 348, 356; *ver também* Declaração dos Direitos Humanos

Discurso sobre a economia política (Rousseau), 103, 104, 106, 163, 208

Discurso sobre a origem e os fundamentos da desigualdade (Rousseau), 114

Discursos sobre a primeira década de Tito Lívio (Maquiavel), 84

disputas políticas, 267, 282, 283, 287

Droits et devoirs du citoyen (Mably), 26

Duclos, Charles, 268, 269

Dumas, René-François, 315

educação, 46-8, 200, 209, 263, 268-70, 276-9, 282, 333 *ver também* instrução pública

Egito, 98

egoísmo, 15, 23, 43, 129, 131, 155

Elementos do republicanismo (Billaud--Varenne), 337

Emílio (Rousseau), 137, 154, 206

Enciclopédia (Diderot & D'Alembert), 27, 55-7, 62, 66-7, 78, 82, 132

Espírito das leis, O (Montesquieu), 28, 35, 37, 43, 51, 58

escolástica, 20

Esparta, 50, 87-90, 92, 94, 99-101, 103, 104, 107, 110, 116, 118, 205, 268, 332; *ver também* Atenas; Grécia

estado de natureza, 27, 101, 128, 130, 133, 143-4, 147-8, 153, 158, 160, 162, 167, 181, 246, 253, 306-7, 317

Estado laico, 200

Estado monárquico, 26, 68; *ver também* monarquia

estado primitivo, 144, 147, 149

Estado republicano, 163

estado social, 160, 220, 330, 334

Estados Gerais *ver* Assembleia dos Estados Gerais

Estados nacionais, 25, 83

Estados Unidos, 30, 61, 218, 232, 249, 254, 265, 288

estoicismo, 106

ética, 78

Europa, 23, 61, 80, 127, 138, 245, 255, 265-6, 284, 293, 361, 366

Executivo *ver* Poder Executivo

Exposição de princípios e de motivos do plano de Constituição (Condorcet), 285

fanatismo, 14, 327, 334

Fauchet, Claude, 138, 234, 322

federalismo, 293, 301, 323, 336

felicidade, 49, 58, 80, 113, 114, 120, 130, 142, 216, 219, 226, 330, 351

Ferry, Jules, 47

Ficino, Marsílio, 88

filosofia política, 36, 59, 67, 88, 127, 128, 143, 146, 159, 162, 164, 172, 184, 198, 204, 206, 259, 322, 329, 344

filosofia republicana, 66, 67, 77, 82

Florença, 88

Fontana, Biancamaria, 366

forças políticas, 38, 212, 239

formas políticas, 38, 41, 44, 53-4, 120, 130, 133, 145, 153, 159, 175, 179-80, 188, 203, 205-8, 331-2

Fouquier-Tinville, 315

fraternidade, 282, 348, 350, 354, 367; *ver também* igualdade; liberdade

Fronda, 17
frugalidade, 42, 64, 90
funções públicas, 279
fundamentalismo religioso, 150, 198

Gauchet, Marcel, 217, 218
Genebra, 58-9, 82, 86-7, 110, 112, 114, 116-8, 120, 126, 134, 141, 158, 162; *ver também* Suíça
Gensonné, 322
Gironda, 296, 297, 323
girondinos, 11, 12, 253, 267, 284, 292, 313, 315, 318, 321, 323, 324, 364
Goldschmidt, Victor, 113, 127, 146, 147
Gouhier, Henri, 130, 182
Goulemot, Jean-Marie, 17, 18
governo legítimo, 140, 166, 352
governo misto, 61
governo republicano, 14, 35, 46-7, 55, 60-2, 73, 81, 112, 145, 215, 246, 259, 272, 273, 297, 300, 358
Goyard-Fabre, S., 44, 127
gramática republicana, 137, 164, 185, 201, 262, 275
Granger, Giles-Gaston, 256
Grécia, 36, 41, 54, 58, 60, 63, 76, 90, 92, 99, 100, 176-80, 182, 184, 187-8, 201, 203, 209; *ver também* Atenas; Esparta
Grotius, Hugo, 144, 145
Gueniffey, Patrice, 244-5, 250-1, 254, 317, 344, 347, 360
guerras, 54, 60, 62

Hebert, 322, 323
Hegel, Georg Wilhelm Friedrich, 91
Henriade (Voltaire), 68
Herman, 315

herói fundador, 177, 178
heroísmo, 15, 36, 327
hipocrisia, 82, 96
Hobbes, Thomas, 43, 49, 66, 131, 133, 153, 193, 197, 220, 334
Holanda, 59, 205
Homero, 89, 177, 178
Hulliung, M., 50
humanidade, 56, 80, 99, 103, 127, 144, 282, 329, 358
humanismo, 20, 33, 56, 63, 84, 87, 105, 106, 156, 300, 301

Idade Média, 84
Idée républicaine en France, L' (Nicolet), 16
ideologia, 90, 132, 133, 317, 325
Igreja, 70-4; *ver também* clero; padres
igualdade, 20, 31, 33, 35-6, 47-9, 51, 55, 64, 68, 83-4, 90, 118, 120, 139, 142, 160-2, 173, 182, 207, 223, 238, 258, 262, 278-82, 284, 286, 289-90, 309, 311, 319, 323, 339, 345, 346, 348-50, 354, 358-9, 365, 367; *ver também* fraternidade; liberdade
Ilíada (Homero), 177
Iluminismo, 17, 25, 26, 55, 85, 215, 233, 269, 336, 357; *ver também* Luzes
imaginário político, 23
Imbruglia, Gerolamo, 27
Incorruptível, 336, 342-3, 346, 351, 354-7, 359, 364
individualismo, 55, 134, 171
indivíduos, 40, 49, 53, 55, 64-5, 111, 113, 130, 133-4, 137, 141, 144, 147, 149, 153, 154, 156, 187, 192, 251, 254, 256, 321, 338, 352, 355
Inglaterra, 51, 67, 68, 69, 73, 85, 241, 243, 266, 272

instituições políticas, 65, 77, 88, 91, 104, 205

instituições republicanas, 62, 319, 337

Instituições republicanas (Saint-Just), 328, 332

instrução pública, 269, 277, 279-81; *ver também* educação

interesses coletivos, 143

interesses particulares, 64, 73, 119, 134, 143, 159, 165, 174, 210, 293, 346

interesses privados, 75, 171, 346

irreligião, 71

Itália, 31, 63, 84, 87, 88, 106, 282, 300

jacobinismo, 292, 293, 294, 295, 311, 327, 340

jacobinos, 206, 254, 271, 284, 290, 293, 295, 297-8, 302, 304-5, 311, 318, 322, 324-6, 336-7, 343-7, 351, 355, 359, 361, 364, 366

Jaucourt, Louis de, 57, 58, 59, 60, 63, 64

Jesus Cristo, 75

judeus, 76, 196

justiça, 16, 53, 75, 105, 115, 161, 162, 182, 285, 297, 307, 308, 309, 311, 313, 315, 322, 332, 333, 359

Kant, Immanuel, 109

Kantorowicz, Ernst, 134

La Chalotais, Louis-René de Careduc, 269, 270

La Fayette, 218, 238

La Kanal, 138

lacedemônios, 90, 91, 101, 103; *ver também* Esparta

laicidade, 77, 136, 200, 270, 280, 282

Lally-Tollendal, marquês, 219, 220, 223

Lavicomterie, Louis, 233, 236, 239, 240, 250

Leduc-Fayette, Denise, 90, 91, 195

Lefort, Claude, 92, 93, 146, 295, 319

legislador, 139, 175, 176, 179-93, 195, 197, 200-5, 207-8, 210, 243, 330

Legislativo *ver* Poder Legislativo

Lei natural, 131

leis, 39, 42, 46-7, 49, 63-5, 82, 111, 116, 132-3, 140-3, 148-9, 151-2, 156, 158, 160-1, 163, 165, 168, 171-3, 175-6, 182-4, 186-8, 190-1, 193-4, 196-7, 201, 203, 206, 208-10, 221, 225, 227, 232, 243-4, 257, 259-64, 277, 280, 285-7, 289, 297, 299, 301, 318-9, 329-31, 335, 340, 356-7

lendas de fundação, 178

Leviatã (Hobbes), 153

léxico do republicanismo, 25, 56

liberdade, 37, 47, 51-2, 54-5, 58, 90, 97, 106, 120, 139, 142, 145, 149, 152, 157, 161, 203, 223, 238, 262, 264, 275, 278-80, 302, 305, 313, 332, 353, 367; *ver também* fraternidade; igualdade

Licurgo, 90, 101, 179, 183

linguagem republicana, 15, 32, 228, 240, 246, 323, 337, 342, 352

Locke, John, 69, 220, 221, 350

Lucrécio, 89

Luís XVI, rei da França, 29, 215, 295, 296, 304, 307, 308, 326

luxo, 14, 41, 90, 102, 339, 340

Luzes, 16, 17, 19, 21, 27, 34, 100, 107, 212, 241, 277, 340; *ver também* Iluminismo

Mably, Gabriel Bonnot de, 26
MacIntyre, Alasdair, 53
magistrados, 32, 120, 162, 186
Malberg, Carré de, 47
Malenbranche, Nicolas, 164
Manent, Pierre, 36, 37, 38, 39, 51, 53, 54
Maquiavel, Nicolau, 21, 30-1, 33, 35, 38, 45, 75, 84, 88, 116, 129, 175, 180, 190-5, 198, 202-3, 366
Marat, Jean-Paul, 11-3, 15, 28-9
Masters, Roger D., 91, 104, 127, 186, 191
matriz republicana francesa, 18, 19, 21, 55, 59, 367
McGlew, 178
medo, 13, 43-4, 116, 194, 220, 237, 320-1, 323, 363
Melzer, Arthur, 91, 107, 127, 134, 142, 155, 156, 171
Mercure National (jornal), 235
metafísica, 27, 97, 220, 326
México, 185
Michelet, Jules, 206, 294, 296, 337
Minha profissão de fé sobre a monarquia e o republicanismo (Brissot), 247
Mirabeau, 217, 222-4, 228-31
mitos, 179, 262
modelos teológico-políticos, 136
modernidade, 23, 37-8, 47, 53, 55, 58-9, 62-3, 94, 109, 113, 166, 174, 176, 180, 188-9, 278, 288, 327, 365, 367
Moisés, 183
monarquia, 16, 19-20, 23, 27, 32, 35, 43, 52, 56-7, 61-2, 67, 81, 85, 138, 191, 215, 217, 219, 225, 228-9, 236-40, 242, 244, 250-5, 260, 264, 266, 271-4, 286, 296-7, 301, 303, 307, 309, 311-2, 317, 319, 329, 342, 346, 352, 364

monarquias europeias, 26, 34, 79, 87
Moniteur (jornal), 272
Montané, 12, 13, 314
Montanha, 294, 296, 313; *ver também* Gironda
Montesquieu, Charles-Louis de Secon-dat, barão de, 16, 22, 27-48, 50-5, 58-60, 63-4, 74, 78-81, 95, 103-4, 109, 112-3, 149, 164, 226, 265, 274, 327, 346, 357, 366
moral, 18, 25-6, 34, 36, 65, 111, 116, 123, 137, 154, 158-9, 172, 199-200, 206, 209-10, 246, 280, 310, 336, 344, 356, 360
Mornet, Jean-Marie, 18, 19
Mounier, 222-8

nações modernas, 47, 61, 63, 148, 149, 183, 265
Nascimento, Milton Meira, 233, 234
natureza humana, 43, 46-7, 109, 111, 113, 120, 132, 142, 165, 169, 192, 202, 208, 210
natureza original, 115, 127, 135
Necker, 364
Newton, Isaac, 69
Nicolet, Claude, 16
Noite de são Bartolomeu, 341
nomothetés, 179, 184
Nova Heloísa (Rousseau), 96, 108, 110, 121, 123, 137, 332
Novo Mundo, 253, 258, 264, 265

Ocidente, 23, 35, 38, 179
oikist, 177, 184
opressão, 56, 76
oradores, 60, 217, 298, 309
origem do poder, 58, 229, 230

Origines intellectuelles de la Révolution française, Les (Mornet), 18

Ortega y Gasset, José, 230

Ovídio, 89

Ozouf, Mona, 251, 254, 295, 327, 332

pacto social, 146, 155, 158, 163, 180, 181, 234, 329; *ver também* contrato social

padres, 56, 69, 73; *ver também* clero; Igreja

Pádua, Marsílio de, 165, 166, 186

Paine, Thomas, 247, 255, 263-5, 272-5, 284, 288

paixões, 40, 44, 107, 162, 187, 209, 230, 278

Palais-Royal, 234, 271

Palmieri, Matteo, 88, 106

Pangle, Thomas, 39, 53

Parlamento, 224, 225, 227, 229

Pascal, Blaise, 164

Pasquino, Pasquale, 286

Patriote Français, Le (jornal), 247

pensamento político, 16, 23, 62, 73, 76, 84, 133, 176, 192, 232, 257, 341, 344, 357, 362, 366

pensamento republicano, 16, 28, 35, 85, 169, 173, 177, 199, 247, 267, 275, 276, 288, 310, 357

Pensées d'un républicain sur les moeurs de ce siècle (Deleyre), 26

Perlet (jornal), 13

Pétion, 341

Petrarca, 20, 87, 105

philosophes, 245, 246, 269, 270

pirronismo, 95, 96; *ver também* ceticismo

Platão, 88, 89, 91, 182, 188, 189, 209

Plutarco, 15, 22, 89, 90, 104, 140, 265

pobreza, 103, 338

Poder Executivo, 214, 229, 231, 238, 242

Poder Legislativo, 225, 226, 229

poder soberano, 38, 39, 163

Polignac, 178

polis, 53, 90, 108, 109, 118, 142, 178

Polônia, 238

Popper, Karl, 91, 189

Postigliola, Alberto, 51

preconceito, 25, 56, 76, 79, 115, 248, 280, 289

Primeiro Discurso (Rousseau), 94, 95, 98, 100, 102, 103, 107, 109

Príncipe, O (Maquiavel), 45

processo legislativo, 218, 225, 231, 242, 263, 265

processo revolucionário, 230, 233, 235, 241, 286, 317, 318, 320, 333, 334, 343, 354, 356

Projeto de Constituição para a Córsega (Rousseau), 162

projeto iluminista, 56, 57

propriedade privada, 182, 223, 259, 348, 349, 350, 351

"pureza republicana", 339

quakers, 69, 72

queda da Bastilha, 138, 212, 233, 234, 240, 329

questão social, 338, 341

racionalismo, 219, 252, 257

razão, 56

realismo, 115, 117, 127, 161, 191

regime republicano, 19, 21, 32, 39, 48, 55, 62-3, 74, 138, 167, 243, 246, 252, 265, 273-5, 297, 311, 320, 335, 341-2, 345, 365-6 regimes livres, 54, 362

regimes políticos, 58, 77, 203

regimes totalitários *ver* totalitarismo

rei, 145, 217, 225, 227-8, 231, 237-40, 251, 283, 297-9, 301-2, 306-8, 311-2, 323

relações sociais, 130, 139, 144

religião, 65, 69-71, 73-7, 96, 98, 135, 136, 140, 150, 194-200, 280-1

Renascimento, 56, 62, 77, 83, 84, 87, 90, 101, 107, 108, 130, 153, 180, 300, 302

representação política, 58, 92, 167-9, 212, 221-2, 226, 231-2, 242, 244, 248, 250-1, 263, 267, 275, 288

repressão, 37, 73, 291, 313, 314, 357

república federativa, 61, 324

república ideal, 191, 333

Républicain, Le (jornal), 272, 342

Republicanismo adaptado à França, O (Robert), 236

republicanismo moderno, 88, 117, 139, 173, 175, 224

repúblicas antigas, 30, 31, 58, 59, 141, 252

res publica, 273, 275

retórica, 43, 157, 196, 215, 237, 262, 273, 299, 336, 351, 361

Revolução Americana, 258, 293, 366

riqueza, 338

Robert, François, 233, 235, 237-8, 241-3, 250, 253

Robespierre, Maximilien de, 22, 37, 91, 254, 294, 298, 305-12, 315, 336, 341-63

robespierrismo, 294

Robisco, Nathalie-Barbara, 91, 176, 183

Roederer, Pierre-Louis, 271

Rohan, 68

Roland, Madame, 341

Roma, 30-3, 44, 54, 58, 60, 62, 76, 81, 84, 87-8, 90, 94, 98, 102, 104, 115-6, 118, 190, 197, 205, 227, 237

Romantismo, 126

Romilly, 57, 64, 65, 66

Rômulo, 190

Rosanvallon, Pierre, 290

Rousseau, Jean-Jacques, 15, 21, 23, 27-8, 38, 44, 63, 66, 86-91, 93-177, 180-9, 191-201, 203-10, 212, 215-8, 220-4, 231-6, 238-42, 245, 246, 249, 252-3, 261-3, 275, 281, 287, 302-5, 310, 318, 322, 329-32, 334-5, 337-8, 340, 351-2, 356, 361, 366

Saint-Just, 298-308, 312, 318-9, 326-37, 340, 343, 346

Salutati, 105, 302

Segundo discurso (Rousseau), 117, 127, 160, 181, 182

Sêneca, 89

Senso comum (Paine), 264

separação dos poderes, 51

Shama, Simon, 185

Shklar, Judith, 29, 30, 103, 104, 108, 182

Sieyès, 217-24, 230-2, 244, 260, 272, 286

simplicidade, 90, 102, 107-9, 113, 125, 331

Smith, Adam, 132, 255

soberania, 26, 58, 63, 115, 119, 156, 164-5, 167-8, 191, 210, 212-3, 220, 223, 225-7, 232, 235, 239, 243, 254, 260, 263, 286-7, 290, 353, 354

soberania popular, 26, 58, 191, 212, 213, 220, 235, 239, 260, 263, 290

Soberano, 151, 152, 155, 156, 157, 169, 172, 175, 191, 198, 199

sobrevivência, 79, 119, 129, 130, 131, 140, 143, 144, 148, 151, 152, 160, 174, 307, 349, 350

Sociedade aberta e seus inimigos, A (Popper), 91

sociedade ideal, 142

sociedade natural, 135

sociedades políticas, 95, 136, 141, 143, 146, 148, 149, 172, 175, 197, 331, 338

Sócrates, 138

sofrimento, 96, 365

solidão, 153, 170, 174, 190

solidariedade, 142, 293

sonho revolucionário, 312, 324, 334

St. John, M. de, 246

Staël, Madame de, 230, 364, 365, 366

Starobinski, Jean, 30, 121

sufrágio, 257, 288

Suíça, 205; *ver também* Genebra

Tackett, Timothy, 213-7, 247, 271

Talleyrand, 277

teoria política, 29, 57, 153, 185, 239

teoria republicana, 39, 52, 87, 117, 120

Terceira República, 47, 48, 224, 362

Terceiro Estado, 215, 218

Terror, 12, 16, 22, 91, 176, 276, 290, 292, 294-5, 301, 303, 311-28, 334-7, 340, 344, 345, 355-61, 364

terrorismo, 198

Thermidor, 363, 365, 366

Thieriot, 66

tirania, 32, 46, 56, 62, 87, 92, 176, 201, 203, 273, 287, 302, 304, 305, 316, 323, 330, 358

Tito Lívio, 88, 90, 105, 190

Tocqueville, Alexis de, 49, 70, 71, 77

tolerância religiosa, 25, 29, 77

totalitarismo, 90, 91, 92, 93

Tratado dos deveres (Cícero), 105

Tratado sobre a tolerância (Voltaire), 76

Tribunal Revolucionário, 13, 311-5, 318-25

Turgot, Jacques, 255, 258, 259, 270

utopia, 27, 79, 103, 112-3, 117-8, 120, 127, 195, 254, 332-3, 340

valores republicanos, 26, 33, 68, 246

Veneza, 58, 59, 73

Venturi, Franco, 25

Vergniaud, 322

Vicent, Bernard, 265

vida política, 21, 29, 33, 36, 44-5, 58, 63, 66, 68, 72, 76, 93, 102, 118-9, 120, 127, 149, 158, 160, 165, 168, 173, 179-80, 188, 197, 205, 209-10, 212, 222, 233, 238-9, 254, 263, 266-7, 274, 281, 284, 286-7, 290, 301, 311, 326-8, 354, 357

vida pública, 26, 33, 41, 52, 55, 63, 66, 70, 201-2, 210, 224, 265, 268, 274, 276, 289, 316

Viger, 321

Vincent, Bernard, 247, 273

violência, 37, 46, 96, 194, 197, 238, 259, 317, 320, 361

virtù, 35

virtude cívica, 21, 34, 37, 90, 104, 111, 124, 206, 207, 208, 209, 323

virtude moral, 35, 111, 124, 206

virtude política, 35, 36, 48, 54, 95, 343

virtude republicana, 43, 49, 55, 109, 259, 346

virtudes cristãs, 75, 198

Vita civile (Palmieri), 106

Volney, 216

Voltaire, 17, 66-84, 255, 346

vontade geral, 63, 139, 146, 151, 155-6, 163-74, 186, 208, 219, 221-32, 239, 243, 248, 250, 254, 261, 262, 287, 290, 303, 310, 318, 331

vontade popular, 166, 243, 262, 286

vontades particulares, 119, 148, 165, 167, 168, 170, 171, 186, 223

Vovelle, Michel, 294

Walter, Gérard, 315, 341

Walzer, Michel, 296, 297, 302, 305

Warville, Jacques Pierre Brissot de *ver* Brissot, Jacques Pierre

Weil, Eric, 91

Wright, J. Kent, 222, 224

ESTA OBRA FOI COMPOSTA PELA SPRESS EM MINION E IMPRESSA EM OFSETE
PELA GRÁFICA BARTIRA SOBRE PAPEL PÓLEN SOFT DA SUZANO PAPEL E CELULOSE
PARA A EDITORA SCHWARCZ EM OUTUBRO DE 2010